Hallier

L'Edernel jeune homme

Maquette :
Caroline Verret

Correction et révision :
Paula Gouveia-Pinheiro

Édité par NEVA Éditions
ISBN :978-2-35055-217-0

Jean-Pierre Thiollet

Hallier

L'Edernel jeune homme

Avec des contributions de Gabriel Enkiri
et de François Roboth

Éditions

« Dans la mémoire multipliée
Des éclairs, des échos, des éclats de phosphore
disent que des veilleurs se souviennent.
Laissez s'ébouler le temps et la matière se dissoudre
La voix secrète ne meurt pas, non plus les roses du jardin. »
Pierre Seghers (1906-1987), « Quand le soleil » (tome VI),
Les Mots couverts

À la jeunesse originaire de la zone F de l'Euroland,
victime d'une vieille classe politique criminelle de paix.

« Quand il n'y aurait qu'une chance sur mille de trouver l'aventure
au coin de la rue, il faudrait aller au coin de la rue. »
Henry de Montherlant (1895-1972), *Tous feux éteints*,
13 janvier 1972

« Toute vie est peuplée d'aventures qui n'ont jamais eu lieu. »
Jean-Edern Hallier, *Journal d'outre-tombe*, 11 janvier 1997
(la veille de sa mort)

Ā l'affiche

Note de l'auteur : Les textes cités dans cet ouvrage sont reproduits tels qu'ils ont été initialement publiés et le plus fidèlement possible.

Ci-gît Hallier

> « Parmi cette liste de mots, cherchez l'intrus :
> – métastase, Schwartzenberg, chimiothérapie, avenir...
> Et ça : parmi ces quatre prénoms, un seul n'est pas ridicule :
> – Bernard-Henri, Rika, Pierre, Jean-Edern... »
> Pierre Desproges (1939-1988), *Textes de scène* (Deuxième spectacle),
> « Hors collection », Éditions du Seuil, 1988

> « Si vous voulez que votre fils ait du génie, appelez-le "Edern Mozart". »
> (attribué à Pierre Desproges et cité par Jean-Edern Hallier dans l'émission
> « Mille Bravo », diffusée sur France 3 le 21 septembre 1990)

Que ses ennemis et détracteurs encore en vie se rassurent... Jean-Edern Hallier est mort. Pour l'état civil, et donc pour de bon, il y a un siècle ou presque, le 12 janvier 1997. Pas question de revenir là-dessus, et c'est fort bien ainsi. Le personnage n'aura pas eu à se faire pardonner de ne pas ressembler trait pour trait à son image. Il n'a pas connu le grand âge. Il n'a pas été, « comme tous les vieux, frivole et voûté, perclus, marchant à pas cérémonieux ». Sa contenance ne lui a pas donné l'air qu'il n'a jamais eu : le grand air, l'air sérieux. Il n'a jamais été « un vieil olivier tordu, craquelé, plein de nœuds et de trous en son écorce » [1]. Il n'a jamais pu tendre ses branches au-dessus d'un ciel méditerranéen pour se réchauffer de ce froid du dedans, qu'il sentait parfois au bout de ses doigts – en hiver, il éprouvait, semble-t-il, le sombre pressentiment de sa mort à venir – comme si la vie venait de lui faire une sale blague de collégien, répandre un fluide glacial sur le blanc souci de sa toile, sa page blanche... Non, Jean-Edern aurait peut-être aimé devenir à l'automne de sa vie un grand ancien. Mais il ne l'est pas devenu. En fait, il n'a jamais été vieux. C'est tant mieux, et ce fut peut-être l'un de ses plus grands tours de force. Avoir été jeune et l'être resté en étant volontiers entouré de jeunes. Comme s'il avait pressenti qu'il y avait là le gage d'un minimum de gloire posthume durable.

Sa disparition n'en renvoie pas moins à une époque qui paraît fort lointaine, où Internet n'existait pas et où le pouvoir politique avait la maîtrise, à un degré à peine concevable aujourd'hui, de l'information. Elle coïncide en effet avec le timide démarrage du Web et le début d'une non moins balbutiante remise en question d'un journalisme de type *imperium*, dinosaure titanesque d'un Titanic de papier et d'écran très enchaîné, où de tonitruants médiocres en quête permanente d'une reconnaissance aussi factice qu'imbécile jouaient les pantins dérisoires.

Jean-Edern Hallier confiait parfois sa souffrance de devoir supporter les journalistes, à quelques exceptions près. Il leur reprochait d'être dépourvus de culture, de cerveau... et surtout de curiosité. Il faut bien le reconnaître : à l'ère du téléprompteur & co., du télé-faciès, du *look* sans le *book*, il était confronté à une épaisseur de « crasse intellectuelle » déjà fort présente dans les sphères médiatiques et politiques où, sous le vernis des *sunlights* et par-delà les apparences ou les éventuels alibis, triomphent si souvent l'inconsistance, le dénuement, le vide. Il avait pleinement conscience que la fascination du simili, du faux et de l'imposture a ses limites, vite atteintes. Depuis longtemps, ce champion du journalisme anticonformiste avait compris que le « tout-venant » des médias de masse allait volontiers de pair avec le connivent et le complaisant. Certaines baronnes de la presse parisienne, à la prétention fort culottée, lui en voueront une exécration inextinguible et une rancune tenace [2].

Pour qui sonne le gang

De longues années durant, Jean-Edern Hallier fut un persécuté. Il fit l'objet de centaines d'écoutes illégales [3] et d'un harcèlement physique quotidien par des agents secrets en civil, destiné à le rendre fou… Quand il le racontait à la cantonade, il n'était pas pris au sérieux. Classé au mieux comme bouffon, au pire comme paranoïaque. À tort, comme le démontra de manière éclatante le procès en 2004-2005 devant le tribunal correctionnel de Paris. Une caricature de souverain ne se contenta pas de le faire mettre sur écoute vingt-quatre heures sur vingt-quatre et sept jours sur sept. Elle confia à une « cellule antiterroriste » la mission de le surveiller, de l'intimider et de le transformer en exclu infréquentable. Au point que certains de ses argousins ont rapporté l'avoir entendu dire : « Je sais où il est et ce qu'il fait à tout moment du jour et de la nuit »… Triomphe – à courte vue – d'un expert ès observatoire et chef d'une meute de chiens courants, médiocres le plus souvent ou bien alors, quand ils étaient un peu au-dessus du lot, faisandés jusqu'à l'os. Au besoin, ce même individu n'hésitait pas à recourir à l'arme fiscale, à l'encontre de ses ennemis comme en faveur de ses amis « tontonphiles ». Le « gommage » des créances du Trésor public et les nominations à des postes de laquais de luxe, c'était son « domaine réservé » et sa manière à lui de pratiquer le remerciement au détriment de son pays. Peu lui importait que le microcosme parisien ait pu avoir connaissance des noms des personnes concernées. Au petit jeu du « pour qui sonne le gang », il avait la partie en main. Forcément.

Jean-Edern Hallier n'est plus aux prises avec ces années pouilleuses, si riches en prévarications, concussions et corruptions, où les affaires pullulaient… Entre les Irlandais de Vincennes, les trafics d'armes et d'influence, les turpitudes gabonaises, les suicides sur les bords d'un canal de la Nièvre ou dans un bureau du palais de l'Élysée, les mensonges d'État, les vrais non-dits et faux non-lieux, les maîtresses entretenues, affichées ou dissimulées, la fille cachée aux frais des contribuables, l'embarras du choix !

Mais il n'aura pas eu à voir le grand basculement de la France en zone F de l'Euroland. Ni l'abandon des banlieues, ni la persistance de l'endogamique reproduction d'élites hexagonales incapables de décrypter la complexité du monde, ni l'émergence des fractures générationnelles liées à l'absence de réformes structurelles, à l'arrogance de comportements corporatistes monstrueux [4] et au conservatisme forcené d'une classe politique sclérosée [5] qui font partie des nombreuses causes de l'expansion de l'islamisme radical et du drame national. Les dirigeants français de 2000 à 2015 en portent – sans jamais la reconnaître – la honteuse responsabilité. En homme d'État, Emmanuel Macron l'a relevé publiquement en novembre 2015 [6], de même qu'il a exprimé ses réticences devant l'insertion de la déchéance de la nationalité dans la Constitution, mais il est l'exception qui confirme la règle et fut, dès février 2016, réprimandé comme un collégien et relégué au quatorzième rang dans l'ordre protocolaire du gouvernement (un ministère de l'Économie et des Finances, quelle importance, il est vrai, au regard des enjeux personnels, relationnels et partisans d'un remaniement gouvernemental de fin de mandat !).

Jean-Edern Hallier n'aura pas eu non plus à vivre ni la lente disparition de générations politiques, celles des Cresson, Pasqua, Boucheron et Cie [7] qui furent tout sauf glorieuses, ni la Grande Dépression de 2008. Ah les mois, les heures qui précédèrent la débâcle, tout un programme pourtant ! Des mondanités très parisiennes à gogo, avec bulles. Ici, au Plaza, se fêtait le prix Hennessy du journalisme littéraire ; là, dans un établissement quelque peu vintage, à deux pas du pont Mirabeau, s'écoulait une petite scène : il s'agissait de saluer les quatre-vingts ans d'un grand seigneur de la presse à l'occasion d'un dîner organisé par un graisseux producteur de télévision (dont la société était sous LBO – *Leverage buying out*...). Manquaient seulement quelques violons sur le pont. Sans la musique, c'est pourtant bien connu depuis Nietzsche, la vie ne peut être qu'une erreur.

La fin de l'année 2008 fut aussi spectaculaire. Au niveau international bien sûr, avec la mort de Thierry Magon de La Villehuchet, financier éminemment français, connu des initiés, non pour ses vrais appétits sexuels ou ses faux costumes à 35 000 dollars pièce [8], mais pour sa probité et sa clientèle de têtes couronnées et fortunées. Il fut la première victime physique de l'affaire Madoff. Son suicide à l'antique marqua le début de la grande défiance qui s'est imposée à l'échelle planétaire, sans doute pour une génération, dans les milieux d'affaires.

Sur le territoire français, il y eut à cette époque une avalanche de petits faits dignes d'un régime bananier. Y figurait la nomination, par décret s'il vous plaît, d'une lectrice de prompteur de journaux télévisés au conseil d'administration de l'Odéon-Théâtre de l'Europe au titre des « personnes qualifiées ». Y figurait encore la diffusion en direct, le soir du 25 décembre 2008, sur une chaîne de service public (France 2) d'*Oscar*, de et avec M. Bernard Tapie. Cadeau de mauvais goût « tiquait » *Le Monde*. À tout le moins. Mieux vaut que Jean-Edern n'ait pas vu une telle négation outrancière et provocatrice des « gens de métier [9] ». Il y avait même en prime une promotion de la fille du sieur Tapie, Sophie de son prénom, comédienne et « chanteuse »... Bon, l'accueil du public fut plutôt mitigé, et l'audience très moyenne en dépit d'un intense battage dans le cadre des journaux télévisés. Cette sinistre pantalonnade, véritable camouflet pour les contribuables français, ne fit au bout du compte que témoigner de l'effondrement des « valeurs » autres que boursières.

Le crime français

En fait, Hallier a eu de la chance : il n'a pas assisté à l'aboutissement du crime français... Qui n'a rien eu d'un suicide, comme le titre d'un livre-plagiat très promu, poussive compilation de divers travaux non cités, voulut donner à le penser. La nuance est d'importance. Car un crime implique un ou plusieurs auteurs. Et, en l'occurrence, les coupables sont parfaitement connus : ce sont les politiciens français – bien « classiques », pour reprendre la terminologie chère à un ancien président pathétique du conseil général de la Corrèze – qui, depuis plus de trois décennies, ne se contentent pas d'encombrer le paysage, mais, toute honte bue, ont fait – et continuent de faire – d'immenses dégâts. À des degrés divers, leurs victimes se comptent par dizaines de millions de personnes. Jean-Edern Hallier avait vingt-trois ans quand Jacques Rueff et Louis Armand, deux excellents cerveaux, s'étaient vu confier la mission de dresser un « état des lieux » complet du territoire français, de mettre en lumière les principaux obstacles à un essor économique harmonieux et de proposer d'heureuses réformes. Ce comité Rueff-Armand avait alors bénéficié du concours d'un collège d'éminents experts. Remis au Premier ministre français en juillet 1960 – il y a donc plus d'un demi-siècle ! – son rapport, tout à fait remarquable, dénonçait le malthusianisme dont souffrait l'économie française et proposait des réformes fondamentales, dont une révision judicieuse de la réglementation des professions juridiques et judiciaires françaises. Il est demeuré sans suite ou presque. Ce qui n'a pas eu, dans un premier temps, d'importance. Les effets du fameux plan Marshall de redressement européen se prolongeaient allègrement. En ces glorieuses années 1960, ce « mirage de l'expansion économique des sixties », comme l'écrivait Hallier, et même jusqu'à la fin de la décennie suivante, l'urgence... de ne rien faire – en termes de réformes s'entend – rimait volontiers avec insouciance. Les aventures du jeune Jean-Edern, après une enfance ballottée entre Budapest, Vienne, Prague et Istanbul, se sont insérées dans ce contexte. Qu'il s'agisse de la direction de la revue *Tel Quel*, qu'il a assurée dès 1960, ou de la création, avec Antoine Lefébure, de Radio Verte, dont la première diffusion fut réalisée depuis son appartement de la place des Vosges, le 13 mai 1977. Cette station n'émit certes que deux jours à Paris, mais elle marqua le début d'une vaste offensive contre le monopole de la radio-télévision d'État et fut la première manifestation retentissante de ce qui deviendra par la suite un phénomène médiatique majeur, celui des « radios libres ».

En fait, c'est au début des années 1980, avec l'arrivée au pouvoir de M. Mitterrand, que le scénario du crime a débuté, avec, en prime, un « génocide culturel du patrimoine français » que Hallier n'a eu de cesse de déplorer. Les difficultés économiques et sociales se sont multipliées et ont pris une ampleur parfois aussi spectaculaire qu'incontestable, avec en particulier un chômage de masse, des liquidations d'entreprises à la pelle. Jusqu'en 2015, aucune des réformes structurelles indispensables pour que, à défaut de connaître le bonheur, les habitants de la zone F de l'Euroland puissent avoir ne serait-ce que l'espoir d'échapper au malheur, n'a eu lieu. Le crime français a donc été commis, et sous le regard effaré et de plus en plus furieux de tous les autres membres de l'Union européenne, la situation du territoire français, cette réserve muséale peuplée de troupeaux d'assistés et « clients » d'insignifiants « maîtres-politiciens », a été on ne peut plus pathétique. Encéphalogramme de la croissance plat, gangrène de la dette, déficit en hausse en dépit des promesses verbales à répétition, investissements en réduction comme peau de chagrin, chute de la construction de logements neufs à un niveau jamais atteint depuis les années 1950, chômage généralisé... Les Restos du cœur se sont mis à distribuer des repas à un rythme annuel de plus de 150 millions ! Dans un État volontiers présenté à tort par ses

« dirigeants » comme l'une des cinq ou six plus grandes puissances mondiales, près de 9 millions de personnes ont vécu sous le seuil de pauvreté, avec moins de 977 euros net par mois, tandis qu'au même moment, des membres de professions dites « libérales » – mandataires judiciaires, greffiers de tribunaux de commerce, huissiers, notaires – ont osé manifester dans la rue leur mécontentement alors qu'ils bénéficiaient de monopoles archaïques et que leurs revenus, souvent pharaoniques[10], étaient sans la moindre équivoque déconnectés de leurs mérites comme de leurs activités.

En mourant en 1997, Jean-Edern Hallier n'aura pas vu – et c'est tant mieux – un François, complice émétique de notaires français receleurs de biens juifs spoliés durant la Seconde guerre mondiale, dans le cadre d'un crime contre l'humanité, et très accessoirement ancien expert en numéros de trapèze rue du Cirque à Paris[11], venir, en janvier 2016, se recueillir à Jarnac sur la tombe d'un autre François, gangster politique de haut vol[12] et parfait vichyste. Il n'aura pas assisté non plus au triomphe d'un népotisme monstrueux qui, de la fin du siècle dernier jusqu'en 2015, a tant prospéré que la jeunesse a parfaitement compris que le territoire français ne lui offrait plus aucune perspective sérieuse. Issue de très bonnes filières de formation, elle devait – bon gré mal gré – s'expatrier. Travaillant à New York, à Francfort ou à Londres, elle a vite perçu que l'on s'y moquait à gorge déployée des « Frenchies », ces contribuables suffisamment abrutis pour financer à grands frais des filières d'excellence dont les meilleurs « produits finis » s'échappaient... Les jeunes non diplômés et non formés, eux, n'aspiraient pas tous à brûler leur passeport portant la mention « République française » sous le label d'« Union européenne ». Mais à défaut d'obtenir un « emploi aidé », certains d'entre eux, les plus réactifs, tentaient aussi de fuir. Au Proche-Orient, en Asie ou encore au Royaume-

Uni, où il n'y a pas de « droit de présentation » féodal [13] pour pouvoir exercer son métier, où la liberté d'entreprendre existe bel et bien.

Cette « fracture générationnelle » dont les conséquences sont incommensurables et ne peuvent que prendre des formes très violentes, c'est un crime, l'un des pires qui soient puisque c'est un crime contre l'avenir, commis par une vieille classe politique française, dont le champ de vison se limite à son dossard d'investiture et au prochain scrutin électoral. Ce crime, Jean-Edern Hallier ne l'aura pas vu jusqu'à sa complète perpétration. Mais il l'a parfaitement pressenti. Son *Bréviaire pour une jeunesse déracinée* et bien d'autres textes en témoignent. De même, il était conscient de l'extrême pesanteur des carcans et des archaïsmes [14], des monopoles aberrants, des privilèges parfois plus qu'abusifs et des avantages acquis jusqu'à ce que mort s'ensuive sur un territoire français où, hélas, les réformes sont considérées comme bonnes quand elles ne changent rien et belles quand elles relèvent de la cosmétique... Comment, il est vrai, pourrait-il en être autrement, avec tous ces politiciens investis mais insignifiants, élus et réélus ou recasés en mode quasi automatique qui, après avoir encombré la fin du XXᵉ siècle et le début du XXIᵉ, accaparent les fauteuils en famille et à qui mieux mieux [15] ? Oui, comment s'en étonner avec la coexistence de filières de formation universitaire, souvent dotées de moyens humains et matériels insuffisants, et de grandes écoles souvent issues de l'Ancien Régime et volontiers endogamiques ? Ce système ne peut qu'être de moins en moins compétitif car de plus en plus déconnecté des réalités internationales. Au point qu'aujourd'hui, les élèves des lycées français n'hésitent plus, baccalauréat en poche, à partir faire leurs études à l'étranger [16] et que le fameux « vivre ensemble » ne relève plus que d'une vue de l'esprit formaté d'un apparatchik béni-oui-oui de parti hors-sol ! Alors, à défaut de pouvoir recoller le vase de Soissons, il faudrait bien « de temps en temps », comme disait le général de Gaulle, « bousculer le pot de fleurs [17] » français... C'est ce que Hallier, de-ci, de-là et à sa manière, s'ingéniait à oser. Il n'y allait pas de main à caresse, à piano ou à dessin. Il frappait même fort. Trop fort parfois, au risque de nuire aux meilleures causes. Mais il frappait juste... Que ceux qui s'offusqueraient de telle ou telle crudité formulatoire n'oublient pas qu'il ne faisait que s'inscrire dans la lignée des plus grands pamphlétaires et qu'un Barbey d'Aurevilly traitait volontiers un Zola de « Michel-Ange de la crotte » et un Mérimée de « paon dont il a les jambes mais pas la queue »...

Avec Jean-Edern, mais aussi avec des personnalités aussi diverses que Choron, Desproges, Coluche, Deleuze ou Foucault, un monde, c'est sûr, s'en est allé... Ce monde dont nous ne savons presque plus rien de ce que nous avons fait ou même de ce que nous avons été, avec son flot de références et d'allusions que parfois nous ne comprenons plus, à des personnes, à des faits dont nous ne savons plus rien... Un monde arrive et s'impose. Souvent bien terne, lénifiant, gentillet, et surtout résigné. Avec son cortège de piètres bouffons dont M. Hanouna, avec ses scores d'audience symptomatiques d'un effondrement social, apparaît comme l'un des plus emblématiques puisqu'il parvient à provoquer la « fascination sale » d'Alain Delon [18], désemparé devant le spectacle offert par une France, havre de la daube médiatique et de la télé des cons animée par des... « moins cons », animateurs et producteurs rétribués au prorata de leur culot et de leur abyssal mépris de l'être humain... D'aucuns ne manqueront pas de faire valoir qu'il est possible de ne pas regarder, et donc d'échapper à cette forme de merdiacratie. Ils auront raison. C'est encore permis, mais pour combien de temps, dès lors que les comportements humains sont de plus en plus anticipés et canalisés, influencés et programmés ?

Inclassable

De son vivant, avec son tempérament très artiste, imprévisible et provocateur, Jean-Edern était un personnage embarrassant. Catalogué « fou furieux[19] » et prétentieux, prêt à tout pour faire parler de lui... Même mort, il embarrasse. Ce réfractaire reste un inclassable. Or, pour reprendre le constat fort juste d'Herbert R. Lottman, le biographe d'Albert Camus, « l'intelligentsia française a toujours rejeté les inclassables[20] ».

Nul doute que Hallier provoque encore des réactions passionnelles...

Si, comme le rappelle François Mauriac dans ses *Mémoires intérieurs*, « la politique ne s'occupe guère des morts et la haine se détourne assez vite des cadavres, il n'empêche qu'un écrivain qui, vivant, a suscité des fureurs demeure après sa mort une cible. Un cadavre encore vulnérable, quelle tentation pour les survivants ! Il laisse des traces écrites : celles qu'on connaît déjà, mais d'autres aussi et qui sont le gibier des chasseurs de l'espèce Guillemin[21] : correspondances privées, carnets intimes, notes de toutes sortes, tout ce que, de l'enfance à la vieillesse, peut accumuler un homme dont l'écriture est le moyen naturel d'expression. »

Hallier n'est plus, mais sa mort n'est pas, pour reprendre la célèbre formule de Pierre Dac, un manque de savoir-vivre. Elle demeure juste, par essence, une grande inconnue. Du moins si l'on retient l'intuition de Germaine Beaumont : « L'intelligence du monde n'est pas dans la naissance, écrivait-elle dans *Si je devais*, elle est dans la mort. On sait ce qui naît ; on ne sait où va ce qui meurt. »

En notre monde vieux, vieux, vieux, où même certains jeunes Français, à force d'avoir biberonné aux « acquis sociaux », sont des OGM-objets grossièrement manipulés et de monstrueux fossiles, Hallier a au moins compris, comme Foucault, qu'il lui fallait mourir prématurément, à soixante ans [22].

« Le génie est le talent d'un homme mort. »
Edmond et Jules de Goncourt, *Idées et sensations*

« Qu'il soit permis à tout le monde de rêver comme j'ai vécu. »
Jean-Edern Hallier, *Carnets impudiques* (épitaphe sur sa tombe dans le cimetière d'Edern, dans le Finistère)

---

(1) Jean-Edern Hallier, *Bréviaire pour une jeunesse déracinée.*

(2) Cas de Françoise Giroud (1916-2003), ancienne maîtresse de Jean-Jacques Servan-Schreiber (1924-2006), que Jean-Edern Hallier s'amusait à qualifier de « cheveux courts, idées courtes ». À la mort de Hallier et avant de faire une chute dans le majestueux escalier de son immeuble du VIIe arrondissement de Paris, elle nota dans son journal : « Cela fait une crapule en moins sur la terre, je n'aurai pas l'hypocrisie de le pleurer. »

(3) Officiellement, Jean-Edern Hallier a fait l'objet d'au moins 800 écoutes illégales (sans doute entre 1 000 et 2 000 dans la réalité).

(4) Un exemple. En décembre 2015, le Conseil supérieur du notariat, instance issue du régime de Vichy, continuait, nullement dissous, à préserver ses intérêts claniques et à empêcher plus de 10 000 diplômés notaires de s'installer à leur compte et de bloquer la création de plusieurs dizaines de milliers d'emplois. Officiellement régie par une loi du 25 ventôse an XI et une loi de finances conçue sous Louis XVIII, cette profession bénéficiaire d'un privilège issu de l'Ancien Régime (antérieur à 1789) se permettait, grâce à la défaillance flagrante des pouvoirs publics français et donc dans la plus parfaite impunité, tous les abus ou presque (*cf.* rapport de l'Inspection générale des finances de mars 2015 ; lettre de la Cour des comptes du 12 février 2015, dont le contenu a été dévoilé dans la presse, *cf.* « Les notaires épinglés pour la gestion de leurs comptes clients », Bertrand Bissuel et Franck Johannès, *Le Monde*, 31 mars 2015), y compris les intimidations à l'encontre d'un ministre en exercice !

(5) Foncièrement discréditée, la vieille classe politique française est connue dans les sphères dirigeantes européennes pour se gargariser du mot « réforme » avant un scrutin électoral, et pour considérer ensuite qu'une réforme est « belle » lorsqu'elle relève du maquillage ou de l'effet d'annonce médiatique et qu'elle est « bonne » lorsqu'elle se traduit finalement par la complication d'un dispositif ou la préservation du statu quo.

(6) Le 21 novembre 2015, lors d'une intervention en conclusion de l'université du groupe social-démocrate baptisé « Les Gracques », Emmanuel Macron a en effet reconnu l'existence d'un « terreau » propice au développement du terrorisme. « Nous avons une part de responsabilité, a-t-il souligné, parce que ce totalitarisme se nourrit de la défiance que nous avons laissée s'installer dans la société. Il se nourrit de cette lèpre insidieuse qui divise les esprits, et, si demain nous n'y prenons pas garde, il les divisera plus encore », a-t-il prévenu avant de lier les réformes structurelles qu'il tente de mettre en œuvre à la nécessité de « changer cette société en l'ouvrant » et de dénoncer « les fermetures dans notre économie, dans notre société, les pertes d'opportunité, les plafonds de verre qui sont mis, les corporatismes qui se sont construits, qui à la fois se nourrissent de la frustration sur le plan individuel et créent de l'inefficacité sur le plan économique » (dépêche de l'Agence France-Presse).

(7) Accusée de népotisme, Mme Cresson a été au centre d'un scandale qui provoqua la démission collective en 1999 de la Commission européenne dirigée par Jacques Santer, et mit Châtellerault, le nom de la ville dont elle fut maire, durablement à l'index au sein des hautes sphères bruxelloises. Elle fut condamnée en 2006 par la Cour de justice de l'Union européenne. M. Pasqua fut, lui, condamné en 2010 pour faux, financement illégal de campagne et abus de confiance. De son côté, M. Boucheron, l'ancien secrétaire d'État chargé des collectivités locales et ancien député-maire d'Angoulême, a été condamné en 1994 et 1997, notamment pour trafic d'influence, ingérence, faux et usage de

faux, et recel d'abus de biens sociaux. Après avoir laissé les finances de la ville d'Angoulême dans une situation catastrophique, avec de lourdes conséquences étalées sur plusieurs décennies, il n'en continuait pas moins en 2015 de percevoir une pension de retraite parlementaire mensuelle insaisissable de près de 6 000 euros...

(8) Allusion bien sûr à Dominique Strauss-Kahn qui, juste avant son départ pour New York et son fameux séjour à l'hôtel Sofitel, fut victime d'une manœuvre de déstabilisation, au travers notamment d'une fausse information publiée par *France-Soir* et reprise en chœur par les principales chaînes de télévision françaises. Cette personnalité n'avait en fait jamais été cliente du « tailleur marseillais » de Washington, évoqué dans le quotidien par une vraie-fausse journaliste politique de pacotille.

(9) « Une insulte à notre métier », disait Marcel Maréchal au sujet de M. Tapie (propos rapportés dans *On m'a dit de ne pas le dire*, de Paul Wermus).

(10) Conseil constitutionnel, plaidoirie de Mᵉ Jean de Calbiac, audience publique du 12 novembre 2014, filmée et visible sur Internet (QPC n° 2014-429 – Question prioritaire de constitutionnalité posée par M. Pierre Thiollet).

(11) Durant les deux premières années de son mandat, le chef de l'État parut plus intéressé par les courbes de Julie Gayet que par la courbe du chômage. Cela se conçoit...

(12) Quelques-uns de ses complices, hommes de main, de paille et de grain – comme MM. Gilles Ménage, Christian Prouteau, Louis Schweitzer, Michel Delebarre, Paul Barril – ont fini par être condamnés par la justice française. D'autres ont connu un raccourcissement brutal de leur existence ou ne sont plus de ce monde. Cas notamment de MM. René Bousquet (1909-1993), Roger-Patrice Pelat (1918-1989) et François de Grossouvre (1918-1994). D'autres encore semblent aspirer à prolonger leur séjour terrestre, peut-être par crainte de l'enfer « sur mesure » qu'ils savent encourir.

(13) Jusqu'à la publication en 2016 des décrets d'application de la loi Macron, le droit de présentation n'était rigoureusement rien d'autre en France que le droit d'interdire l'installation d'un concurrent.

(14) Deux exemples. En juin 2016, l'État français n'exerçait toujours pas la mission qui lui incombait dans les tribunaux de commerce dont les greffes étaient laissés entre des mains privées ! Toujours sur le territoire français, l'ordonnance du 16 brumaire an IX (1800) qui prévoyait qu'usurper l'habit d'homme – autrement dit porter un pantalon quand on est une femme – est un délit (à quelques très rares dérogations près) fut en vigueur jusqu'en 2013 ! C'est en effet le 31 janvier 2013 que le ministère des Droits des femmes officialisa son « abrogation implicite », en raison de son incompatibilité avec les principes inscrits dans la Constitution et « les engagements européens de la France », dans une réponse à une question écrite posée par un sénateur de la Côte-d'Or, M. Alain Houpert, et publiée au *Journal officiel* du 12 juillet 2012 !

(15) Le 5 mars 2016, le jour même où, ayant atteint la limite d'âge, il abandonnait ses fonctions de président du Conseil constitutionnel, M. Jean-Louis Debré a été nommé, à soixante et onze ans, président du Conseil supérieur des archives... qui se charge notamment des « questions liées au développement des nouvelles technologies dans les services d'archives ». Une de ces facéties françaises ordinaires qui lui vaudrait, paraît-il, dans la Silicon Valley, le surnom de « Papyrus »...

(16) « Le petit exode des bacheliers français », Benoît Floc'h, *Le Monde*, 8 mars 2016.

(17) Charles de Gaulle, 1959 (propos rapporté dans *Le Petit livre rouge du général*).

(18) « Alain Delon : "Je ne fais peur qu'aux imbéciles !" », entretien avec Patrick Cabannes, *TV Magazine*, 28 octobre 2015. Interrogé au sujet de M. Hanouna et des émissions du genre de « Touche pas à mon poste », l'acteur déclarait : « Il ne va pas être content, car je n'en pense rien (rires). Il a dû comprendre et bien assimiler pourquoi on l'aimait. Et il en joue. Je trouve ça guignolesque. Cyril Hanouna, à chaque fois que je tombe sur lui, c'est toujours la même mimique, le même sourire, le même regard. Il n'y a pas que lui. Ce qui me fascine "salement", c'est que ces émissions sont faites parce qu'on est sûr d'accrocher des millions de cons. Je n'ai pas dit de "Français", j'ai dit de "cons" ! »

(19) Selon les termes utilisés par la chanteuse Sapho, dans un entretien paru dans *Le Figaro* du 19 janvier 2015 où elle raconte les intrigues de coulisses lors de son passage dans l'émission « Apostrophes », en 1982.

(20) *Le Monde*, 5 septembre 2014.

(21) Historien, critique littéraire, conférencier et polémiste, Henri Guillemin (1903-1992) est un agrégé de lettres qui s'est penché sur les grands personnages de l'histoire de France et a laissé de nombreux travaux au sujet de Lamartine, Flaubert, Hugo, Zola et Vallès. François Mauriac fut son témoin de mariage.

(22) « En notre monde vieux, vieux, vieux, Foucault au moins a compris qu'il lui faudrait mourir prématurément, à cinquante-sept ans. » (Jean-Edern Hallier, dans « Hommage à Michel Foucault », *Le Figaro magazine*, 30 juin 1984.)

Jean-Edern
dans un fauteuil

« C'est ton autre œil qui voit. »
Jean Cocteau à Jean-Edern Hallier, dédicace manuscrite
de son *Essai de critique indirecte*, 18 mai 1954

« L'art est une activité qui permet à l'homme d'agir sciemment
sur ses semblables au moyen de certains signes extérieurs
afin de faire naître en eux, ou de faire revivre,
les sentiments qu'il a éprouvés. »
Léon Tolstoï, *Qu'est-ce que l'art ?* p. 171,
traduction Ély Halpérine-Kaminsky (Ollendorff, 1898)

Que cela plaise ou non, Jean-Edern Hallier occupe dès à présent un beau fauteuil dans l'histoire littéraire. Joli pied de nez aux prétendus « immortels » qui n'avaient pas retenu sa candidature à l'Académie... À notre époque où le contenu des livres semble ne plus intéresser personne ou presque, cette position bien assise lui revient de droit pour avoir laissé de superbes traces écrites. Mais pas seulement. L'auteur de *Chaque matin qui se lève est une leçon de courage* ou de *L'Évangile du fou* fut, sur le territoire français, l'une des figures les plus marquantes de la seconde moitié du XXe siècle et peut-être la plus emblématique des années 1975-1995. Ce n'est d'ailleurs pas un hasard s'il apparaît dans plusieurs séquences reprises de manière systématique dans les émissions consacrées à l'histoire de la télévision nationale. Il y a bien sûr son interview, le 23 novembre 1975, par Pierre Desproges et Daniel Prévost dans « Le Petit Rapporteur », de Jacques Martin, son allocution le 6 juin 1979 dans le cadre de la campagne officielle pour les élections européennes, et son altercation avec François Chalais en plein colloque « Publicité et littérature », animé par Philippe Bouvard, lors des Journées mondiales de l'écrivain en août 1983, à Nice. Mais il y a aussi, au milieu des années 1990, certaines séquences de « À l'ouest d'Edern » sur M6 et du « Jean-Edern's Club » sur Paris Première, en particulier quand il jouait les trublions cathodiques et bazardait par-dessus son épaule les livres qu'il jugeait trop indigents ou fumistes... Ses mouvements de colère face à certaines productions largement promues mais sans intérêt sont restés ancrés dans de nombreuses mémoires, comme certaines de ses interventions lorsqu'il faisait partie du plateau d'« Apostrophes », animée par Bernard Pivot. Autre exemple de prestation télévisuelle fameuse, l'émission animalière « 30 millions d'amis » intitulée « Jean-Edern Hallier : les infuseurs d'âme [1] », où, désireux d'évoquer la parution de son dernier livre, *Fin de siècle*, il était parvenu à se faire inviter alors qu'il n'était guère connu pour avoir des animaux chez lui. Avec talent, il avait « donné le change », en compagnie d'un braque de Weimar quelque peu agité et distant...

Jean-Edern n'était pas pour autant un adepte du « Regarde la TV, consomme et meurs », comme il est dit dans le film de John Carpenter, *Escape from New York*... La télévision ne jouait pour lui qu'un rôle d'outil. Elle impliquait beaucoup trop de rester passivement assis. Ce qui revenait à se mettre à genoux. Sauf excès de lassitude, pas vraiment le genre d'un auteur, pamphlétaire redouté et essayiste de talent, qui faisait toujours face aux épreuves – parfois très cruelles – et vivait l'écriture en permanence et souvent en la dictant, qu'il soit au lit, debout, installé à sa table de travail, basse de préférence, ou dans un sofa, posé sur un tabouret ou sur le parquet.

Au banquet de la vie littéraire

Hallier a cultivé la position à la fois assise et dynamique dans la vie quotidienne. Que ce soit dans son majestueux appartement de la place des Vosges, le bureau de Jean-Paul Sartre, à l'atmosphère enfumée, dans les studios de télévision ou à La Closerie des Lilas.

Au banquet de la vie littéraire, il a veillé très tôt à être bien installé. Dès 1954, âgé de dix-huit ans, même pas majeur donc, il publie dans la revue *La Table Ronde* plusieurs chroniques, dont la première est une véritable « descente en flammes » de Camus. À vingt-cinq ans à peine, le voilà qui procède au lancement de *Tel Quel* et va faire paraître des articles au sujet de Maurice Blanchot ou des notes de lecture consacrées à Samuel Beckett[2]. Auteur prolifique, il est et le restera trois décennies durant, par-delà ses prises de position en faveur d'un Castro ou d'un Pinochet, ses provocations et toutes les vicissitudes de sa vie, qu'il transformait en œuvre à part entière. De manière un peu proustienne, ses passions esquissaient ses livres, et le repos d'intervalle les écrivait... De son point de vue, l'art n'était fait de toute façon que pour troubler, et la poésie se devait d'être ce qui existait entre les lignes. Mais il avait beau avoir des « points de repère » constamment en tête, s'appuyer sur des signes tangibles de reconnaissance littéraire, compter sur des « stabilisateurs » comme son épouse juriste ou son frère Laurent, qu'il percevait comme rassurant car très « cadré », conscient d'être le futur « rat pesteux » des manuels littéraires réputés sérieux, celui que l'on daigne juste mentionner ou dont on ne s'emploie à excuser les outrances que par une indulgence méprisante à l'égard de l'histrion, il était au fond très préoccupé, très anxieux... Ce n'était pas pour rien qu'il lui arrivait de fumer les cigarettes en rafale ou d'abuser de la vodka, au point, certains soirs, de dormir debout. Par-delà ses numéros d'équilibriste, ce fildefériste de la provocation savait prendre la mesure du vide et était taraudé par le doute. Henri Michaux, qui se plaisait à le qualifier de « salaud comme Dostoïevski », avait prévenu : « Difficile de loger à plus de vingt dans un siècle »... C'est une idée que, d'emblée, Jean-

Edern avait retenue et qui, jour après jour, depuis l'aube jusque tard le soir, comme dans ses songes nocturnes, le tourmentait. Il avait beaucoup semé, mais n'était pas sûr de bien moissonner et encore moins d'engranger. Dans *Libera me*, François Gibault en témoigne : « Comme il se réveillait à 5 heures du matin, il m'appelait vers 6 ou 7 heures, se félicitant d'avoir attendu et respecté mon sommeil, pour me poser toujours un peu les mêmes questions : Suis-je aussi grand que Victor Hugo ? Vais-je marquer le XXe siècle aussi profondément que Céline ? »

Libre-penseur, ce prisonnier d'une société et d'une époque qui n'étaient pas les siennes donnait l'impression de lire le monde pour démontrer et justifier ses écrits. Se heurtant sans cesse à une non-concordance des signes et du réel, il se situait résolument à l'écart des appareils et des comportements conventionnels. Attablé à La Closerie des Lilas ou apportant la contradiction lors d'un débat, télévisé ou pas, il n'en jouait pas moins un rôle essentiel de passeur de témoin, de relais, dans la transmission d'une culture fondamentale et précieuse. Sans doute serait-il aujourd'hui un champion du *tweet* provocateur ou de la page Facebook inspirée. Mais ce n'est pas du tout une certitude. D'autant qu'après les épreuves qu'il avait endurées, au milieu des années 1990, il avait un peu perdu sa faconde et surtout sa drôlerie... Peut-être aurait-il davantage encore la préoccupation de la postérité et s'astreindrait-il à composer de grandes œuvres, vraiment accessibles et compréhensibles par tous ? Ce qui est sûr en tout cas, c'est qu'il resterait imprévisible – foncièrement – et qu'il ne manquerait pas de provoquer aussi bien l'attirance que le rejet.

Perception esthétique du monde

À lui seul son prénom, encore un peu usité en Bretagne mais fort peu fréquent ailleurs, paraît l'avoir prédestiné à devenir un personnage hors du commun. À en croire l'étymologie celtique,

Edern vient de l'adjectif gallois *odyrn*, qui signifie « grand, gigantesque », ou du latin *aeternus*, éternel. Dans la légende galloise, Edern est même le fils du dieu Nuz et l'un des premiers amants de la reine Guenièvre, l'infidèle épouse du roi Arthur... Rien d'étonnant dans ces conditions que Hallier soit devenu, non un politicien en vue, mais un héros de roman, que ce soit dans *La Côte sauvage,* de Jean-René Huguenin, ou dans des œuvres de Claude Simon et Bruno Gay-Lussac.

Il a parfois été reproché à Jean-Edern Hallier de ne pas avoir de convictions politiques. En grande partie à juste titre. Il était au moins conscient, sans nécessairement avoir lu les textes d'Emmanuel Mounier, que « si la politique n'est pas tout, elle est en tout » et il savait fort bien aussi que « la plus grande vertu politique est de ne pas perdre le sens des ensembles. [3] » Simplement, il avait une perception esthétique du monde, ce qui l'amenait quelquefois à avoir la candeur de croire, un peu comme Armand Gatti, que, par la beauté des mots, on pouvait changer le monde. En outre, volontiers expert ès ambiguïté, il aimait trop, par nature et par art, fédérer à sa manière pour accepter les options dogmatiques *sine qua non* et les situations en porte-à-faux qu'implique l'adhésion à un parti. Mais il se conçoit que, sans considérer Jacques Chirac comme un homme d'État ni entretenir d'excessives illusions à son sujet, il lui ait apporté son soutien [4] après le désastre qu'a représenté le second septennat de la mitterrandie triomphante. Difficile sans doute de nos jours d'en avoir pleinement conscience, même si les faits abondent. Le dossier de la Bibliothèque nationale de France n'est qu'un exemple parmi d'autres mais il mérite d'être rappelé. Pas seulement en raison de l'esthétique de l'édifice qui relève sinon d'un ratage monumental du moins d'un parti pris discutable. Pour sa défense, l'architecte a fait valoir que son projet a été très affecté par la « trahison » des verriers de Saint-Gobain. N'empêche. Le résultat saute aux yeux : la transparence initialement programmée s'est muée en opacité, et les quatre tours ne sont plus que les quatre pattes en l'air d'un dinosaure... Plutôt piteux, *a fortiori* au regard des sommes colossales englouties. Mais il ne serait pas juste de jeter le gros bloc de béton au seul architecte. Pour un tel monument de l'incompétence, il faut être plusieurs... On fit donc appel à des personnes qui n'étaient pas issues de l'École nationale des chartes et donc dépourvues de l'indispensable formation appropriée. Il ne s'agit en aucune façon de dresser des procès *ad hominem* ou d'établir des listes de bannissement ou de proscription. Il suffit simplement de voir les réalités en face. Il y eut une bonne dizaine d'années de gâchis. Pendant que les Français « pataugeaient » sous le regard médusé du monde des « sachants » de toutes les nationalités, les autres grandes bibliothèques au niveau mondial progressaient et s'imposaient. Si bien qu'aujourd'hui, en dépit des valeureux efforts consentis par de nouveaux responsables et les membres du personnel dit « de base », la Bibliothèque nationale de France n'est peut-être pas autant « leader » qu'elle voudrait le faire croire... Tandis qu'après avoir beaucoup souffert, les malheureuses bibliothèques universitaires françaises – avec tous leurs utilisateurs, étudiants, doctorants, chercheurs, professeurs et agents – continuent, elles, à subir les conséquences du « fait du prince » en version mitterrandienne [5]. Pour un passionné des livres comme Jean-Edern Hallier, ce genre de malheur était tout sauf anodin. Et il n'y a pas lieu de trop s'étonner qu'il ait pu, indépendamment de la persécution dont il était l'objet, percevoir l'avènement de Jacques Chirac au pouvoir en 1995 comme un événement plutôt positif. Probable de surcroît qu'il n'aurait pas été déçu par le vibrant discours de Dominique de Villepin, le 14 février 2003, devant le Conseil de sécurité des Nations unies, à New York, où le ministre des Affaires étrangères français sut exprimer avec panache la forte réticence de la France face à une intervention militaire alliée contre l'Irak.

Dessins pour un grand dessein

L'allégeance n'était pas dans sa nature. Être soumis à un parti, nenni. Il n'était l'employé de personne. Seulement un indépendant. Foncièrement. Déjà bien suffisant de dépendre des aléas de la vie... Borgne, il n'avait pas vraiment besoin de saint Matthieu pour savoir que « la lampe du corps, c'est l'œil [6] ». Devenu soudain aveugle ou presque, il affronta cette épreuve épouvantable, dans la désespérance la plus profonde parfois, mais sans lâcher son objectif, sans renoncer à son grand dessein. Dans *Mille regrets*, Elsa Triolet l'a écrit : « le vrai rêveur est celui qui rêve de l'impossible » ; et, à cet impossible, il se sentait tenu. Aurait-il eu un doute, une hésitation, que les plus grands noms de l'univers artistique seraient venus renforcer sa détermination. Que rappelle Modigliani à un ami peintre ? « Ton devoir réel est de sauver ton rêve. [...] Affirme-toi et dépasse-toi toujours. L'homme qui ne sait pas tirer de son énergie de nouveaux désirs, et presque un nouvel individu, destinés à toujours démolir tout ce qui est resté de vieux et de pourri, pour s'affirmer, n'est pas un homme, c'est un bourgeois, un épicier, ce que tu voudras. [7] »

Sauver son rêve

Hallier surmonta donc son handicap visuel en se mettant à dessiner et à peindre. Dans sa jeunesse, il avait appris. Un atout essentiel. La confirmation en a été apportée publiquement par son frère Laurent lors du vernissage de l'exposition organisée en mars 2009 à la mairie du VIe arrondissement de Paris. Comme souvent dans les familles bourgeoises, certains arts – le piano comme la peinture – étaient inculqués. Ce qui était banal autrefois l'est beaucoup moins de nos jours.

Que Hallier ait été un peu aidé dans la réalisation de ses dessins importe faiblement. Le « coup de main » dont il a pu bénéficier, s'il a vraiment eu lieu, ne fut guère déterminant. Le défi, que constituait chaque initiative, reste. Le geste demeure. L'esprit, aussi.

Selon Marc-Édouard Nabe, qui l'affirma haut et fort à l'auteur de cet ouvrage le 20 mars 2009 à la Maison du Liban, à Paris, Alice Massat [8] fut la main de Jean-Edern pour ses dessins, le véritable auteur de ses œuvres. Un peu comme si l'une faisait et l'autre signait...

En réalité, à l'argument de la cohérence visuelle lors de l'exposition organisée à la mairie du VIe arrondissement et de « l'esprit » qui transparaissait dans les dessins, le même Marc-Édouard Nabe n'objecta rien : il admit même la possibilité du double fait. Donc, que Hallier ait été aidé, il l'a vraisemblablement été un peu. Conseillé sans doute par un ami expert comme Jean-Pierre Camard. Puis guidé parfois par une main complaisante dans l'exécution, allez savoir ? Mais les idées, les inspirations, les élans créatifs sont de lui. Non d'Alice Massat, qui en aurait été parfaitement incapable.

Pour avoir publié le livre intitulé *Le Code civil*, un récit transposé de sa double expérience de maîtresse de Jean-Edern Hallier et de Morgan Sportès, Alice Massat ne saurait trop s'offusquer de la remarque : elle sait forcément que des mains de femme, il y en a beaucoup dans les maisons d'édition parisiennes, des mains bien aimables, qui jonglent avec les mots, les phrases, les chapitres. De « petites mains » serveuses de mots, sauveuses de traits et rafistoleuses de pages... Les lecteurs seraient bien surpris s'ils découvraient ce qui se passe dans les « cuisines » et « arrière-cuisines » de certains grands labels. Pour autant, les « petites mains » ne conçoivent, n'initient et ne déterminent rien.

« Le danger, une fois la réputation assise, c'est qu'elle ne se relève pas. Se satisfaire de son sort est la pire complaisance. Autant rester debout, ou tant qu'à faire allongé. »

Jean-Pierre Marielle, dans *Le grand n'importe quoi*

« Je hais tout ce qui est soumis. Je déteste l'homme assis. »

Jacques Brel (1929-1978), dans un entretien à la RTB (Radiodiffusion-Télévision belge), en 1971.

---

(1) Diffusée le 14 février 1981.

(2) « D'un art sans passé », *Tel Quel* n° 6 (1961), p. 43-47 ; « Notes de lecture : "Comment c'est" » (de Samuel Beckett), *Les Cahiers de la République*, n° 31, avril 1961 ; « Le législateur – À partir d'un livre de Maurice Blanchot », *Tel Quel* n° 10 (1962), p. 36-46.

(3) Emmanuel Mounier, dans la revue *Esprit*, décembre 1944.

(4) En 1995, il fut présent, aux côtés de Line Renaud et de Michel Galabru, au meeting de soutien à la candidature de Jacques Chirac à l'élection présidentielle, organisé à Paris, au théâtre des Bouffes-du-Nord.

(5) Pour en prendre la mesure, il suffit de se souvenir que, dans les années 2000, il y avait souvent beaucoup plus de chances de trouver un ouvrage en langue française tout récemment paru et relevant du domaine culturel dans la bibliothèque d'une université outre-Atlantique (Harvard, Chicago, McGill...) que dans celle d'une université française. De surcroît, à la différence des grandes universités du monde, ouvertes une partie de la nuit et toute l'année, les équipements universitaires français en sont toujours réduits, par manque de moyens et de « loi Macron », à ne fonctionner en 2015 qu'à une faible partie de leur potentiel. Une situation qu'a, à juste titre, dénoncée – *vox clamantis in deserto* – l'homme politique et universitaire Jean-Claude Martinez.

(6) Saint Matthieu, VI, 22.

(7) Extrait d'une lettre d'Amedeo Modigliani (1884-1920) à son ami, le peintre Oscar Ghiglia sur l'art et les processus de création, écrite en 1901.

(8) Elle avait vingt ans quand elle connut Hallier.

J.-E. H., lève-toi et marche!

« Or l'art, c'est la lutte, c'est la passion. Que le but soit moral ou non,
peu importe, c'est à travers la passion qu'il faut l'atteindre, autrement,
il n'y a ni moralité, ni immoralité, et vous calomniez la vertu.
Du jour où il n'y aura plus lutte, l'art sera tué. »
Jules Barbey d'Aurevilly (texte inédit de février 1833,
publié dans *Œuvres romanesques complètes*,
« Bibliothèque de la Pléiade », tome I, p. 1231)

« Être le seul, pas le premier. »
Jean-Edern Hallier, *Fulgurances*

Sur le territoire français, c'est bien connu, il faut au moins un demi-siècle de cimetière pour parvenir à la postérité. Pour Jean-Edern, vingt ans devraient amplement suffire à l'assurer... Certes, Hallier n'est pas – et ne saurait être – un demi-dieu érigé sur un piédestal par ses thuriféraires. Mais ses amis peuvent se réjouir de l'Edernel retour : l'empêcheur de tourner en rond est toujours là et sans doute *ad vitam aeternam*.

Pourquoi? Comme les Français ne sont pas des Anglo-Saxons, qu'ils n'ont pas le pragmatisme chevillé au corps et qu'ils n'ont pas la spontanéité d'admirer, de le dire et de se contenter de l'évidence, des explications cartésiennes s'imposent. Elles vont au-delà des livres qu'il a laissés.

Le génie de Jean-Edern, car c'est bien une forme de génie qui le distingue des écrivains de son époque, c'est d'avoir été un adepte – et un champion – de la transversalité. Dans un environnement où la verticalité est ultradominante et où les individus restent confinés dans des conditionnements de type silo liés à leur domaine d'activité et à leur milieu social, il avait une étonnante capacité à rayonner, à se jouer des cloisons réputées étanches, tout en cloisonnant à qui mieux mieux pour convenance personnelle...

Il surprenait en permanence. Et il surprend toujours *post mortem*.

Son mode de fonctionnement, il l'a longuement pratiqué. Quatre décennies durant, il n'a cessé d'« investir » dans ses relations, de « diversifier » ses contacts, de « miser » à tout bout de champ sur les rencontres et les interférences. Capable de jouer aussi bien les dandys germanopratins que les « camarades-écrivains [1] ».

En clair, il a beaucoup « ensemencé ». Il donnait volontiers l'impression à certains de ses interlocuteurs qu'il faisait avec eux des choses importantes, alors que ce n'était pas toujours le cas et qu'en réalité, il rencontrait ici et là, seul à seul, des personnes qui ne se connaissaient pas et avaient parfois des « profils » fort différents. Ce « calcul » savant de dosages plus ou moins inconscients lui vaut en partie sa renommée posthume. Le résultat est édifiant, même aux yeux de ses proches – et surtout peut-être à leurs yeux. Cet homme qui parlait d'abondance mais savait davantage encore écouter avait plus d'un tour dans sa poche. Par l'attention surprenante et très réelle qu'il leur témoignait, il avait le don de rendre ses interlocuteurs importants. Ce qui le rendait sinon irrésistible du moins attachant. Même s'il a donné l'impression de gâcher du temps, même s'il ne s'est pas consacré autant qu'il aurait fallu à la création de purs chefs-d'œuvre, il a frayé avec des hommes et des femmes « en tous genres ». Il a eu de faux amis et côtoyé aussi bien des êtres vils que des esprits remarquables ou des cœurs purs. Cette extraordinaire diversité d'accointances a fini par lui valoir, au grand dam de ses détracteurs qui n'en peuvent mais, une vraie reconnaissance.

Gages de postérité

Une autre facette du génie de Hallier fut sans doute d'avoir été, sinon un inconditionnel, du moins un amoureux fervent de la jeunesse. Et pas seulement durant les années où il faisait paraître *L'Idiot international*. Il a toujours eu des jeunes gens autour de lui. Ce fait et cette foi dans l'éternelle jeunesse qui, à tous les âges de la vie, irréductible, croit et espère encore, se sont révélés comme les meilleurs des gages de postérité. Loin de s'éteindre avec la disparition des personnes nées dans les années 1930, sa mémoire est entretenue par les générations qui lui succèdent.

Pourquoi ? Peut-être parce qu'elles lui savent gré de déployer un discours à la découverte de sa propre dérision, de donner si souvent l'impression fort peu commune d'écrire avec le sérieux d'un enfant qui s'amuse.

Cet Edernel jeune homme, toujours étonné, toujours inquiet, ne cesse de nous rappeler, plume au vent, qu'il faut vivre debout et lucide, conscient de l'inhumanité de l'homme et de l'universalité du mal... Réactif, il l'est. Au point d'apparaître comme une nature hypersensible et allergique, un être imprévisible et excessif. Sa place au panthéon des troubadours modernes et des écrivains hors norme est à ce prix. Comme l'assure Paul Léautaud dans son *Journal littéraire*, « en individus, en sentiments et en œuvres, il n'y a que l'excessif qui compte ».

À l'évidence, comme son œil manquant l'empêcha très tôt d'assouvir son désir ardent d'entreprendre une carrière dans les armes, Hallier n'a pas eu le parcours ordinaire d'un fils et petit-fils de généraux, et le prénom qu'il a reçu à la naissance, c'est lui qui, en fait, se l'est forgé. Rien à voir avec un Jean-Pierre Giraudoux, « fils de » parmi tant d'autres mythes patronymiques, qui, sans l'esprit ni le talent, déambulent à proximité des quais parisiens et se la jouent très au-dessus de leurs moyens, à grands coups d'exécrations futiles et vaines, de jalousies odieuses et universelles, *urbi et orbi*...

Enfin, Hallier, en vrai rebelle et merveilleux écrivain, se refusait d'aboyer avec la meute, et ce n'était pas là son moindre mérite car il était bien souvent seul en ce cas. En particulier quand il dénonça que le chef de l'État entretenait, aux frais de la République, une famille cachée et qu'on le faisait passer pour un hurluberlu atteint de démence précoce alors que le Tout-Paris médiatique était au courant, ou quand il clama certaines vérités avant et pendant la guerre du Golfe (1990-1991).

Toujours parmi nous

De nos jours, à coup sûr, Jean-Edern, avec son humour caustique et parfois son rire au son inoubliable, aurait encore tant et tant à dire et à redire... Heureusement, en partie grâce à Internet, là où se joue désormais l'avenir de l'écrit puisque les écrivains ont disparu du paysage télévisuel, il est toujours parmi nous. Alors n'hésitons pas trop. Le moment n'est pas encore venu, diront d'aucuns en reprenant la ritournelle connue des politiciens. Hé bien si! Il l'est. Quand le soleil se couche, « *qui va piano va sano* au piano-bar de Babar [2] », mais sans quelques-unes de ses maîtresses plus ou moins attitrées, Élisabeth B., Alice M., Isabelle C. ou A... Déjà bien qu'elles subsistent dans les mémoires grâce aux écrits laissés.

Pas question de nous adonner au jeu proustien du temps retrouvé. D'abord, il n'y a plus de « soirée folle place des Vosges, changée en "salon-piano-bar" du XVIIIe » des *Carnets impudiques*. Ensuite, est bien trop lointaine l'atmosphère feutrée du bar Churchill, à la Mamounia de Marrakech, que, réfugié du trouble histrionique mitterrandien, Jean-Edern appréciait tant [3]... Alors, entrons au Duke's, si *cosy*, de l'hôtel Westminster, rue de la Paix, à Paris.

Une adresse parfaite pour se mettre à l'abri, écouter *do si do la*, en compagnie du libano-breton Gabriel Enkiri, le merveilleux pianiste Jean-Luc Kandyoti, oublier, entre deux cocktails qui n'ont rien de Molotov mais tout du *My name is James* (Bond of course), les sempiternels coquins et vilains, et faire la paix justement. En sortant, sûr, on prendrait le temps de marcher, de se diriger vers la place de la Concorde. On irait même jusqu'à la Seine, puisque « tout va à la Seine », comme l'écrivait Francis Ponge [4]. On contemplerait « ce fleuve familier et célèbre comme tant de choses à Paris », qui inspirait encore et toujours Hallier :

« Ô, ma Seine, hélas !
la vie n'est qu'un hôtel de passe
où tout passe
et trépasse
c'est la mauvaise passe

Soit dit en passant
peu importe,
le temps
est le seul roman-fleuve
qui m'émeuve,
en feuilletant, ivre,
le bateau-livre. [5] »

Tranquillement, nous voici en train d'avancer en direction du rond-point des Champs-Élysées. Lieu tout indiqué depuis l'Antiquité, n'est-il pas vrai ? Dans *L'Iliade* et *L'Odysée*, Homère le situait « vers le Couchant, très loin au-delà de l'Océan, à l'extrémité de la Terre ». Pour les Grecs anciens, les Champs-Élysées offraient rien moins qu'un séjour éternel et enchanteur aux héros et aux meilleurs personnages des mythologies. Lieu de joie, donc pour les immortels – et pour Jean-Edern, qui ne peut que faire contraste avec le sombre royaume des morts et celui des vivants qui ne le seront bientôt plus… Malgré tout, nous n'avons pas la chance d'être en compagnie de Sacha Guitry pour faire du cinéma ou un pas de deux… Lui qui adorait tant l'un et l'autre ! Vous souvenez-vous de Sacha ? Un soir qu'il dansait avec une jeune femme, jolie, riche et sotte, elle lui avait glissé :

– Ah maître, imaginez… Si nous faisions un enfant ensemble ; il aurait ma beauté et votre intelligence.

– Ah, Madame, lui avait-il murmuré à l'oreille dans un nasillement doucereux et charmeur, imaginez que cela soit le contraire… [6]

Inoubliable Sacha, qui avait aussi ce mot : « Je suis bien forcé de dire que j'ai du génie pour que les autres répètent que j'ai du talent… »

Les Champs, nous ne les remontons pas davantage avec Salvador Dalí pour nous rendre au Crazy en tenant un guépard en laisse [7].

Gribouille n'est pas non plus, hélas, de la partie. Peut-être l'avez-vous oubliée, celle qui chantait, sur une musique de Christine Fontane, « Les amants… Ce sont les beaux enfants qui arrêtent le temps, le temps de vieillir, de vieillir… » C'est Jean Cocteau qui l'avait présentée au patron du Bœuf sur le Toit afin qu'il l'engage. Subjugué par sa beauté androgyne, sa sensibilité et son talent, il lui avait même dessiné un de ces visages dont il avait le divin secret.

Bien sûr, pas question d'être en compagnie d'Antoine Donsimoni, huissier truand qui sévit durant de nombreuses années à Paris et avec lequel Hallier eut sérieusement maille à partir. Il finit par être interdit d'exercice professionnel, mais eut surtout le bon goût, après un copieux dîner, de prendre l'air sur le pont d'un navire lors d'une croisière et de s'évaporer… Depuis la fin du mois de janvier 2001, nul ne l'a revu, et personne ne cherche à le revoir. Toujours présumés coupables en pareil cas, les requins ont préféré faire savoir dans un communiqué très salé qu'ils n'étaient en rien responsables de la disparition du corps. Tout porte à croire qu'ils disent vrai : la chair du Donsimoni est, à l'évidence bien peu ragoûtante pour se révéler tentante. Y compris pour des charognes en eaux troubles. Selon de bonnes sources, le Diable l'aurait également jugée beaucoup trop répugnante pour pouvoir côtoyer une société aussi choisie que la sienne...

Rassurez-vous, nous sommes bel et bien en plaisante compagnie, avec le fantôme de Jean-Edern. Mais pas pour revenir plus de trois décennies en arrière... Quand Hallier et l'auteur de cet ouvrage eurent une longue conversation en cheminant lentement depuis le palais de l'Élysée. Ce fut l'occasion d'un questionnement direct quoique bienveillant. Pas un interrogatoire dit « journalistique ». Une série d'interrogations à haute voix, reflétant des réflexions souvent anciennes. Hallier prenait des temps d'arrêt. De recul aussi. Ce jour-là, son interlocuteur comprit qu'il était possédé par la Littérature et qu'il était l'Erreur majeure de M. Mitterrand. Une faute politique rédhibitoire, commise par aveuglement et par confusion des genres. Au nom de Mazarine et de la conciliation de sa vie professionnelle et de sa vie privée, M. Mitterrand a laissé libre cours à ses pulsions assassines. Il a dérapé, « dérivé ». Hallier s'est contenté de révéler ce que ce politicien était, c'est-à-dire un malfrat. Simplement, il a pris le risque d'avoir juste le temps d'écrire un énigmatique « Mitterrand m'a tuer [8] ». Mais au bout du compte, le désastre est d'ordre historique.

Avec le temps, inévitablement, les thuriféraires de Mitterrand, les « gardiens du temple » vont disparaître. Et l'on assistera à l'inexorable rapetissement de Mitterrand, qui deviendra au mieux un sous-Coty, l'honneur en moins, au pire un revenant de Vichy. Dans les deux cas, voué au discrédit et à l'oubli. Il a fait partie du temps qui passe et qui heureusement ne fait que passer. Mitterrand aura eu beau s'agripper à Dalida ou à Sagan, si frêle héroïnowoman... il ne fera guère le poids.

En revanche, Hallier est une icône culturelle inscrite dans le temps qui dure. Jean d'Ormesson ne désapprouverait sans doute pas. Peut-être parce qu'il était le plus fou qu'il est le plus grand... En tout cas, comme disait l'autre, la mort ne l'aura pas eu vivant. Elle l'a même raté.

Figure d'évocateur

Alors, reprenons notre marche et ne manquons pas, en passant à proximité du Pavillon Ledoyen et de ses annexes, de songer au fameux « Jean-Edern's Club », l'émission de télévision hebdomadaire qui fut diffusée sur la chaîne alors câblée Paris Première. Qu'importe si nous n'avançons pas d'un bon pas et si nous privilégions les circonvolutions de la discussion. Peu à peu, nous nous mettons d'accord pour mesurer l'importance d'une œuvre littéraire à sa capacité à s'adresser à des lecteurs de pays de cultures très différentes et nous finissons par admettre que Hallier, dont les œuvres et les fulgurances hors du temps ne s'effacent plus derrière la silhouette dérisoirement grandiose d'un hobereau halluciné, est bel et bien une rare « figure d'évocateur » comme il se disait autrefois, un précieux porteur de messages universels, d'idées valables pour tout le monde et partout... Même si, quand il ne porte pas le nom de tel ou tel auteur de best-seller de taille XXL, un écrivain n'a pas, en apparence, de fonction sociale, n'enrichit personne et donc ne sert rigoureusement à rien.

À force de marcher, nous voici au rond-point des Champs et même déjà un peu au-delà, devant le 78 de l'avenue. Numéro doublement historique pour avoir abrité jusqu'au milieu des années 1970 le premier Lido, le célèbre cabaret, avant qu'il ne prenne un autre style et une autre dimension dans l'immeuble de l'UGC Normandie au 116*bis*, et la première expo, en 1993, à la galerie Gerald Piltzer, des dessins, aquarelles ou gouaches de Jean-Edern, ce « peintre du dimanche qui travaille toute la semaine », selon la formule du journaliste Renaud Matignon, disparu à la fin du siècle dernier.

Sans éprouver la moindre nostalgie de ce passé ô combien révolu ni fredonner l'inusable chanson de Joe Dassin [9], il nous prend l'envie de jouer les macadam cow-boys et de traverser l'avenue. Ah ! le macadam... qu'affectionnait tant Hallier. Peut-être parce qu'il y avait un petit côté mac à dames dans ce mot-là. Allez savoir... Peut-être aussi parce qu'il lui faisait songer au vin blanc nouveau de Bergerac, autrefois si apprécié des Parisiens, et dont l'aspect troublé par les lies en suspension pouvait faire songer au matériau dont est revêtue la chaussée.

Sans doute l'avez-vous deviné : la fin de notre parcours champs-élyséen serait à la fois programmée et volontiers improvisée. Elle ne consisterait pas, comme dans les *Carnets impudiques*, à traîner jusqu'à quatre heures du matin dans les boîtes puis à marcher longuement sur les Champs-Élysées, sans trouver de taxi, avec l'espoir qu'un inconnu assez jeune, bien, s'arrête et vous propose de vous raccompagner en voiture... ou par extraordinaire que l'increvable Rolls Silver Phantom de Cocteau fasse une opportune réapparition. En cette fin de journée, il s'agirait d'honorer le fantôme de Jean-Edern non en quelque « bal des vampires [10] » mais par un petit banquet au Diane, comme il se doit, par référence à la Diane de *L'Évangile du fou*... Et naturellement aussi avec une pensée particulière pour Diane Barrière-Desseigne puisque ce restaurant discret de l'hôtel Fouquet's, tout en haut de l'avenue George-V, lui doit son nom.

Comme la diversité est souvent le secret d'une soirée réussie, les invités seraient fort différenciés. Certains n'auraient pas lieu de surprendre, qu'il s'agisse des enfants de Hallier, de son frère,

Laurent, de celle qui fut sa seconde épouse, Marie-Christine Cappelle, de Sylvina Boissonnas, mécène de *L'Idiot international*, ou de ses admirateurs comme le biographe Sébastien Bataille, Philippe Cohen-Grillet, qui, très jeune, le connut et a publié *Haut et court*, un roman singulier, quelque peu néo-hallierien et prometteur, ou Jean-Pierre Jumez qui, avec sa guitare, serait là en voisin.

D'autres seraient des cinéastes, comme Francis Fehr et Ghassan Salhab, le réalisateur de *La Vallée*, qui expliquerait que « plus que jamais, ce qui se passe au Liban en dit beaucoup sur le chaos du monde, de l'impossible coexistence du commun et de l'individu ».

D'autres seraient encore plus inattendus. Jean-Claude Martinez, le Dalí incompris de la politique qui croisa un jour Jean-Edern tout près de La Closerie, serait parfaitement capable de trouver le moyen d'associer Dieu, le fisc et l'edernisme. Bernard Spitz, le président de la Fédération française des sociétés d'assurances et essayiste, pourrait, lui, relever avec force que « peu de sociétés développées sont aussi injustes que la France », que « la ligne de partage n'est pas tant entre la gauche et la droite, ni entre les syndicats et les employeurs », et que « la fracture principale y est entre les *insiders*, ceux qui sont protégés, et les *outsiders*, ceux qui veulent entrer sur le marché de l'emploi et se heurtent aux barricades érigées par les premiers [11] ». Une vision que partagerait sans doute Emmanuel Combe et qui l'inciterait à renchérir en soulignant, ô combien à juste titre, que « l'intérêt général ne se résume pas à la préservation des positions acquises » et qu'« une réforme dans laquelle tout le monde gagne n'est pas une réforme [12] »...

Se côtoieraient aussi Francis Terquem, l'une des figures du barreau parisien, Dominique Joly, jeune ancien conseiller régional qui a su mettre la politique en mode « pause », Laurence Douret-Vaivre, neuropsychologue clinicienne, chercheuse et auteure d'ouvrages de référence sur la qualité de vie du nouveau-né, Monique Marmatcheva, passionnée de danse, de peinture, de poésie, et de Louise Janin (1893-1997), Albert Robert de Léon, expert ès tapis, Jean-Louis Lemarchand, de l'Académie... du jazz, et, bien sûr, François Roboth, toujours prêt à faire la chronique des meilleures tables parisiennes. En fait, il s'agirait beaucoup moins de reconstituer un nouveau « Jean-Edern's Club » que d'en finir avec tous les *a priori* et *a posteriori*, tous les on-dit et les « vite dit », toutes les pesanteurs sociales, puisqu'il « faut voir plus loin et que nous vivons toujours sous l'emprise des tabous de la bourgeoisie du XIXe. (13) »

Balzac est mort, Macron l'a tué...

Vite, tandis que Patrice Gelobter ferait l'homme-orchestre des relations publiques, on s'amuserait à changer de registre. Avec l'aide amusée de Matthias Vincenot, le directeur artistique du festival DécOUVRIR de Concèze, on ferait le poétereau, l'amateur de raffarinades et autres coquecigrues, et l'on se gausserait des grosses bourdes de l'ex-lectrice de téléprompteur de journaux télévisés, présentatrice aux côtés du talentueux Frédéric Lodéon des Victoires de la musique classique (14). On ne goûterait pas pour autant l'alcool fort des diatribes du burlesque Jean-Edern, mais la cuisine experte et imaginative, tout bonnement magique, de Jean-Yves Leuranguer et Christophe Schmitt. On s'offrirait tout à la fois un drôle de banquet gastronomico-littéraire et un alla sans h bien sûr, n'allez pas croire, un vin d'honneur à la santé d'Emmanuel Macron, dont le nom est associé, que cela plaise ou non, à une loi historique dont les journalistes n'ont guère mesuré l'importance et qui se traduit par un changement de donne, un nouveau paradigme. Désormais, une amorce de libéralisation des transports est instaurée :

après un demi-siècle de blocage inouï, il devient enfin possible de prendre l'autocar pour se déplacer d'un département à un autre et des entreprises privées ont le droit de proposer des conditions tarifaires fort attrayantes... Désormais aussi, les professions juridiques dites « réglementées » sont placés sous le regard et le pouvoir de l'Autorité de la concurrence, organisme administratif sérieux, doté d'équipes de grande compétence. Ce simple fait constitue une évolution capitale, un progrès déterminant qui aurait dû, en toute normalité juridique, se produire depuis... 1817 [15] ! Balzac, ou plutôt le monde de Balzac est mort, pour de bon, et Macron l'a tué. En tout cas, après plus de quatre cent dix heures de débat au Parlement, la nouvelle législation vient implicitement sanctionner la honteuse complaisance et la défaillance accablante, durant des décennies, de l'autorité de tutelle précédente – la Chancellerie de la place Vendôme et son cortège de procureurs de la République –, désormais reléguée à l'arrière-plan et vouée à un rôle subalterne. Simple exemple : le tarif des notaires avait bien une existence officielle avant 2016, mais il était opaque et surtout ne s'appliquait en pratique que dans les cas où il se révélait très profitable aux études notariales... Pendant des décennies, des centaines de milliers de particuliers ont ainsi été littéralement rackettés, avec la bénédiction des plus hauts responsables de l'État français, suivant un processus un peu comparable à ce qui se passait sous l'Ancien Régime, quand certains fermiers généraux multipliaient en toute impunité et en toute épouvante les abus. La loi Macron – en grande partie vidée de sa substance originelle en raison d'émétiques manœuvres lobbyistes et inappliquée un an après sa promulgation ! – ne contient sans doute que le millième des mesures qu'il conviendrait de prendre et d'appliquer au territoire français, pour se référer au mot de Jacques Attali. Elle n'empêchera pas non plus d'attendre en vain plus de quarante ans le doublement d'une route mortelle à deux voies [16], mais elle a peut-être permis de faire l'économie d'un épilogue sanglant.

Les murs de la honte

Alors, buvons, d'autant que le pétillant du Diane ne serait pas un vin d'honneur à faire danser les chèvres et que ses bulles n'auraient rien de spéculatif... Accompagné de sa fille Stéphanie, Philippe Tesson, fringant et inusable, ferait une apparition impromptue et esquisserait un petit sourire entendu en lançant à l'assemblée : « Cette vie, je vous l'ai toujours dit, n'est que théâtre. » Comme par enchantement, voici que surgirait Roselyne... Bachelot bien sûr ! Un peu en retard, elle aussi, mais tellement *right woman in the right place*. L'ambroisie, la nourriture des dieux, c'est un peu son domaine réservé. Elle s'y connaît en art culinaire et sait apprécier les vrais bons endroits. Qu'elle soit ou non d'humeur à chanter comme l'inoubliable Blossom Dearie, d'une voix fraîche et enfantine, « plus je t'embrasse, plus j'aime t'embrasser... », qu'importe. Avec elle, on ouvrirait les archives... Sûr, l'âme gogolienne de ce génial trublion de Hallier ne serait pas morte mais bien vivante. Comme certains Français n'ont toujours pas compris que « la nuit du 4 août, aube incomparable, devrait être le climat quotidien des enfants gâtés que nous sommes[17] », on ferait l'épuration. La vraie. Pas celle, immonde et imbécile, qui eut lieu à la Libération. Mais celle que ne fit pas de Gaulle dans les années 1958-1962. Sa plus lourde erreur politique sans doute. Au passage, s'il ne l'avait pas commise, M. Mitterrand aurait été « balayé », et nous n'en serions pas encore à nous demander ce que cet individu faisait quand, de décembre 1942 à fin juin 1943, il travaillait « dans ce bureau, chargé de dénoncer, en un charmant euphémisme, les antinationaux[18] ».

Au nom du grand pardon, de l'unité et de la réconciliation nationales, de Gaulle s'est voulu l'homme du Concorde et de la concorde civile. Par mégalomanie ou ingénuité, il a cru pouvoir faire l'économie d'une épuration. Par désir de rester au pouvoir, craignant après sa nomination en 1958 d'être remercié, il a dû, en 1962, modifier le mode de désignation du président de la République française, tout en laissant en place des « élites » ultra-vermoulues et corrompues [19], des structures qui avaient profité à plein de l'occupation nazie... Voilà, au passage, qui vous rapetisse les classiques histoires de marché noir et de petits commerçants. Le brave Jean Dutourd – il mérite qu'il lui soit fait crédit – ne savait pas [20]. S'il avait su, c'est un tout autre *Au bon beurre* qu'il aurait écrit ou un second tome autrement plus sombre. Tout le drame d'une démocratie confisquée et d'une jeunesse honteusement emmurée, toute la tragédie de la France des années 2010, complètement ankylosée, bloquée, atteinte d'une démence sénile de plus en plus manifeste, réside dans cette absence d'épuration, sous les lumières aveuglantes de la médiatisation audiovisuelle non-stop. Comme disait Hallier, qui n'était pas du genre à confondre immobilisme et stabilité, culot et talent, « nous sommes passés du Siècle des lumières au siècle des *sunlights* ». Et des *sunlights* de préférence en mode LED s'il vous plaît !

À l'évidence, il y a toujours France 2, du groupe France Télévisons, pour faire de la propagande en version « méthode Coué », sur l'air de « On est les meilleurs » ou de « On a bien de la veine d'être Français ». Une communication qui n'est pas sans rappeler ces messages qui étaient diffusés sur les ondes, jour après jour et en boucle, durant le mois de juin 1940 et qui disaient au bon peuple confronté aux visions pathétiques de la débâcle : « Nos troupes se sont repliées en bon ordre dans des positions prévues à l'avance »...

À l'évidence aussi, Marianne est toujours timbrée à l'ancienne et dans chaque mairie, toujours statufiée. En apparence, car c'est bien connu, et pas seulement depuis Alexandre Vialatte, les statues ne font que nommer l'oubli, et l'on n'est jamais plus mort qu'en bronze ou en plâtre... En réalité, Marianne est devenue une B.B. ostéoporosée, une vieille dame arthrosée, au triste seuil de l'impotence.

Chansons pour la vie

Alors, mieux vaut rester au Diane, entre deux ou trois douceurs exquises du chef pâtissier Claude Ducrozet. Peut-être le maître clown Jango Edwards serait-il là, lui aussi, pour donner un tout petit aperçu de son ébouriffant talent et introduire non une petite « Scène de ménage », mais une saynète en solo, de et par Anne-Élisabeth Blateau, dont cette auteure et comédienne à succès a le secret. Enfin, Fiona Monbet viendrait en quelques mouvements d'archet montrer que le violon mis en certaines mains peut être onirique, et puisque sur le territoire français tout s'achève, c'est bien connu, par des chansons, on respecterait la tradition, mais pas avec n'importe quels refrains et couplets ni n'importe quelle interprète non plus. Ni l'avocate Isabelle Coutant-Peyre ni l'ex-juge Bidalou [21] n'y trouveraient rien à redire et encore moins matière à constitution de partie civile... *Si mi la ré sol do fa*, on écouterait un tour de chant de Véronique Soufflet. Avec « Les enfants de Louxor », de Bernard Dimey, et ses propres textes, « La voix d'El Sett », « Yani » ou « Entre l'orient et l'occident ». *Fa do sol ré la mi si*, accompagné au piano par Jean-Luc Kandyoti, elle nous transporterait vers des horizons manhattaniens, byblossiens, antédiluviens... Grand périple où il y aurait de l'amour, beaucoup de cet amour qui n'est souvent que subversion, mais où, *do si do la*, elle ne manquerait pas d'exprimer sa rage de se taper la tête contre les murs du langage, dans un écartèlement où l'âpreté du quotidien va de pair avec des émotions vives et des situations sans lendemain. Elle répondrait ainsi à l'injonction première de la littérature. Il suffit de lire les mots du commencement de *L'Iliade* : « Déesse, chante-nous la colère d'Achille... » Alors, laissons-nous gagner par le son de sa voix qui nous dit si bien qu'« ici et maintenant, tout ça dure si peu de temps à l'échelle des dieux ». Mettons-nous à chanter, oui, chantons tous en chœur. Histoire de nous extraire de ce « *barathrum* de sottises, de lâchetés et d'hypocrisies qu'on appelle Paris »*, comme l'écrivait Barbey d'Aurevilly au poète Hector de Saint-Maur [22]. Histoire aussi de nous prouver que notre époque, pas plus qu'aucune autre, n'en a fini avec la littérature et, avec l'invisible complicité du fantôme de Jean-Edern, de démêler les mille et un liens de ce vrai roman qu'est, *in aeternum*, la vie.

> « Je n'adore que la vie, la forme, la lumière,
> les couleurs et les sons. »
> Jehan-Rictus (alias Gabriel Randon, 1867-1933),
> *Journal quotidien* (21 septembre 1898-26 avril 1899)

> « Les mots sont dits, les jeux sont faits
> Toutes couleurs toutes mesures,
> Le danger cueille son bouquet,
> Aux falaises de l'aventure
> Je ne reviendrai plus jamais. »
> Louise de Vilmorin, « Adieux », *Le Sable du sablier*

---

(1) Il le démontra à de nombreuses reprises, et en particulier lorsque, début octobre 1989, il vint sur le site de production de Peugeot à Mulhouse soutenir les ouvriers grévistes qui ne parvenaient pas à obtenir plus de 1,2 % d'augmentation quand l'entreprise annonçait des bénéfices en hausse de plus de 30 %, octroyait des dividendes copieux à ses actionnaires et revalorisait la rémunération de son PDG de près de 50 % en l'espace de deux années... Après sept semaines de grève, Peugeot perdit 50 000 véhicules dans la bataille, et les salariés finirent, eux, par obtenir quelques miettes financières mais surtout par retrouver une certaine dignité.

(2) Jean-Edern Hallier, « Funny game », *Le Refus ou la Leçon des ténèbres*, p. 281.

(3) « On se souvient de Jean-Edern Hallier refusant obstinément de quitter l'atmosphère feutrée du bar Churchill » (dans *Le Point*, 14 juillet 2011, « Les secrets de La Mamounia », Marie Bordet).

(4) C'est à Francis Ponge (1899-1988) que Hallier envoya le 20 septembre 1963 les 205 feuillets des *Aventures d'une jeune fille* (documents détenus par la Bibliothèque littéraire Jacques-Doucet à Paris, avec même l'enveloppe à l'adresse de Francis Ponge).

(5) « Soit dit en passant », « Poésies », *Le Refus ou la Leçon des ténèbres*.

(6) Cette repartie, également attribuée à George Bernard Shaw, figure dans un échange de correspondances entre Isadora Duncan et le célèbre auteur dramatique irlandais.

(7) « Salvador Dalí (...) était devenu un peu le parrain du Crazy Horse. Très ami avec Bernardin, son manager Peter Moore l'amenait chaque soir. En pleine flamboyance excentrique, le peintre tenait un guépard en laisse. La photo était assurée dans les journaux du lendemain... » (Extrait de *Crazy Life : à l'amour, à la haine*, Lova Moor, Flammarion, 2003.)

(8) Par allusion bien sûr à l'inscription en lettres de sang « Omar m'a tuer » (sic), qui est la caractéristique la plus célèbre d'une affaire criminelle qui défraya longtemps la chronique et reste l'une des plus complexes de l'histoire judiciaire française (le meurtre en 1991, à Mougins, dans les Alpes-Maritimes, de Mme Ghislaine Marchal dont le jardinier Omar Raddad fut reconnu coupable par la justice, bien qu'il n'ait jamais cessé de clamer son innocence).

(9) Les paroles originales et la musique de la chanson « Les Champs-Élysées » interprétée par Joe Dassin sont de Mike Wilsh et Mike Deighan. Les paroles françaises sont de Pierre Delanoë.

(10) Dans *Bréviaire pour une jeunesse déracinée*, Hallier évoque un « bal des vampires » lors du quatre-vingt-dixième anniversaire de son père. Mais dans son *Journal d'outre-tombe*, il rêve d'une exposition de bannières sur les Champs-Élysées et même d'une fête de fiançailles, « avec des fiacres descendant les Champs-Élysées, un gibus, un chapeau claque de la Belle Époque »...

(11) *Le Monde*, « Une réforme destinée à donner enfin un avenir à la jeunesse », 9 mars 2016.

(12) « Mon intérêt général », Emmanuel Combe, *L'Opinion*, 22 mars 2016. Emmanuel Combe est professeur à l'université Paris-I et à l'ESCP Europe (École supérieure de commerce de Paris).

(13) Jean-Edern Hallier, *Carnets impudiques*.

(14) En 2016, sur la chaîne de service public France 2, les téléspectateurs eurent tout le loisir de constater, à cette occasion, qu'entre divers bafouillages incitant à déplorer l'éviction de Louis Laforge, son prédécesseur dans le rôle, cette Parisienne âgée de 60 ans ignorait ce qu'est un cymbalum et que, par sa bouche, Menahem Pressler, le fondateur et membre pendant un demi-siècle de l'illustre Beaux Arts Trio, devint soudain le chef d'un bien obscur et improbable « Mozart Trio » ! Des faits qui ont naturellement réduit à néant sa crédibilité et que Renaud Machart, critique compétent et réputé au *Monde*, fut le seul à relever dans un article, sauvant ainsi l'honneur de la presse française (« Aux Victoires de la musique classique, la jeune soprano qui ne voulait remercier personne », *Le Monde*, 25 février 2016).

(15) La loi de 1816 qui avait restauré la profession notariale dans ses attributions et privilèges et s'est appliquée durant deux siècles, jusqu'à la publication des décrets de la « loi Macron », n'était en fait qu'une simple loi de finances, à validité en principe annuelle...

(16) « Le scandale de "la route de la mort" », *Le Point.fr*, 25 mars 2016.

(17) Gilbert Cesbron, *Ce que je crois*, Éditions B. Grasset, 1970.

(18) Jean-Edern Hallier, *Les Puissances du mal*, p. 288.

(19) Dans les classements établis par l'OCDE (Organisation de coopération et de développement économiques) et l'ONG Transparency International, la France se situe depuis des années entre le 20ᵉ et le 30ᵉ rang mondial des États les moins corrompus. C'est-à-dire aux côtés de l'Estonie, du Qatar, du Bhoutan et du Botswana.

(20) Jean Dutourd (1920-2011) fut pour Jean-Edern un ami d'une fidélité sans faille. Il fit en outre partie des rares personnalités parisiennes à avoir parfaitement perçu et publiquement prévenu que Hallier était trop écrivain et artiste pour ne pas avoir le dernier mot... L'académicien et son épouse Camille reçurent également avec beaucoup de simplicité et de bienveillance l'auteur de cet ouvrage dans leur appartement de la rue Guénégaud, à Paris.

(21) Isabelle Coutant-Peyre fut l'avocate de Hallier. Cette ex-associée de Jacques Vergès et ancienne secrétaire de la Conférence des avocats du barreau de Paris, est également connue pour sa défense de personnalités « sulfureuses », dont Ilich Ramírez Sánchez, dit « Carlos ». Révoqué à deux reprises de la magistrature dans les années 1980, le juge Jacques Bidalou fut, selon ses propres mots, « interdit de fonction par la criminalité mitterrandienne ». Il collabora à *L'Idiot international* et joua un rôle informel de conseiller juridique auprès de Hallier lorsque ce dernier fut l'objet de poursuites judiciaires acharnées.

(22) Lettre à Hector de Saint-Maur, lundi gras (8 février) 1875 (« Barbey d'Aurevilly », dans La Revue des lettres modernes, n° 189-192, sous la direction de Jacques Petit, 1968, p. 95).

Les Aventures d'une jeune fille ou le coup de maître

> « La littérature (ou le récit) sans doute ne peut rien – rien, sinon montrer, justement, comment les signes nous sont parlés. Et par quels signes s'annonce – à long terme ou dès cet instant – la réalité où nous sommes, qui est désormais et de plus en plus, et chaque jour plus dangereusement, une réalité parlée. La littérature ? C'est pouvoir dire par quels signes notre réalité vient vers nous. »
>
> Jean-Pierre Faye, *Que peut la littérature ?*

Les Aventures d'une jeune fille est tout sauf un premier livre ordinaire. Rien à voir avec une promesse ou un simple balbutiement. Il s'agit bel et bien d'un coup de maître. Ou plus exactement d'un aboutissement très prématuré. Une sorte de monstre en quelque sorte. Qui peut donner le vertige, tant l'édifice paraît « tenir » par la seule force de l'écriture de Jean-Edern Hallier, qui, après s'être imprégné de Balzac, de Chateaubriand, de Barbey d'Aurevilly et de Proust, les aurait « absorbés » pour composer un roman très savant et volontiers extra... ordinaire. Tout en se rattachant à une écriture classique et à une approche académique – il se perçoit parfaitement que l'auteur est capable de « faire du roman à l'ancienne » –, cette écriture rompt avec elles et inaugure un texte à plusieurs dimensions et genres : de l'essai introspectif et philosophique au récit romanesque, en passant par le théâtre – avec scène, décor, saynètes et dialogues – et le cinéma, avec des thématiques liées aux souvenirs d'enfance et des travellings, qu'ils soient optiques (zooms) ou mécaniques, qui viennent « chantourner » les descriptions ou rénover le processus descriptif[1]...

« Mes yeux épient les coins les plus reculés ; tandis qu'au premier plan, des frémissements parcourent le bras nu de la jeune fille, ma voisine, dont les doigts se laissent aller à pianoter sur le rebord verni de la table, comme s'ils rejouaient une mélodie dont son corps tout entier aurait conservé, intact, un souvenir qui, à certains moments calculés d'avance, épouserait le présent, avec des ramifications qui se prolongeraient en un dialogue où je chercherais à faire d'elle ma partenaire de prédilection. [2] » (Page 24.)

La qualité de l'image est également là pour témoigner du soin méticuleux de l'auteur à cultiver l'effet produit...

« Leurs pas arpentent le dallage noir et blanc, blanc et noir. Les talons hauts de l'une, les souliers vernis de l'autre, alternativement ; telles les figures d'une partie d'échecs, abandonnées à elles-mêmes sans aucun joueur pour les guider, ou pour savoir, alors, qui les guiderait ; et se livreraient à une partie dont chaque case serait l'enjeu. » (Page 90.)

S'ensuit, par un habile « glissando », la transition d'une scène – et d'un décor – à l'autre : « Se perdant dans la foule des autres figures, deux ou trois par cases. Ne respectant même plus les règles quand elle oblique sur la gauche, vers le foyer. Au fond brille un comptoir, décoré par des instruments de marine, une ancre, un gouvernail ; et derrière, les vagues d'un océan déchaîné dont les plus fortes crêtes sont déjà visibles en arrivant de la rue dans le hall, sur le fronton qui surmonte les trois portes qui accèdent au parterre, et se prolongent de chaque côté. » (Page 90.)

Le raffinement dans l'élaboration des effets stylistiques se vérifie en maintes autres occasions, comme en attestent ces exemples :

« Le pied nu d'un enfant, entre deux montants de la balustrade, frappe dans un ballon qui accomplit une courbe dans l'air dont le point culminant coïncide, en une brève éclipse, exactement avec le point où brille le soleil dans le ciel. Mais le ballon retombe sur les planches de la terrasse ; et c'est en me baissant pour le ramasser, le renvoyer, que je remarque la baigneuse, auparavant assise sous un parasol vert, qui s'allonge, le dos sur le sable, en posant à côté d'elle le carnet noir où elle a cessé d'écrire. Le ballon avait rebondi, entraîné doucement, par la pente ; accéléré sur la bande de sable humide, gris, que découvre la marée descendante ; et il roule peut-être encore, là-bas. » (Pages 68-69.)

« Elle a ouvert son sac, en a tiré un tube de rouge. Elle repasserait le tube sur ses lèvres devant une glace qu'il ne pourrait voir s'il voit, de là où il se trouve, alignées sur le mur, des photographies d'acteurs – les acteurs qui jouent dans cette pièce, ou ceux qui ont tenu les principaux rôles dans les pièces antérieures – encadrées sous des plaques de verre. » (Page 91.)

« L'air sera léger, si léger que le froid de l'aube se sera dilué dans cette légèreté. Avec ma canne je ferai rouler des cailloux dans l'allée centrale : ils sauteront, et disparaîtront dans l'herbe transparente, transparents. » (Page 114.)

De même, le souci de l'anticipation de la vision est récurrent et vient renforcer le sentiment – en partie erroné – chez le lecteur que, au fil d'un texte qui poétise tous les instants et toutes les situations et où la bizarrerie chère à Baudelaire, naïve, non voulue, inconsciente, n'est pas absente, rien n'est laissé au hasard.

Ainsi une phrase comme « Une feuille sèche – la même – craque entre ses doigts, une feuille aux nervures brisées », (page 21), a-t-elle été deux pages auparavant « annoncée » par « Au fond, des feuilles sèches qui craquent entre ses doigts, tandis que son bras nu remonte jusqu'à la courbure douce de l'épaule » (page 19), et même dès la deuxième ligne du roman, par « La nuit est si tiède que le moindre souffle de vent agitant les feuilles des arbres… »

Ainsi l'utilisation des adverbes s'inscrit-elle volontiers dans un processus trop bien scandé pour ne pas avoir été médité et prémédité...

« Mais je trouve encore le moyen de me demander, quand se referme lourdement le battant de la porte d'entrée, si ces chuchotements n'étaient pas, pour un peu, dus au grincement d'une poignée mal huilée que l'on tournerait très lentement; ce qui correspondrait, très commodément, à la pluralité des actions parallèles, secrètes, qui se substitueraient, peu à peu, à ce qui se passe, ici. » (Page 25.)

Rien d'étonnant dans ces conditions à ce que la lecture d'un ouvrage qui témoigne d'une maîtrise technique et d'une maturité aussi grandes puisse s'effectuer à plusieurs niveaux. Rien d'étonnant non plus à ce que le patient et, en apparence, inextricable dédale de mots que s'attache de toute évidence à construire l'auteur, âgé de vingt-six ans seulement, puisse procurer une sensation de surcharge et d'emphase. La mise en place de la légende d'une vie d'écrivain à l'occasion d'une telle expérience initiatique et expérimentale s'effectue au prix d'un enchevêtrement monumental de lignes qui cache un implacable agencement[3]. Mais il n'est pas du tout sûr que la France de 1962 méritait Hallier et *Les Aventures d'une jeune fille*, un livre sans doute mieux « recevable » par des lecteurs issus d'horizons « ouverts » à la modernité et à la recherche artistiques, qu'ils soient Américains ou Canadiens. Michel Foucault a eu beau fort bien percevoir la singularité de ce « roman de terreur » et la saluer dans un magazine. Au début des années 1960, il est lui-même un être ô combien atypique, quasi extraterrestre, dans la société française de l'époque... Plus d'un demi-siècle plus tard, il n'est pas non plus certain que l'ouvrage soit « lisible » par de nombreux habitants du territoire français. Hallier n'en serait probablement pas surpris. Si la parution de l'article[4] de Foucault n'avait suffi à l'empêcher d'être fort déçu par l'accueil réservé à sa création, il s'était, en réalité, bercé de peu d'illusions : il avait conscience – c'est du moins ce qu'il confiait au début des années 1980 – que son texte ne serait pas compris, encore moins analysé, avant de longues années.

Qu'importe alors que « le rideau se ferme, s'ouvre, sans toutefois s'écarter entièrement de chaque côté de l'avant-scène » (page 118), puisque la vie, notre vie, est un théâtre, shakespearien ou pas, où nous sommes seulement de l'étoffe dont les rêves sont faits et où notre petite existence est cerclée d'un grand sommeil...

C'est là sans doute le sens profond du livre-roman à trois voix – « lui », « elle » et « moi » – de Hallier, ce songe « des cent mille nuits et jours » (page 293) où, au bout du compte, finissent par se distinguer « deux principaux protagonistes », « la jeune fille et l'enquêteur qui cherche inlassablement les coordonnées de ce présent fictif où son enquête peu à peu se substitue à sa mémoire défaillante, en la réinventant » (page 246)... Est-ce pour autant, à proprement parler, un livre de terreur ? Le texte peut, en tout cas, surprendre, faire suffoquer voire tétaniser certains esprits, sensibles à l'atmosphère volontiers aurevillienne qui s'en dégage. De nombreuses pages trahissent fortement l'influence thématique des romans de Barbey, au travers en particulier de la présence très récurrente et ô combien prégnante de l'étang (page 115 : « au bord d'un étang » ; page 116 : « Car une description, si détaillée soit-elle, de la demeure, de l'étang, de l'allée et du parc alentour, ne ferait pas apparaître pour autant cette place inoccupée, au milieu, que je vois devant moi, et ne puis restituer » ; page 126, avec la « barque » et l'« aviron », au milieu des « canards sauvages », des « saules pleureurs », des « roseaux » ; page 137, dans la réplique de « l'acteur sur un ton de désinvolture » : « Et avec lui, vous ne vous êtes jamais promenés sur l'étang ? » ; page 223 : « On y reconnaîtrait un étang, et les taches roses des nymphéas, en contradiction avec le mois indiqué » ; et page 246 : « dans la barque sur l'étang »...).

Le lecteur peut bien sûr venir se réfugier dans le salon, avec ses fauteuils, ses confidents, ses bergères, ses voyeuses, ses duchesses et chaises percées, pour y méditer sur les clés de l'énigme et sur la démarche hallierienne qui s'est allègrement affranchie des règles concernant l'intrigue, les personnages et le narrateur même. Mais il n'échappe pas au risque de demeurer bel et bien prisonnier, à force de vivre enfermé dans ce monstrueux palais de mots, bizarre et beau par sa bizarrerie, que constituent *Les Aventures d'une jeune fille*.

> « Quand j'écris, je dois me rendre à cette évidence (…) il n'y a aucune bienveillance dans l'écriture, plutôt une terreur : elle suffoque l'autre, qui, loin d'y percevoir le don, y lit une affirmation de maîtrise, de puissance, de jouissance, de solitude. »
> Roland Barthes, *Fragments d'un discours amoureux*,
> La dédicace, p. 93

---

(1) *Les Aventures d'une jeune fille* fait partie, avec *Été indien,* de Claude Ollier, *Triptyque,* de Claude Simon, *Aminadal,* de Maurice Blanchot, des exemples cités à propos de la thématique cinématographique liée à la passivité et aux souvenirs d'enfance, et de la problématique urbaine dans la thèse de doctorat « Les formes hybrides de l'écriture dans le roman contemporain : le verbal et le visuel dans les œuvres de M. Duras », soutenue en 2007 par Youlia Maritchik, sous la direction de Gérard Dessons et Katia Dmitrieva, université Paris VIII – Vincennes Saint-Denis, Université d'État de Russie de sciences humaines, École doctorale « Pratiques et théories du sens ».

(2) Toutes les paginations mentionnées se réfèrent à l'ouvrage publié en 1963 par les Éditions du Seuil.

(3) À l'image des rues évoquées par Jean-Edern Hallier qui « traceraient dans le vide des parallèles, des lignes droites, dont l'inextricable enchevêtrement cacherait l'implacable agencement » (p. 200).

(4) Le texte de son article figure en pages 61 et suivantes de cet ouvrage.

« Un "nouveau roman" de terreur [1] »

par Michel Foucault

« On n'écrit plus beaucoup de romans de terreur. Celui de Jean-Edern Hallier ne pouvait passer inaperçu. Mais il devait faire naître autour de lui cet embarras un peu volubile qu'on éprouve devant l'étrange familiarité : des reconnaissances qui rassurent (*Le Grand Meaulnes* [2]), des parentés qui situent (Proust, bien entendu), des thèmes sans âge. Le reste serait jeu de construction subtil, un peu obscur, froid, impertinent, subversif.

Je veux bien subversif, comme pouvait l'être *L'Île mystérieuse* [3] ou *Le Fantôme de l'Opéra* [4] – l'histoire d'un grand navire sombrant à l'intérieur de soi : là, en cette caverne où il est pris, en cette cavité qui est l'expansion absolue de son secret, il libère ses pouvoirs violents de métamorphose.

Comme en tout roman de terreur, la "jeune fille" commence par disparaître – par avoir déjà disparu. En cette faille (un couvert déplacé sur une table, une chaise qu'un enfant a repoussée), le langage se précipite, inaugurant une tâche orphique où il est essentiel de "perdre" : égarer ceux qu'on guide, laisser échapper la jeune fille évanouie, être dépouillé de sa mise, se contraindre indéfiniment à recommencer. Au centre de la demeure qui est le lieu du roman (son espace, non son décor), un escalier en volutes et la corde qui dessine sa spire assurent le plongeon et la remontée, à moins qu'ils ne tiennent étranglé un noyé pensif et pendu ; leur hélice solennelle et visible fonctionne comme un *Nautilus*. C'est le long de sa courbe indéfinie que les temps se superposent, que les images s'appellent sans se rencontrer jamais. Forme de la torsade qui réunit le surplomb, les évanouissements, les répétitions, la continuité.

Ce vestige figé ramasse l'étalement immobile de la *demeure* et l'événement nu de la *disparition*. Celle-ci, on ne peut en retrouver le secret qu'en la répétant dans une sorte de messe qui dit à chaque instant que le Dieu est mort. Un officiant (prêtre-prophète-enquêteur) organise la scène rituelle et promet dans une imminence sans fin l'apparition de la disparue, sa disparition apparente... Il a aménagé un théâtre au centre du château qui suscite entre la demeure et la disparition les figures toujours déçues du double.

Théâtre, "pièce" centrale du roman en un quadruple sens : scènes à répéter, chambre dans une maison, élément d'une machine, figure sur un échiquier. Il fonctionne d'une façon systématiquement contradictoire. Instrument du fantastique, de l'absolu voyage (il se métamorphose en fusée stellaire), fonction du longitudinal à l'infini, il est aussi bien la forme perverse des identités latérales ; il confond ce qui se juxtapose : l'acteur avec celui qu'il représente, le spectateur avec l'acteur, l'enquêteur avec le spectateur – le coupable peut-être avec le détective. Il ronge tout le château qui n'est plus de cette fiction que le décor, les coulisses, l'immense praticable, la machinerie en alerte. Il fait tourbillonner tout l'espace des aventures, des autres, du temps et des images autour de l'axe vertical du double. Axe qui régit les volutes et les spires, ne les réduit jamais.

De là se déchiffre un ordre calculé. Les trois moments du temps (le petit garçon et sa compagne ; le jeune homme et la jeune fille ; l'enquêteur et la place vide) ne sont pas répartis dans les trois actes du roman ; ils s'y superposent à chaque instant. C'est qu'ils ne sont pas dissociables, pris dans le jeu de deux figures extrêmes : celle du précepteur dans la bibliothèque où il fait la lecture à deux enfants (c'est toujours la même page qui est ouverte, et tous les livres, à côté, *disparaissent* peu à peu : un seul *demeure*, celui-ci tel que vous le lisez) et l'image de la barque qui chavire sur le temps (mais pourquoi et comment ?) avec sa passagère.

La première de ces figures, c'est l'arc du langage imaginaire ; la seconde, resserrée sur l'événement, c'est la flèche de ce qui ne peut être dit. Leur croisement d'or, leur perpendicularité, qui ne dure pas, mais se maintient sans fin, prescrit le temps du livre : temps de l'incidence et de la répétition, temps de l'inachevé et de l'origine perdue. Imparfait.

En cette imminence de l'arc et de la flèche, les "aventures" apparaissent ; il faut entendre que vient au jour, diffractée à l'infini, sans cesse répétée, l'unique aventure de la jeune fille, sa disparition. Sa seule manière de "s'aventurer", c'est d'apparaître dans l'absolue distance. La réserve du détective, la patience du narrateur (c'est du même acharnement qu'il s'agit) creusent pour toujours cette galerie ouverte, leur entêtement à découvrir leur impose de disparaître dans les images qu'ils font émerger et de réapparaître de l'autre côté (du côté de ce qui a disparu).

La terreur, d'ordinaire, est figurée par l'approche de l'impossible. Ici, elle se donne dans l'immobilité, mieux : dans la distance qui croît ; ses formes familières (le hibou, les archers dans la clairière) se dessinent dans un lointain sans mesure. Et, dans le vide laissé par l'apaisement central, de belles images se lèvent, rassérénées, suspendues : un enfant avec un panier de fleurs, des jeunes gens qui chuchotent, la nuit, dans les corridors. Mais, à la périphérie du texte, une terreur en acte s'exerce silencieusement : dans la parenté louche du détective et du narrateur, dans le rapport du langage à ce qu'il raconte, dans son lien (à la première et à la troisième personne) avec celui qui l'écrit, dans la proximité et la rage tyrannique par quoi cette très belle, très savante prose de la distance s'est faite œuvre et texte. Le roman de Jean-Edern Hallier, c'est la terreur repoussée des plages visibles du livre où seules l'indiquent quelques pierres blanches, mais souverainement et sournoisement établie dans l'épaisseur du langage, dans son rapport à soi. Ce livre est un acte paradoxal de terreur critique. »

« N'y a-t-il pas actuellement une ligne de partage importante entre ceux qui croient pouvoir encore penser les ruptures d'aujourd'hui dans la tradition historico-transcendantale du xixe siècle et ceux qui s'efforcent de s'en affranchir définitivement ? »

Michel Foucault, « Qu'est-ce qu'un auteur ? »
(conférence du 22 février 1969 à la Société française de philosophie)

---

(1) Article paru dans *France-Observateur*, 14e année, numéro 710, 12 décembre 1963, p. 14. (Sur Jean-Edern Hallier, *Les Aventures d'une jeune fille*, Paris, Éditions du Seuil, 1963.)

(2) Henri Alain-Fournier : *Le Grand Meaulnes*, Paris, Émile-Paul Frères, 1913.

(3) Jules Verne, *L'Île mystérieuse*, Paris, J. Hetzel, 1875.

(4) Gaston Leroux, *Le Fantôme de l'Opéra*, Paris, P. Lafitte, 1910.

Abécédaire hallierien

« Celui que rien n'enrôle et qu'une impulsive nature guide seule, ce hors-la-loi, et hors d'école, cet isolé chercheur d'au-delà ne se dessine-t-il pas dans ce mot : *L'Endehors* ? »

Zo d'Axa (Alphonse Gallaud, dit, 1864-1930), en exergue de l'hebdomadaire *L'Endehors*, publié à partir de 1891 et recueilli en volume en 1896

De lumineuses réflexions et des aphorismes rafraîchissants de Jean-Edern Hallier... Histoire d'inciter à le lire et de rendre hommage à Sébastien Bataille, auteur de plusieurs biographies de musiciens pop rock – en particulier du groupe britannique Duran Duran et du chanteur Jean-Louis Murat, parues en 2012 chez Fayard et aux Éditions Carpentier en 2015 –, chroniqueur musical et grand admirateur de Hallier, qui a pris l'heureuse initiative de rassembler de beaux échantillons sur son blog (aurayoncd.blogspot.fr).

A

Abellio (Raymond, 1907-1986)

« Oublié sans jamais avoir été connu. » (*L'Idiot international*, novembre 1993, puis « Dictionnaire de la littérature française », *Le Refus ou la Leçon des ténèbres*)

Adulte

« Je n'ai jamais réussi à fonctionner en adulte. C'est ma force, mais aussi ma terrible faiblesse. Je lui dois toutes mes déconvenues sociales. Je fais confiance, et puis je me retrouve meurtri. » (*Le Quotidien de Paris,* propos recueillis, 11 septembre 1993)

Amour

« Il y a deux sortes d'amours manquées : celles qui n'ont pas commencé et dont on ne connaîtra jamais les regrets, et les pires, celles qui n'ont commencé qu'après avoir fini – et qui n'en finissent pas de mourir sans que nous ayons pu les vivre jusqu'au bout. » (*Les Puissances du mal*)

« Aimez-moi les uns les autres. » (*Fulgurances*)

« L'amour est une passion glacée de l'esprit que seul le lit dégèle. » (*Journal d'outre-tombe*, 10 janvier 1997)

« La bouderie en amour est un veuvage à deux. » (*Journal d'outre-tombe*, 20 novembre 1996)

Anarchiste

« Ne jamais rater une occasion de se foutre de la gueule d'un anarchiste (ou d'un bourgeois, ce qui revient au même). » (« Principes de l'edernisme », *Fulgurances*)

Angleterre

« L'Angleterre est un pays formidable, le seul où l'on puisse rouler à gauche le samedi soir. » (*Je rends heureux*)

« Les Anglais adorent les insectes : ils ont leur cigale à eux, mais ils tapent dessus frénétiquement avec un gros bâton, en sombres brutes. Ils appellent ça le *criquet*. » (*Fulgurances*)

Animal

« Ce que j'aime chez les animaux, c'est quand ils jouent, c'est le jeu. Ce qui m'ennuie chez les hommes, c'est qu'ils jouent de moins en moins... On joue jusqu'à l'âge de onze-douze ans. À treize ans, on s'arrête de jouer. Les animaux jouent toute leur vie. Ça, c'est formidable ! Les hommes ne jouent plus. Il faut imiter les animaux. L'enseignement des animaux est permanent. » (dans l'émission « 30 millions d'amis », diffusée sur TF1 le 14 février 1981)

Apollinaire (Guillaume, 1880-1918)

« Apollinaire : mort d'un éclat de poème dans la tête. » (*L'Idiot international*, décembre 1993, puis « Dictionnaire de la littérature française », *Le Refus ou la Leçon des ténèbres*)

Arc-en-ciel

« L'arc-en-ciel est le solfège de la lumière. » (*Journal d'outre-tombe*, 20 novembre 1996)

Argent

« Si l'argent poussait dans des arbres, les femmes du monde épouseraient des singes. » (citation, non précisément sourcée, rapportée dans *Misères du désir,* d'Alain Soral)

« L'argent blanchit tout. Il rachète les complices de la Shoah. Ceux qu'on appelle les bourreaux et qu'on traîne en justice sont toujours pauvres, comme par hasard. » (*Les Puissances du mal*)

Aristocratie

« L'aristocratie n'existant plus, l'étrange pouvoir qui reste paradoxalement le sien, c'est le privilège de mesurer la hiérarchie des illusions. » (*Fin de siècle*)

Artaud (Antonin, 1896-1948)

« De la pathologie considérée comme un des beaux-arts. Plus il devint fou, plus on le trouva génial. C'est l'inverse qui était vrai. » (*L'Idiot international*, novembre 1993, puis « Dictionnaire de la littérature française », *Le Refus ou la Leçon des ténèbres*)

Artiste

« La condition *sine qua non* pour devenir un grand artiste, c'est de *se faire payer très cher*, sans jamais être acheté. » (*Je rends heureux*)

« Tous les artistes sont menteurs, mais peu importe qu'ils le soient puisque c'est le statut d'artiste qui le veut. » (*Les Puissances du mal*)

« Tout grand artiste est de race ferroviaire, il regarde passer les vaches à toute allure. Il oppose le clin d'œil à l'œil exorbité et glauque qui ne voit rien. » (*Les Puissances du mal*)

« Le véritable artiste est toujours le supplicié de soi-même. » (*Carnets impudiques*)

« Au XVIIᵉ siècle, j'aurais été portraitiste après La Bruyère, au XVIIIᵉ, naturaliste après Buffon, au XIXᵉ, psychiatre. À l'aube du troisième millénaire, j'aurais tenté de reconstruire un homme de synthèse sur ordinateur. Hélas ! Je ne suis qu'un petit artiste de l'immense. » (*Journal d'outre-tombe*, 19 décembre 1995)

Audiovisuel

« L'audiovisuel, c'est Lascaux plus les grottes de l'*Homo sapiens* en Chine saisis de logorrhée. » (*Bréviaire pour une jeunesse déracinée*)

Automatismes

« Nos automatismes, nos grilles de normalisation sont tels que chaque matin qui se lève est une leçon de courage. » (*Chaque matin qui se lève est une leçon de courage*)

Avenir

« L'opportunisme, la facilité, le carriérisme – ce goût de la réussite à court terme, et des applaudissements d'un public versatile, à flatter sans fin – me détourne des tâches que je m'étais assignées à vingt ans : créer l'avenir, tout en ayant une peur terrible d'en être dépossédé, de mourir avant. Mais l'avenir dure longtemps. » (*Fulgurances*)

« L'avenir n'appartient pas aux morts, mais à ceux qui font parler les morts, qui expliquent pourquoi ils sont morts. » (*Fulgurances*)

« L'avenir, c'était notre terrorisme. Nous n'avions rien. Si, nous avions *de l'avenir*. L'avenir se gère comme un héritage. » (*Je rends heureux*)

« L'avenir appartient toujours à l'homme à la mémoire la plus longue. » (propos recueillis début 1982 dans *Le Quotidien de Paris* puis reproduits dans le livre *Socrate et la rose : les intellectuels et le pouvoir socialiste*, en 1983)

Aveugle

« Heureusement que je suis aveugle. Je ne peux pas me relire. » (propos rapportés dans *Le Figaro*, en décembre 1994)

Avocats

« Prends garde, âme candide ! Évite-les comme la peste ! Si tu leur dis bonjour, c'est cinq mille francs, si tu leur serres la main, dix mille francs, si tu t'assieds, cinquante mille francs. Et quand on devient client, ils ne vous prennent plus au téléphone. Ils vous ont piqué l'oseille, et sous peu ils vous planteront avec une erreur de procédure. » (*Les Puissances du mal*)

B

Bach (Jean-Sébastien, 1685-1750)

« Un mathématicien céleste. » (*Carnets impudiques*)

Badinter (Robert)

« Badinter, cet avocat qui ne cessa de favoriser tout au long de sa carrière ceux qui avaient fait la fortune de son cabinet d'affaires. Cet ex-Savonarole de douceur avait jadis aboli la peine de mort, comme garde des Sceaux, et ressemblait désormais, maigre, jaunâtre, desséché sur sa tige, vieillissant, tout raide de moralisme, flétri de rancune et de hautaine magouille, au sycophante des Évangiles sur son figuier. C'était Tartuffe en personne. Molière l'aurait pris aujourd'hui pour l'un de ses personnages principaux. Il aurait susurré, de sa voix glapissante et glacée : "Cachez-moi ce crime que je ne saurais voir." C'était ça la nomenklatura socialiste dans l'intimité. » (*Les Puissances du mal*)

Baiser

« Le baiser est la tétée de l'âge adulte. » (*Journal d'outre-tombe*, 20 novembre 1996)

Banlieue

« Casser en banlieue est un devoir national. De toute façon, il faudra tout reconstruire. » (*Fulgurances*)

Barbusse (Henri, 1873-1935)

« Avec Paul Bert, il a autant de rues que Victor Hugo, notamment là où il y a des casernes de pompiers. C'est pourquoi il a écrit *Le Feu*. » (*L'Idiot international*, novembre 1993, puis « Dictionnaire de la littérature française », *Le Refus ou la Leçon des ténèbres*)

Barthes (Roland, 1915-1980)

« Il a rendu Racine illisible et dangereusement menacé Chateaubriand en préfaçant la *Vie de Rancé*. Parmi ses contemporains, on peut reconnaître les mauvais écrivains aux éloges qu'il leur décerne. » (*L'Idiot international*, novembre 1993, puis « Dictionnaire de la littérature française », *Le Refus ou la Leçon des ténèbres*)

Bateau-mouche

« Un bateau-mouche s'engouffrait sous l'arche du Pont-Neuf, bouche sombre se léchant les babines de pierre pour avaler d'un coup l'insecte métallique aux ocelles en Plexiglas. » (*L'Enlèvement*)

Bazin (Hervé, 1911-1996)

« Vieille sorcière à perruque. » (*Carnets impudiques*)

Beaubourg (Maurice, 1866-1943)

« Le grand romancier des putains et des dentistes, auteur de *La Saison au bois de Boulogne* et de *Madame Chicot*. Son musée ne lui survivra pas. » (*L'Idiot international*, novembre 1993, puis « Dictionnaire de la littérature française », *Le Refus ou la Leçon des ténèbres*)

Beauvoir (Simone de, 1908-1986)

« A mis les intellectuels dans la collection Harlequin (v. *Les Mandarins*). Meilleure romancière que Sartre. » (*L'Idiot international*, novembre 1993, puis « Dictionnaire de la littérature française », *Le Refus ou la Leçon des ténèbres*)

Beckett (Samuel, 1906-1989)

« À quoi ressemble-t-il ? Ce qui frappe d'emblée, c'est la rare beauté de ses traits sculptés, du plumage blanc de ses cheveux et sourcils épais. C'est tout à la fois un homme-oiseau, qu'on croirait sorti tout droit d'une toile du peintre Max Ernst, et Minerve, la chouette aveugle de l'Histoire. Ses yeux gris-vert-bleu, d'un velouté admirable et d'une profondeur insondable, vous traversent sans vous voir, étrangement fixes. » (*Carnets impudiques*)

Beethoven (Ludwig van, 1770-1827)

« Un orage sourd. » (*Carnets impudiques*)

Belges

« Seuls provinciaux à avoir le courage d'être une nation. » (*Carnets impudiques*)

Bérégovoy (Pierre, 1925-1993)

« Ajusteur, Bérégovoy aurait aussi pu être couvreur. En effet, il a couvert tous les scandales financiers du régime. Il était un cœur simple, comme aurait dit Flaubert. Bref, à lui tout seul, c'était le carrefour du pourrissement. » (*Les Puissances du mal*)

Bien

« Si le mal ne se travestissait pas toujours en bien, il n'y aurait pas de mal. » (*Fulgurances*)

Biographie

« Toute biographie doit passer par nous-mêmes et être notre propre histoire. » (*Carnets impudiques*)

Boîte de nuit

« Une boîte de nuit, c'est une caverne préhistorique d'un modernisme acoustique hypersophistiqué, avec électricité et laser, mais une grotte de pithécanthrope quand même... » (*Carnets impudiques*)

Bossuet (Jacques Bénigne, 1627-1704)

« L'aigle de mots. Pour une fois que la chaire est forte... » (*L'Idiot international*, novembre 1993, puis « Dictionnaire de la littérature française », *Le Refus ou la Leçon des ténèbres*)

Boulez (Pierre, 1925-2016)

« Pink Floyd pour cuistres. » (*Carnets impudiques*)

Bourdieu (Pierre, 1930-2002)

« Petit bout de la lorgnette qui se prend pour une longue-vue – c'est-à-dire le regard sociologique considéré comme le point de vue de l'universel (...). Finalement, cette macédoine du concept, genre surgelé de resto U, donne *Bouvard et Pécuchet* qui voudraient bien refaire le dictionnaire des idées reçues par sondage et qui vous expliquent en cinq cents pages que les enfants pauvres réussissent moins bien à l'école que les riches. » (*L'Idiot international*, décembre 1993, puis « Dictionnaire de la littérature française », *Le Refus ou la Leçon des ténèbres*).

Bourgeoisie

« L'aristocratie est un projet, la bourgeoisie, une manière d'être. » (*Journal d'outre-tombe*, 3 février 1996)

Bretagne

« C'était le château de notre adolescence, tout au bout de la Bretagne – La Boixière, ce grand vaisseau de granit perdu parmi les herbes... Trente ans après, (...) j'ai le paysage de la mémoire gratis, avec ma grande prairie, mon allée aux châtaigniers, mes bancs de pierre, mon ruisseau et mon vieux moulin en contrebas derrière la fenêtre. » (*Je rends heureux*)

« Si l'on m'oblige à changer de peuple, il ne me reste plus qu'à demander l'indépendance de la Bretagne. » (entretien avec Jean-Pierre Jumez en 1992, accessible sur Internet)

Bruges

« Lécheurs de pluie, fumeurs de brume... » (*Carnets impudiques*)

Butor (Michel)

« Comme Robbe-Grillet, il est entré immédiatement dans les manuels scolaires avant même d'avoir fait son œuvre – ce qui lui a valu d'y rester sans qu'on le lise, et qu'on sache pourquoi il y figurait à une place aussi importante. C'est la caricature même du professeur qui écrit des romans – et veut se donner des airs de poète. Il suffit qu'il traite d'un grand sujet pour qu'il le gâche – ou d'un beau paysage comme le Niagara pour qu'il devienne d'une banalité accablante. Quand il parle de Joyce ou d'Ezra Pound, c'est à vous dégoûter à jamais de les lire. Alchimiste à rebours, il change sans coup férir l'or du temps en épaisse plomberie – ou une superbe commode Louis XVI en buffet Henry II. À le lire, même les plus beaux tapis persans deviennent de la vilaine moquette, ou les vitraux gothiques anglais du Plexiglas Saint-Gobain. » (*L'Idiot international*, décembre 1993, puis « Dictionnaire de la littérature française », *Le Refus ou la Leçon des ténèbres*)

C

Cahiers de l'Herne (Les)

« L'Afrique du Sud de l'extraction de la beauté littéraire. Cette œuvre collective domine largement toutes les autres revues littéraires de l'époque. (...) C'est le monument historique de la critique des années 1960 à 1970. » (*L'Idiot international*, décembre 1993, puis « Dictionnaire de la littérature française », *Le Refus ou la Leçon des ténèbres*)

Cancer

« Au reste, je déplore que le cancer, la dernière maladie de notre siècle à inspirer une horreur sacrée... frappe si rarement les jeunes gens. » (*Bréviaire pour une jeunesse déracinée*)

Capitale

« Toute capitale est d'abord une ville détruite. » (*Les Puissances du mal*)

Cardin (Pierre)

« Prince Michel vénitien. » (*Carnets impudiques*)

Casals (Pablo, 1876-1973)

« Interprète :
Pablo Casals : des larmes de cordes. » (*Carnets impudiques*)

Causes

« Ne jamais confondre les effets avec les causes (c'est à cela qu'on reconnaît un salaud). » (« Principes de l'edernisme », *Fulgurances*)

Céline (Louis-Ferdinand, 1894-1961)

« Farouchement antisémite, il prenait les juifs pour des Arabes. (...) En sa folie, il est quand même le Jean-Sébastien Bach du plumeau, le Charlie Parker de la serpillière, et la Billie Holiday à la voix fêlée des grands carrelages vides de l'infini qu'il traverse en son fox-trot de bonté revêche. La désinfection, c'est le thème de toute son œuvre, à commencer par sa thèse de médecine sur l'asepsie chez Semmelweis, méthode préventive contre la putréfaction – comme le montrent ensuite ses pamphlets, *L'École des cadavres* ou *Les Beaux draps*. » (*L'Idiot international*, novembre 1993, puis « Dictionnaire de la littérature française », *Le Refus ou la Leçon des ténèbres*)

Chapeau

« ... Dans notre monde de têtes nues désormais (...), les chapeaux sont les couronnes symboliques des rois anonymes du peuple. » (*Carnets impudiques*)

Char (René, 1907-1988)

« Son édition dans "La Pléiade" l'a remis à sa vraie place : il passait pour un génie rare, on s'est aperçu que ce n'était qu'un talent pauvre. » (*L'Idiot international*, novembre 1993, puis « Dictionnaire de la littérature française », *Le Refus ou la Leçon des ténèbres*)

Chasse aux sorcières

« De toutes les chasses aux sorcières, il en est une qui n'ose jamais dire son nom : le safari des imbéciles contre la sorcière de l'intelligence. » (*Fulgurances*)

Chat

« Ce que j'aime dans le chat, c'est évidemment le mystère, l'attention... le fait qu'un chat soit beaucoup plus étranger à l'homme que ne l'est le chien. C'est cette formidable et douce sauvagerie chez le chat qui me fascine. » (dans l'émission « 30 millions d'amis », diffusée sur TF1 le 14 février 1981)

Chazal (Malcolm de, 1902-1981)

« Découvert par André Breton et lancé par Jean Paulhan, c'est un poète et un philosophe naïf – au même titre que les peintres du même nom. (...) On ne sait toujours pas s'il est mort en 1981, comme l'affirme sa biographie. En effet, les alizés soufflent toujours au petit matin quelques-uns de ses poèmes dont celui-ci : "Les papillons sont les fleurs détachées de l'azur", ou : "L'orchidée, c'est le clitoris de la Vierge Marie." » (*L'Idiot international,* décembre 1993, puis « Dictionnaire de la littérature française », *Le Refus ou la Leçon des ténèbres*)

Chénier (André, 1762-1794)

« Image pieuse de la terreur. C'est le jackpot des martyrs. Pour la gloire d'un poète assassiné, on a oublié tous ceux qui, innombrables, sont restés à jamais inconnus. (...) C'est le Brasillach de la Révolution française. » (*L'Idiot international,* décembre 1993, puis « Dictionnaire de la littérature française », *Le Refus ou la Leçon des ténèbres*)

Cheval

« Au fond, je n'aime du cheval que son bruit, le cliquettement des sabots sur l'asphalte quand les pur-sang partent à l'entraînement. Bizarres castagnettes dans le silence ouaté du petit matin. » (*Journal d'outre-tombe,* 11 janvier 1997)

Chien

« Les chiens hument le réel souvent mieux que les écrivains eux-mêmes ou les journalistes. (...) Imaginons un chien qui puisse parler ou écrire, je suis sûr qu'il écrirait mieux qu'un homme puisqu'il sent mieux. » (dans l'émission « 30 millions d'amis », diffusée sur TF1 le 14 février 1981)

Christianisme

« Beauté du christianisme : je l'aime parce qu'il est la religion du visage. » (*Journal d'outre-tombe*, 12 décembre 1995)

Cioran (Emil, 1911-1995)

« Cioran est à la littérature ce que le soldat inconnu est à l'Arc de triomphe : c'est le héros absolu, le champion toutes catégories des chaos fulgurants de la pensée profonde. » (*Carnets impudiques*)

Civilisations

« Les civilisations sont mortelles parce qu'elles deviennent clairvoyantes. Dès qu'elles se mettent à méditer sur elles-mêmes, elles en crèvent… » (*Fin de siècle*)

« On nous a enseigné que toutes nos civilisations sont mortelles, mais on a aussi oublié de nous dire que les seules civilisations vivantes sont des chantages réussis. » (*Bréviaire pour une jeunesse déracinée*)

« La civilisation française n'est plus qu'un souvenir écrasant. C'est tout juste bon à visiter en car à air conditionné. » (*Les Puissances du mal*)

Clairvoyance

« La clairvoyance est une terrible maladie. Elle nous est donnée pour nous embarrasser, jamais pour nous renforcer. » (*Chaque matin qui se lève est une leçon de courage*)

Clown

« Je préfère jouer au clown plutôt que de me trahir. » (entretien avec Jean-Pierre Jumez en 1992, accessible sur Internet, puis *Fulgurances*)

Cocteau (Jean, 1889-1963)

« Je me souviendrai toujours de son profil de grand oiseau décharné, sorte de hiéroglyphe égyptien, mi-homme, mi-épervier royal, se découpant sur le ciel violet, et de ses longues mains, toujours jaillissant de sa cape noire et de ses manchettes blanches, paraissant rythmer la montée de l'orchestre invisible de la nuit. » (*Carnets impudiques*)

« Il se dégageait de lui une étonnante générosité de l'intelligence, il ne notait rien, c'était un semeur de cristal, il dispersait à tout vent des phrases éternelles, aussitôt effacées, oubliées, et qui eussent mérité d'être gravées en lettres d'or sur les frontons des monuments. » (*Carnets impudiques*)

« On a beaucoup commenté les livres de Cocteau : jamais personne n'a écrit que le meilleur de ce virtuose du violon d'Ingres, comme il s'appelait lui-même, le plus volumineux de ses livres, de loin, et qui écrase tous les hommes par la quantité – et probablement en fut-il de même pour Oscar Wilde et Valéry –, c'est son *œuvre parlée*. Elle s'est engloutie à jamais avec lui et avec la mémoire de ceux qui l'ont connu. » (*Carnets impudiques*)

« C'était comme un bouquet d'orchidées de vers, un parfum rare de mots, un diamant à paradoxes de chez Cartier, une toile de maître du XVIIIe, mais dont le héros causeur sublime serait sorti tout exprès de la toile pour venir converser avec nous… » (*Carnets impudiques*)

Colette (Sidonie Gabrielle Colette, dite, 1873-1954)

« Paysanne de Paris, elle avait changé les jardins du Palais-Royal en lopin de sa Bourgogne natale. Comme les petites Bretonnes passaient directement des quais de la gare Montparnasse aux trottoirs de Pigalle, elle est montée de sa campagne aux planches de music-hall comme strip-teaseuse, et bientôt au turbin pour son mac, Willy, dont elle fut la négresse blonde. À la fin, on lui a même épinglé la grand-croix de la Légion d'honneur sur le mamelon droit – papillon jamais épinglé qui ne cesse de s'envoler à tire-d'aile dans les délicieux sentiers de traverse des sous-bois de la rêverie. Elle ne se révolte pas contre la bêtise des hommes. Une bête à bon Dieu posée sur le doigt, en petite bête exquise, elle leur oppose l'arme absolue : l'éternel féminin. » (*L'Idiot international*, novembre 1993, puis « Dictionnaire de la littérature française », *Le Refus ou la Leçon des ténèbres*)

Communisme

« Si le communisme avait promis le paradis au Ciel et non sur Terre, il serait au pouvoir pour deux mille ans. » (*Fulgurances*)

Compassion

« La vraie compassion des profondeurs, c'est d'aider les autres à se reconnaître en vous. » (*Fulgurances*)

Conseil constitutionnel

« Plus besoin d'aller à Palerme, c'est à Paris que siège la chambre haute des parrains. Elle s'appelle Conseil constitutionnel. C'est le huis clos où se font tous les arrangements. Au-dessus de la transparence démocratique, la République a institutionnalisé le cabinet glauque des copains. » (*L'Idiot international*, décembre 1993)

Corbière (Tristan, 1845-1875)

« Il est à la poésie française ce que Toulouse-Lautrec est au dessin et à l'absinthe : un nain gigantesque. » (*L'Idiot international*, novembre 1993, puis « Dictionnaire de la littérature française », *Le Refus ou la Leçon des ténèbres*)

Courtoisie

« La courtoisie n'est que l'huile de vidange politicienne de ceux qui ignorent la politesse. » (*Fulgurances*)

Coutumes

« Les hommes font les lois, les femmes les coutumes. » (*Journal d'outre-tombe*, 10 janvier 1997)

Couvent

« Les couvents de carmélites sont les eros-centers de Dieu. » (*Fulgurances*)

Création

« Toute création est un songe éveillé. » (*Fulgurances*)

« C'est avec le tanin de la mémoire, quand il finit par se déposer au fond de la bouteille du temps perdu, que l'on crée. » (*Fulgurances*)

Culture

« Insidieusement, le mot de "culture" s'est mis à masquer non seulement la vanité culturelle des hommes politiques, mais aussi le terme de propagande. (...) Il ne s'agit plus de se servir de la culture, mais de la servir. » (*Le Figaro*, 5 mai 1993)

« Ce sont là de terribles époques de la culture, celles où le nouveau ne s'est pas encore annoncé et où l'ancien, ne signifiant plus rien, resplendit dans les lointains. » (*Fin de siècle*)

D

Danse du ventre

« La danse du ventre, c'est la séduction en tire-bouchon. » (*Journal d'outre-tombe*, 17 janvier 1996)

Debord (Guy, 1931-1994)

« La société du spectacle date des premières danses de l'homme de Cro-Magnon, pas de Guy Debord. S'il avait vécu en ce temps-là, il aurait dessiné dans les grottes pour la dénoncer. Il s'y est décidé un million d'années après. Il n'est jamais trop tard pour bien faire. » (*L'Idiot international*, novembre 1993, puis « Dictionnaire de la littérature française », *Le Refus ou la Leçon des ténèbres*)

Deleuze (Gilles, 1925-1995)

« Faute de pouvoir se pencher sur Sade, il s'est rattrapé sur Sacher-Masoch. En sa traversée baroque des catégories kantiennes, c'était un excellent philosophe classique. (...) Le drame de sa vie, c'est d'avoir rencontré le faiseur Félix Guattari, qui n'avait rien à envier à Lacan – à part son talent d'illusionniste. » (*L'Idiot international*, décembre 1993, puis « Dictionnaire de la littérature française », *Le Refus ou la Leçon des ténèbres*)

Démocratie

« La preuve que je suis démocrate, c'est que je ne suis pas toujours d'accord avec moi-même. » (entretien avec Jean-Pierre Jumez en 1992, accessible sur Internet, puis *Fulgurances*)

« Démocratie : la tyrannie de quelques-uns essaie toujours de se faire passer pour celle du plus grand nombre. » (*Fulgurances*)

« Vive la démocratie ! Plus ce mot est devenu vide, plus il est tabou. C'est l'euphorie, le consensus absolu de la démocratie médiatique : tout le monde, il est beau, tout le monde, il est gentil, et tout le monde, il vote. Chaque matin qui se lève est une leçon de démocratie, ce sirop "Typhon", cette panacée aux maux de notre pauvre planète. (...) Aujourd'hui, les sarcasmes de Voltaire s'appliqueraient d'abord à la démocratie, sans oublier la nouvelle religion laïque, plus intolérante encore que le déisme du XVIIIe siècle, celle des droits de l'homme et de l'humanisme. » (*L'Idiot international*, février 1994, puis *Le Refus ou la Leçon des ténèbres*)

« Le seul inconvénient de la démocratie, c'est le chômage. » (*L'Idiot international*, février 1994, puis *Le Refus ou la Leçon des ténèbres*)

« La démocratie, par sondage, est physiologiquement amnésique : ce sont les mêmes petits poissons qui mordent aux mêmes hameçons sans se souvenir que leurs pauvres parents disparus y ont eux-mêmes mordu. Ainsi montent et redescendent les grandes marées de la bêtise. » (*Les Puissances du mal*)

Descartes (René, 1596-1650)

« Descartes était le bouffon de la reine Christine, comme le poète est le bouffon de cette impératrice nomade, l'actualité. » (« Hommage à Michel Foucault », *Le Figaro magazine*, 30 juin 1984)

Désert

« Le désert, c'est l'Eden du pauvre... » (*Carnets impudiques*)

Dieu

« Dieu, c'est la tragédie. Le diable, c'est le drame. » (*Fulgurances*)

« J'ai choisi entre Dieu et l'argent. Dieux rapporte beaucoup plus. » (*Fulgurances*)

Dissidents

« Les grands peuples se reconnaissent à la qualité de leurs dissidents et non à celle de leurs valets. » (*Le Figaro Magazine*, 14 juin 1980)

Drogue

« Si on me demande pourquoi je n'ai presque jamais touché à la drogue, je réponds : je n'en ai pas besoin. Je suis une drogue. Comment voulez-vous que je m'absorbe moi-même ? » (dans l'émission « Descente de police », diffusée en 1985 sur TF1 et adaptée de la série « Descentes de police », publiée par le magazine *Rock & Folk*)

« Alcool et drogue : comme un vieux baba héroïnomane reprochait à Antoine Blondin de se cuiter, ce dernier leva solennellement son verre en déclarant : "On ne trinque pas avec une seringue, monsieur !" » (*Carnets impudiques*)

« La cocaïne, c'est la lessive de l'esprit. (...) L'imaginaire de la société du spectacle et de la société dans laquelle nous vivons n'est pas assez fort, n'est pas assez grand... Puisque les paradis de la vie quotidienne ne sont pas suffisamment sublimes, on est obligé de passer à ces paradis qu'on appelle artificiels... On aurait Shakespeare tous les jours, on n'aurait pas besoin de se droguer. » (dans l'émission « Double jeu », diffusée sur Antenne 2 le 12 octobre 1991)

Droit

« La perversion suprême du droit, c'est de tordre les mots au point de leur faire signifier le contraire de ce qu'ils veulent dire. » (*Les Puissances du mal*)

Droits de l'homme

« En matière de répression, la société des droits de l'homme a fait de remarquables progrès. » (*Les Puissances du mal*)

Duras (Marguerite, 1914-1996)

« Reçu *Les Yeux bleus, cheveux noirs*, de Marguerite Duras. On prétend à juste titre que les auteurs n'écrivent plus les livres qu'ils signent. Il ne fait aucun doute que la Duras, avec son côté mémé lady, ses grands châles laineux, son visage de batracien d'élite, son regard lent comme un vieil autobus en côte, sa bouche impassible comme un étang de Sologne, et ses lunettes, a complètement mis la main à la pâte des siens. Ça se voit, c'en est attristant. Pourtant ça n'existe pas. » (*Carnets impudiques*)

« Marguerite Duras : vieille femme indigne des lettres françaises. Littérature Tampax à l'usage des attachés de direction et des divorcées sur la quarantaine. (...) L'indigence de sa phrase donne l'illusion de mettre l'avant-garde à la portée des classes moyennes sans culture. (...) Vieux corbeau littéraire. À jeter dans la Vologne. » (*L'Idiot international*, décembre 1993, puis « Dictionnaire de la littérature française », *Le Refus ou la Leçon des ténèbres*)

E

Eau

« L'eau eut peur de se mouiller et devint nuage. » (*Journal d'outre-tombe*, 10 janvier 1997)

Écrivain

« On n'écrit pas pour devenir écrivain, mais pour justifier le fait qu'on en soit un depuis toujours. » (*Tel Quel*, n° 1, printemps 1960)

« Pour un écrivain, il n'y a pas de salauds. On aime toujours son personnage, si abject soit-il. » (*L'Honneur perdu de François Mitterrand*)

« L'écrivain est un petit peu comme le paysan prolétarisé, avec ses pommes de terre. » (entretien avec Daniel Prévost et Pierre Desproges dans l'émission « Le Petit Rapporteur », diffusée sur TF1 le 23 novembre 1975, puis dans *Chaque matin qui se lève est une leçon de courage* : « L'écrivain est un nouveau misérable qui gagne moins qu'un paysan prolétarisé en vendant ses pommes de terre. »)

« Tout écrivain véritable est un exclu supérieur. » (*Fulgurances*)

« De tous les mammifères existant, l'écrivain est celui qui conserve son enfant le plus longtemps possible dans les entrailles de son imaginaire. » (*Carnets impudiques*)

« Par la force des choses, un écrivain est un professionnel du passé qui veut se projeter dans l'avenir. » (*Fulgurances*)

« Un écrivain n'a pas de ministre de la Culture. Il n'a de comptes à rendre qu'à Dieu. » (*Le Figaro*, 5 mai 1993)

« Écrire, ou dessiner, c'est le même sang qui s'écoule de la blessure de vivre. Elle ne cesse de s'écouler, elle est inguérissable. Comme celle de Tristan. » (*Le Quotidien de Paris*, propos recueillis, 11 septembre 1993)

Éditeur

« L'éditeur, c'est la tique agrippée aux poils du chien, et qui se gorge de son sang, jusqu'à en tomber à terre, repue. Ce parasite a lui-même d'autres parasites – les écrivains-employés-courtisans. » (*L'Idiot international*, février 1993, puis *Le Refus ou la Leçon des ténèbres*)

« Le désastre de la littérature française n'est pas lié à la disparition des grands écrivains, mais à l'imprévoyance et à la bêtise des éditeurs. Ils ont cassé un marché basé sur le long terme. (...) La cause de la grande crise culturelle moderne n'est ni celle de la société du spectacle – cette merveilleuse et titanesque fresque d'ombres chinoises – ni celle de la sous-culture journalistique qui a toujours été ce qu'elle est – nulle, et qui a l'estomac si grossier qu'elle ne peut supporter, comme l'autruche, plus d'une seule idée à la fois. Quand on parle de la crise de l'édition, on ne parle jamais des éditeurs qui sont la cause de cette crise. » (*L'Idiot international*, février 1993, puis *Le Refus ou la Leçon des ténèbres*)

« Ô manuscrits déchiffrés, avec les battements de cœur de la découverte ! Éditions rares, vélin, japon, incunables, et aussi grandes œuvres populaires, les marchands de soupe de l'édition ont salopé le métier. Ils ont tué la poule aux œufs d'or ! En abattant les forêts de nos Amazonies culturelles, ils n'ont plus laissé derrière eux que le désert – le Sahel de l'intelligence, après le passage de leur barbarie marchande. » (*L'Idiot international*, février 1993, puis *Le Refus ou la Leçon des ténèbres*)

« C'est l'écrasant totalitarisme de la bêtise. Si l'on additionnait le quotient intellectuel d'un Francis Esménard de chez Albin

Michel, et des rejetons Gallimard et Flammarion des éditions du même nom, il ne dépasserait pas celui d'un cancre de terminale. Pas étonnant, ce sont des héritiers, des potentats, des dégénérés de la troisième génération, atteints d'imbécillité congénitale, une petite monarchie d'épiciers de droit divin ! Forcément, ces héritiers auraient été bien incapables de fonder les entreprises qu'ils dirigent. » (*L'Idiot international*, février 1993, puis *Le Refus ou la Leçon des ténèbres*)

« Faute d'aimer suffisamment les livres, les éditeurs se sont laissé assommer par l'audiovisuel, pavé de l'ours de leur médiocrité endormie... (...) Quel que soit le pouvoir en place, ils sont toujours du côté du manche. Ce sont des collabos par nature. *Veni, vidi, Vichy !* » (*L'Idiot international*, février 1993, puis *Le Refus ou la Leçon des ténèbres*)

« Les éditeurs trônent au milieu d'un système mafieux, infiniment plus pourri que celui de la politique, puisque ici il n'y a même pas de sanction électorale. » (*L'Idiot international*, février 1993, puis *Le Refus ou la Leçon des ténèbres*)

Édition

« L'édition et la librairie ont fait passer depuis dix ans le fait de lire pour une hérésie. Un livre, ça ne se lit pas, ça s'achète. Plus la peine de le conserver, il ne vaut rien : la nouvelle architecture d'intérieur, avec bon sens, supprime les bibliothèques dans les appartements comme l'avait prévu Balzac. » (*L'Idiot international*, février 1993, puis *Le Refus ou la Leçon des ténèbres*)

« L'édition classique est en train de tomber aux mains des grands groupes industrialo-bancaires. Pour des raisons évidentes : certains livres remettant en question le système ne peuvent plus être publiés, et la littérature fait désormais figure de parent pauvre. » (dans un entretien accordé à *L'Humanité* et publié le 1er octobre 1990)

Éducation

« On n'éduque plus, on vend. C'est la France du fric contre la France du savoir. Pas étonnant que les jeunes soient paumés, ou décérébrés. Encore qu'ils ne le sont pas tous. » (*Carnets impudiques*)

Élégance

« Le nec plus ultra de l'élégance : mettre à la mode les plis du vêtement dans lequel on a dormi. » (*Fulgurances*)

Éloge

« Considérer qu'il n'y a aucune différence entre l'éloge et l'exécration. » (« Principes de l'edernisme », *Fulgurances*)

Élysée

« L'Élysée est une volière dont les gazouillis parasitent la tranquillité de la France... » (propos recueillis par l'auteur, *Carré d'art : Jules Barbey d'Aurevilly, lord Byron, Salvador Dalí, Jean-Edern Hallier*)

« Je suis imprévisible et de parole. Ils (les conseillers de l'Élysée) sont prévisibles et sans parole... Ils devraient prendre des cours du soir du sens de l'État. » (propos recueillis par l'auteur, *Carré d'art : Jules Barbey d'Aurevilly, lord Byron, Salvador Dalí, Jean-Edern Hallier*)

Enfance

« À s'éloigner des rivages enchantés de l'enfance, on n'en devient pas pour autant le prince de l'existence. » (*Bréviaire pour une jeunesse déracinée*)

« Le plus grand malheur de la vie, c'est d'avoir été un enfant. » (*Fulgurances*)

« À onze ans, on est toujours petit chef, grand seigneur, chevalier sans peur et sans reproche – et, plus que tout, celui qui tyrannise, l'enfant tyran. Mais au fond de l'âme enfantine, des Croisades aux ruines de Berlin en 45, il y a toujours cette part irréductible à tout le reste, qui s'appelle la passion. » (*Fulgurances*)

Enfer

« L'enfer, il n'y en a qu'un. Ce n'est pas les autres. C'est moi. » (*Chaque matin qui se lève est une leçon de courage*)

Ennemi

« J'aime frapper, je me plais à provoquer, je traverse même la rue pour aller gifler l'ennemi avec qui je risque, demain, de me réconcilier. » (*Fulgurances*)

Erreur

« L'erreur de l'homme, c'est de croire que tout lui est dû, alors que jamais, ni Dieu ni personne ne lui a rien promis. » (propos rapportés par Arnaud Herment-Sauvagnat)

« Me tromper ne me gêne pas. L'important, c'est la passion que l'on met dans les causes que l'on défend. » (propos recueillis début 1982 dans *Le Quotidien de Paris* puis reproduits dans le livre *Socrate et la rose : les intellectuels et le pouvoir socialiste*, en 1983)

« J'ai simplement changé d'erreurs. » (propos attribué ; aphorisme également attribué : « Ne jamais se renier, simplement changer d'erreurs. »)

Essaouira (Mogador)

« Le bleu, couleur du Maroc. Taroudant, bleu canard. Safi, bleu pétrole. Tiznit, bleu de rose. C'est le blanc qui domine à Essaouira – celui des murs passés à la chaux, que le vent érode, transforme en fine poussière blanche qui recouvre la ville. » (*Carnets impudiques*)

F

Femme

« On ne reprend jamais une femme. Comme un cigare refroidi, ça ne se rallume pas. » (*Carnets impudiques*)

« La femme, c'est l'or du temps. » (dans l'émission « Radioscopie », de Jacques Chancel, diffusée sur France Inter en avril 1988)

« Si vous voulez gagner du temps avec une femme, posez-lui trois questions kantiennes de la séduction. Foncez à la première, tentez votre chance à la deuxième, et pas la peine d'insister si elle vous répond oui à la dernière. – Tu es mariée ? Tu es fiancée ? Tu es amoureuse ? » (*Carnets impudiques*)

« Il suffit de parler d'une femme à une autre femme pour susciter aussitôt l'envie en elle de la remplacer. » (*Carnets impudiques*)

« Ne jamais rien promettre aux femmes. Elles ne vous pardonneront jamais de n'avoir pas tenu. » (*Carnets impudiques*)

Fez [1]

« Aube renouvelée sur la cité impériale, gardienne jalouse de nos Andalousies intérieures. Fez, Fez la grise, de vieil argent et de cendres tièdes, émergeant à peine de la nuit des liqueurs limpides… » (*Bréviaire pour une jeunesse déracinée*)

« Fez. Moiteur d'opale, emmitouflée de brume, aube renouvelée sur la cité des Almoravides, gardienne jalouse de nos Andalousies intimes. (…) Du balcon de mon hôtel, surplombant la ville, je m'agrippe à ces invisibles passerelles penchées au-dessus de la vallée. Ciel blanc, ciel mauve. (…) Fez, ville essentielle, jaillie du Moyen Âge, se repliant sur elle-même à l'inverse de l'Occident – les demeures y sont tournées vers le dedans, tout l'effort architectural, l'ornementation, commencent autour du patio, ses mosaïques et le mandarinier secret. » (*Carnets impudiques*)

---

(1) Jean-Edern Hallier apprécia beaucoup de séjourner au Maroc, et en particulier dans sa capitale spirituelle.

Fidel Castro

« Fidel, c'est Cuba, Cuba, c'est Fidel. Si j'avais été une femme, j'aurais aimé me faire caresser par ses mains admirables et longues, aux doigts fuselés, aux ongles d'un ovale parfait, d'une propreté immaculée et aux poignets d'un pianiste de concert. » (*Conversation au clair de lune*)

Figaro (Le)

« Les gens du *Figaro* se prennent étrangement pour les gens du *Figaro*. C'est comme si les gens de *Lui*, *Playboy*, et autres magazines déshabillés, se baladaient nus dans les couloirs. » (*Carnets impudiques*)

Finkielkraut (Alain)

« Finkielkraut est arrivé à point pour incarner ce qu'il dénonce : la défaite de la pensée. » (*Carnets impudiques*)

Formule 1

« L'amour de la formule 1, c'est comme l'amour de la littérature. Sauf que c'est une passion qui passe physiologiquement, par la force des choses et de l'âge. » (22 avril 1995, *Journal d'outre-tombe*, publié à titre posthume en 1998)

Foucault (Michel, 1926-1984)

« Foucault, ce Gandhi pète-sec du Quartier latin, la boule à zéro, n'avait pas de corps. Pour avoir oublié qu'il en avait un quand même, négligeant de se soigner, il est mort. C'était un homme cassant, mais comme un os : il procédait par fractures du savoir. Ensuite, il les moulait au plâtre de l'idéologie. Archiviste inspiré, grand amateur en archéologies diverses : ne subsiste plus de lui que le squelette d'une pensée qui n'a jamais réussi à devenir charnelle. » (« Hommage à Michel Foucault », *Le Figaro magazine*, 30 juin 1984)

« Foucault était quand même un esprit remarquable, bien supérieur à la plupart de ceux qu'on a appelés les nouveaux philosophes. (…) Reconnaissons-le : il a écrit de très bonnes choses, dans une langue passable, absconse, ou trop clinquante sans nécessité. Son meilleur livre est le premier : *Naissance de la clinique*. (…) Ce sont des ouvrages qui passent pour les plus fondamentaux, *Les Mots et les choses*, ou *L'Archéologie du savoir*, qui me paraissent les plus faibles. (…) Inclassable, Foucault est une sorte d'essayiste à la française qui aurait trop écrit. (…) Il n'était pas imprévisible, mais imprévoyant. » (« Hommage à Michel Foucault », *Le Figaro magazine*, 30 juin 1984)

France

« La France n'est que l'une des plus fantastiques supercheries publicitaires qu'il ait été donné aux peuples de subir. » (*La Cause des peuples*)

« Je ne sais plus ce qu'est la France. France, objet de ma plus grande passion et du seul, du plus tenace chagrin d'amour de ma vie… Qu'est-ce que la France aujourd'hui ? Condamnée à terme, ne jouant plus le rôle qui fut le sien, nous sommes d'autant plus endoctrinés, gavés, matraqués, qu'elle fait tapisserie autour de la piste de danse internationale… » (*La Cause des peuples*)

« La France est un pays où les débats s'ouvrent quand il est déjà trop tard, ou presque. Alors provoquer devient nécessaire. En une société bombardée, abrutie par les médias, la provocation oblige paradoxalement les gens à penser. » (*Chaque matin qui se lève est une leçon de courage*)

« Oui cette France, je ne l'aime plus guère : repue, elle ressemble encore à sa bouffe. Un pays heureux n'a plus d'histoire ; il n'a que des aigreurs d'estomac. Pour lui épargner ses béatitudes digestives, on lui affadit désormais tous ses plats » (*Chaque matin qui se lève est une leçon de courage*)

« La France, c'est ma nostalgie, que dis-je mon folklore du grand âge classique, racinien et moliéresque. » (*Les Puissances du mal*)

« Il faut refaire une France des valeurs. » (entretien avec Jean-Pierre Jumez en 1992, accessible sur Internet)

« ... La France est en train de disparaître. Elle se folklorise. Son passé est celui des Indiens dans les boutiques d'aéroports américains. Nous recommençons à nous découvrir nous-mêmes quand tout est fini. » (*Journal d'outre-tombe*, 11 janvier 1997)

G

Gaulle (Charles de, 1890-1970)

« Le général de Gaulle fut l'homme de toutes les vertus – à commencer par son envol pour le *fog* londonien, avant le 18 juin 1940. (...) La vertu du général de Gaulle fut l'arbre qui cacha la forêt pourrie de la Ve République. Son humus devint un pur grouillement d'immondices. » (*Les Puissances du mal*)

Génération

« Le drame de ma génération, c'est que, finalement, je n'ai pas eu de rivaux, mais des jaloux. » (22 avril 1995, *Journal d'outre-tombe*, publié à titre posthume en 1998)

« La grande génération, c'est toujours la vôtre. » (*Je rends heureux*)

Genet (Jean, 1910-1986)

« Le monarque littéraire de l'Assistance publique. (...) C'était le Cassius Clay absolu de la subversion poétique : il ne boxait pas dans la même catégorie que les autres. Même récupéré, il reste irrécupérable. Évadé de toutes les prisons du conformisme, il a fait la belle à jamais. » (*L'Idiot international*, novembre 1993, « Dictionnaire de la littérature française », puis *Le Refus ou la Leçon des ténèbres*)

Génie

« Le génie est coriace. Il écœure ses concurrents à la longue. »
(*Carnets impudiques*)

« Le génie, c'est de réussir à créer des poncifs. » (*Carnets impudiques*)

« Le génie, quelle infirmité ! » (*Les Puissances du mal*)

« Un artiste ou un écrivain de génie ne peuvent être que des traîtres à leur patrie, Voltaire avec Frédéric II ou Descartes avec la reine Christine. » (*Carnets impudiques*)

« La mesure du génie est le caractère. Même s'il ne constitue pas lui-même le génie, c'est le caractère qui fait la différence. » (*Fulgurances*)

« L'enfance de l'art, ce que d'aucuns appellent le génie littéraire, c'est de savoir retomber en enfance quand il le faut. » (*L'Évangile du fou*)

« Autant de risques avec ses mots qu'avec sa propre vie. C'est ça le secret du génie ! » (*Je rends heureux*)

« Le plus bel éloge qui ait jamais été fait au génie, c'est de vouloir le voler. » (*Je rends heureux*)

« N'aurais-je eu que du talent, je serais oublié. Ce ne serait que justice. Mon génie, c'est d'avoir su prendre toutes mes précautions pour ne pas être compris. » (*L'Évangile du fou*)

« Mon génie, c'est d'avoir su rester incompris. » (propos rapportés dans *On m'a dit de ne pas le dire,* de Paul Wermus)

Giscard d'Estaing (Valéry)

« Aucun de nos caricaturistes modernes ne réussit à tracer de vous le portrait qu'on serait en droit d'attendre d'eux : vous découragez le talent, par désespérance. Vous êtes l'homme de la cinquantaine avancée des magazines de mode, le modèle passe-partout, à l'écaille visqueuse et à la queue souple, posant pour les duffle-coats et les culottes de chasse, les lodens et les parfums Lancôme. » (*Lettre ouverte au colin froid*)

« (...) vous êtes méchant. Je n'en ai pas la preuve. Mais vous avez un côté bonne femme, coups en douce, vengeances sournoises, rancunes tenaces de rosières dévergondées. En un mot : vous n'êtes pas franc du collier. » (*Lettre ouverte au colin froid*)

« Les défenses d'éléphant de Côte d'Ivoire, dans la salle à manger, ou vos bureaux divers constellés de trophées de chasse et de gloire, m'inquiètent : je crains d'y déchiffrer les abîmes insondables de votre inconscient. Un autre Mai 1968 secouerait le pays, vous feriez tirer sur le peuple du parc naturel d'Île-de-France, cette réserve giboyeuse inavouée. Une nouvelle Commune s'instituerait, vous-même et les vôtres, ces versaillais, n'hésiteriez pas à la noyer dans un bain de sang. Car vous êtes bien trop fragile nerveusement pour ne pas basculer. » (*Lettre ouverte au colin froid*)

Gloire

« Ma gloire est une cathédrale de crachats. » (propos rapportés dans *Le Grand méchant bêtisier*, de Jérôme Duhamel, et dans *On m'a dit de ne pas le dire*, de Paul Wermus)

Gobineau (Joseph Arthur de, 1816-1882)

« Si le régime hitlérien était encore au pouvoir, la France serait couverte de lycées Gobineau, et il serait présent au programme du bac. Ville-d'Avray, où il naquit, s'appellerait Gobineau-Ville. Prophète à son insu du nazisme. » (*L'Idiot international*, novembre 1993, puis « Dictionnaire de la littérature française », *Le Refus ou la Leçon des ténèbres*)

Goncourt (Jules et Edmond, 1830-1870 et 1822-1896)

« Plus connus pour le déjeuner chez Drouant qui porte leur nom que pour leur œuvre. Menu : dessous-de-table et pots-de-vin de la cuisine littéraire. » (*L'Idiot international*, décembre 1993, puis « Dictionnaire de la littérature française », *Le Refus ou la Leçon des ténèbres*)

Gracq (Julien, 1910-2007)

« Julien Gracq n'est pas un grand écrivain. C'est pire, c'est un bel écrivain. » (*Fulgurances*)

Guerre

« La guerre du Sud contre le Nord est commencée. La vitalité est du côté des Arabes. On ne peut rien contre un peuple qui prie – et ne cesse de se référer à sa propre histoire, et à sa mémoire. » (dans un entretien accordé à *L'Humanité* et publié 1er octobre 1990)

H

Haine

« Au début du troisième millénaire, il faut réinventer la haine. Celle des handicapés est sans merci. Le dernier homme de goût, brandissant son poing, c'est le paraplégique paralysé au fond de son fauteuil. Chez lui et chez tous les infirmes, il y a un ange de haine qui veille. Un puissant est toujours prêt à ressusciter d'entre les demi-morts. » (*Les Puissances du mal*)

Handicap

« Nous sommes tous des handicapés – et quelques-uns presque autant que les autres : les créateurs, les artistes talentueux ou les savants ignorés. » (*Les Puissances du mal*)

Hérédité

« Les faiblesses viennent de l'hérédité, les forces de l'éducation. » (*Journal d'outre-tombe*, 3 février 1996)

Histoire

« L'Histoire est finie. La fin de l'Histoire n'est pas sa fin réelle : c'est sa destruction par l'actualité, dont le fonctionnement exige qu'elle se détruise elle-même à mesure. » (*Carnets impudiques*)

Hocquenghem (Guy, 1946-1988)

« Après Michel Foucault et Jean-Paul Aron, il a appartenu à la grande génération intellectuelle fauchée par le sida. Il avait la beauté d'un ange – et une intelligence aérienne (...) il écrivait comme un dieu, et n'a pas eu le temps de réaliser l'œuvre dont il était capable. Malgré tout, l'essayiste a un ton cinglant et paradoxal – qui rappelle le meilleur René Crevel, par son émotion et sa sensibilité frémissante. » (*L'Idiot international*, décembre 1993, puis « Dictionnaire de la littérature française », *Le Refus ou la Leçon des ténèbres*)

Homme

« L'avenir de l'homme est illimité, il faut profiter de toutes les peurs millénaristes pour rappeler ceci : l'homme est enraciné par la tête. Aux racines du ciel, il est un arbre qui marche et qui pense. Seul ce qui vient d'en haut est susceptible d'imprimer une marque ici-bas. Loin des attaches célestes, humains, nous sommes les nouveaux déracinés de la terre, cette petite pomme aigre, et rongée par les vers. » (*Bréviaire pour une jeunesse déracinée*)

Hugo (Victor, 1802-1885)

« Démesure de la mesure française, il en est l'exception qui confirme la règle. Au commencement était le verbe et Victor Hugo vagissait déjà. (...) Dès l'adolescence, il avait déjà prévu qu'il deviendrait vieux (v. *L'Art d'être grand-père*). » (*L'Idiot international*, décembre 1993, puis « Dictionnaire de la littérature française », *Le Refus ou la Leçon des ténèbres*)

Huguenin (Jean-René, 1936-1962)

« Cofondateur de *Tel Quel*. Né le même jour que Jean-Edern, c'était son jumeau stellaire. (...) Un adolescent radieux, inspiré et tellement aimé des dieux qu'ils ont préféré le ramener au paradis au plus tôt pour se laisser charmer sans fin par lui (v. *Journal*). » (*L'Idiot international*, décembre 1993, puis « Dictionnaire de la littérature française », *Le Refus ou la Leçon des ténèbres*)

Humour

« Je joue. Je suis une illustration du gai savoir. J'ai un humour foudroyant. » (propos rapportés dans *L'Express*, 29 décembre 1994)

« L'humour, ce couteau sans manche et sans lame, qui est le véritable tranchant de l'intelligence. » (*Les Puissances du mal*)

Hussein (Saddam, 1937-2006)

« Saddam Hussein, nouvel Hitler, cliché d'autant plus absurde que ce petit tyran oriental soudain propulsé malgré lui, grâce aux Américains, à une dimension historique, appartient à la tradition de l'Islam. » (dans un entretien accordé à *L'Humanité* et publié le 1er octobre 1990)

I

Idées

« Toutes les idées qui triomphent courent à leur perte, et les autres ne valent que par ce qu'on y aura mis soi-même de fièvre et d'espérance. » (*Chaque matin qui se lève est une leçon de courage*)

« L'idée est l'ennemie de la pensée. » (*Fulgurances*)

Idéologie

« L'idéologie est la poubelle du concept. » (*Journal d'outre-tombe*, 20 novembre 1996)

Image

« J'ai une mauvaise image dans les coteries intellectuelles ; c'est normal, j'ai d'abord une forte image populaire ; en somme, je suis le Voltaire des garçons coiffeurs. » (*L'Événement du jeudi*, 16 juillet 1992)

Imitation

« Tout s'imite, sauf le courage et l'esprit. » (*Carnets impudiques*)

« Imite, assimile, et ensuite innove… » (attribué à Jean-Edern Hallier et au musicien de jazz Clark Terry)

Individu

« La plus sûre manière de paralyser l'individu est de lui faire croire qu'il peut embrasser l'univers d'un clin d'œil. Son avancée de limace lui sera garantie par le progrès, le tourisme, et l'uniformisation, les trois grandes devises de l'État universel en gestation. » (*Chaque matin qui se lève est une leçon de courage*)

Individualisme

« L'individualisme, c'est le sirop Typhon, la panacée universelle du narcissisme de masse – cette maladie mortelle des civilisations déliquescentes. » (*Le Refus ou la Leçon des ténèbres*)

Infini

« L'infini met le bleu du ciel au fond des yeux. » (*Journal d'outre-tombe*, 17 janvier 1996)

Information

« L'information est une tragédie sans Racine, une comédie sans Molière. » (*Fulgurances*)

Injustice

« On ne se venge jamais d'une injustice qu'en la commettant soi-même. » (*Journal d'outre-tombe*, 3 février 1996)

Insécurité

« L'insécurité est une invention des serruriers. » (*Le Mauvais esprit*)

Insulte

« L'insulte, c'est de la poésie. » (cité dans *Ceci n'est pas de la littérature*, de Sylvie Yvert, source non mentionnée)

Intellectuel(s)

« L'intellectuel ne lutte plus contre la misère sociale ou culturelle, il l'aggrave. » (*Chaque matin qui se lève est une leçon de courage*)

« Ne nous y trompons pas : si les intellectuels ne sont plus respectés, c'est qu'ils ont cessé d'être respectables. » (*Carnets impudiques* et *Journal d'outre-tombe*, 14 décembre 1995 : « Soyons clairs : si les intellectuels ne sont plus respectés, c'est qu'ils ont cessé d'être respectables. »)

« L'intellectuel a une double fonction : être une internationale laïque et autoproclamée, décrétant ou dénonçant le bien et le mal dans le monde. » (propos recueillis début 1982 dans *Le Quotidien de Paris* puis reproduit dans le livre *Socrate et la rose : les intellectuels et le pouvoir socialiste*, en 1983)

« Les intellectuels de second ordre, ou les idéologues de troisième main, sont toujours aux ordres du pouvoir, quel qu'il soit. » (propos recueillis début 1982 dans *Le Quotidien de Paris* puis reproduit dans le livre *Socrate et la rose : les intellectuels et le pouvoir socialiste*, en 1983)

« (L'intelligentsia aujourd'hui) est uniformisée, scandaleusement lâche. Ils (les intellectuels) ont tous besoin d'un strapontin dans la presse. (...) Vous verrez que si Le Pen devient président de la République, Bernard-Henri Lévy fera des pieds et des mains pour être reçu à l'Élysée. » (entretien avec Jean-Pierre Jumez en 1992, accessible sur Internet)

« L'intelligentsia faisait partie de l'acquis implicite de Mitterrand. Ce qui, très vite, s'est révélé faux, puisque pas un intellectuel important, je veux dire un imagineur de société, de Deleuze à Baudrillard, de Glucksmann à Bourdieu, ne pouvait s'accommoder de ce socialisme pétrifié sorti des caves humides du XIXᵉ siècle – ou de ce socialisme petit-bourgeois que j'appelle le "socialisme enrichi" à l'image de l'uranium du même nom puisqu'il est le plus pauvre en valeur. » (propos recueillis début 1982 dans *Le Quotidien de Paris* puis reproduits dans le livre *Socrate et la rose : les intellectuels et le pouvoir socialiste*, en 1983)

Irlande

« L'Irlande, ce pays qui est quelque chose comme l'Israël des Bretons. » (dans l'émission « Radioscopie », de Jacques Chancel, diffusée sur France Inter le 22 septembre 1980)

Islam

« Quand bien même les Américains seraient dix mille fois plus puissants, qu'ont-ils à opposer à l'Islam qui fait justement sa force ? Quelle morale ? Ou quelle idéologie impériale ? Avons-nous employé une seule fois les mots qui touchent ces gens-là que la désinformation enragée de l'Occident, plus son ignorance, continue de traiter de fanatiques. » (dans un entretien accordé à *L'Humanité* et publié le 1ᵉʳ octobre 1990)

« Tout l'islam est fondé sur l'hygiène. C'est un double totalitarisme, à la fois religieux et de la vie quotidienne. On vous prend par la main de la prière aux bains-douches. » (*Fulgurances*)

« Ce qui est sûr : l'Islam a produit la culture religieuse temporellement la plus évoluée. Il prend ses fidèles au berceau, les marie, les enterre, les occupe grâce à mille juridictions, assistance publique du dehors, l'écorce, et du dedans, le noyau, la vérité essentielle. Symbiose de l'Occident méditerranéen et de l'Orient bouddhique, brisée par l'ouragan mahométan.

Pourquoi ne pas respecter profondément l'Islam qui, lui, a inventé les clés profondes de sa propre durée ? » (*Carnets impudiques*)

J

Jardin

« Une longue allée, en pente douce, coupe perpendiculairement, après la barrière blanche, la route asphaltée. C'est ce que chacun peut voir de la façade ; derrière les hautes fenêtres à croisillons, deux par pièce, trois ou quatre dans les plus grandes, presque toujours fermées, ou dans les salons. Puis, en gravissant sur la gauche le court raidillon qui mène à une rangée de mélèzes, le jardin s'étend entre les troncs, avec des chaises de fonte sous un pommier tordu, soutenu par des tuteurs, piquets enfoncés dans l'herbe. » (*Les Aventures d'une jeune fille*)

Jeunesse

« Ce dont la jeunesse a besoin, c'est de se reconquérir en célébrant son désastre : s'éclater, se défoncer, être un univers en expansion, ne serait-ce que pour atteindre ses propres limites. » (*Bréviaire pour une jeunesse déracinée*)

« Le propre de la déchéance nationale, cette sclérose insidieuse, c'est la haine de la jeunesse. » (*Les Puissances du mal*)

Journal intime

« Presque tous les journaux intimes des grands écrivains sont irradiés par la prescience de la mort. Alors on se précipite sur eux et on se dit : "Combien de pages tiendra-t-il encore ?" » (*Journal d'outre-tombe*, 1er janvier 1993)

Journalistes

« Puisqu'ils se copient les uns les autres, comme aux examens, on devrait interdire aux journalistes de lire les journaux. » (*Fulgurances*)

« Si les journalistes étaient capables de penser par eux-mêmes, ils ne seraient pas journalistes. L'un des drames de notre époque, c'est celui de la pensée publique livrée aux automatismes. Même l'ordinateur peut avoir des microbes, le valet de presse jamais. *Sub specie aeternitatis*, il est aseptisé. » (*Les Puissances du mal*)

« Le journalisme est conçu pour l'éloge et la réserve nuancée. D'où la perversion des valeurs qu'il entraîne. (...) Il fait passer les coups fourrés pour du florentinisme, l'habileté pour de l'intelligence et le reniement de soi-même pour du machiavélisme ; l'hésitation devient réflexion, le vide devient énigme de sphinx. L'abus de pouvoir n'est plus que de la distanciation, on appelle la bassesse, ambiguïté ; quant aux mensonges répétés, ils ne sont plus que sincérités successives ; le népotisme devient esprit de famille et, bien sûr, le carriérisme, destin. » (*Journal d'outre-tombe*, 16 janvier 1996)

« Nos journaleux n'ont de sympathique que leur encre, puisqu'elle s'efface à mesure. » (*Fulgurances*)

« Le journaliste, c'est le roi des cons, de surcroît fier de l'être et imbu de son propre conformisme. » (*Un barbare en Asie du Sud-Est*)

« Le journalisme n'est pas un métier, à moins que faire profession de sottise puisse, en certains cas, j'en ai bien peur, nourrir grassement son homme. Il est vrai qu'en notre basse époque de culture de masse, l'intelligence ne paie plus... » (*Un barbare en Asie du Sud-Est*)

« Le journalisme écrit est condamné. Il le pressent, il ne le sait pas encore mais il est bien trop sot pour se l'avouer à lui-même, il préfère faire l'autruche en attendant que les nouveaux prestataires de services prennent sa place. Demain, la télématique produira partout une assistance plus perfectionnée et rapide – horaires, programmes, dépêches d'agence –, tandis que les informations télévisées affineront leurs synthèses tout en tirant un pouvoir décuplé de la vitesse inégalable de la diffusion de leurs messages. » (*Un barbare en Asie du Sud-Est*)

« Le journaliste déserte dès qu'on a le plus besoin de lui – en oubliant notamment que les causes se nourrissent d'elles-mêmes, du seul fait qu'elles existent. » (*Un barbare en Asie du Sud-Est*)

« La fumée journalistique obscurcit le réel, dans la perversion du principe même de réalité. Oui ce qu'elle secrète sans fin, ce ne sont même plus les événements qui adviennent, mais des clichés qui poursuivent automatiquement leur travail. Ou bien les événements, sans se laisser écœurer par les clichés, décidèrent encore de se produire, qu'ils cesseraient de le faire quand les clichés auront volé en éclats. La chose même est gagnée par la pourriture du langage. L'époque pue cette sous-culture... » (*Un barbare en Asie du Sud-Est*)

« S'il est un barrage que la sous-culture journalistique ne peut traverser, c'est bien le sien propre : elle se constitue en tant que grille de normalisation. Dès qu'un problème la déroute, elle applique aussitôt sa grille. » (*Un barbare en Asie du Sud-Est*)

« Le journalisme n'est (...) pas une cause ; il est l'effet du façonnement industriel, industrie clef du XXe siècle, le seul vrai totalitarisme – puisqu'il aura transformé la volonté générale de Rousseau en utopie des conformités. » (*Un barbare en Asie du Sud-Est*)

« De même que pour les Chinois il existe sept sortes de musique, plus la mauvaise qui mérite la peine de mort, il existe au moins neuf littératures, plus la mauvaise – et cette dernière a un nom, le journalisme. » (*Un barbare en Asie du Sud-Est*)

« Le journalisme, contrairement à l'idée reçue, ne descend pas aussi simplement des gazettes, des rotatives et de l'invention de la typographie que le train de la machine à vapeur, ou le super-sonique de ses réacteurs. Il descend de l'émerveillement, de l'enchantement du monde et de l'esprit de découverte : le capitaine Cook, aux îles Fidji, les voyages de Bougainville, ceux de Marco Polo, ou les explorations d'Amérique du Sud du géographe, savant et poète Humboldt, sont autant d'admirables exemples de journalisme. Tacite, Alexandre et Comines, celui des croisades, tous ces hommes avaient en commun l'imagination, l'intelligence, le talent, et une culture encyclopédique. L'*Itinéraire de Paris à Jérusalem,* de Chateaubriand, les *Méditations sud-américaines*, et le *Voyage d'un philosophe,* de Keyserling, *D'autres terres en vue,* d'Élie Faure, sont aussi du très grand journalisme parce que ce sont, avant tout, des morceaux de grande littérature : le style et la vision y sont irremplaçables. » (*Un barbare en Asie du Sud-Est*)

« Les hommes sont pareils aux esclaves de la caverne de Platon, ils verront toujours le monde comme l'ombre du journalisme. » (*Un barbare en Asie du Sud-Est*)

« Le journalisme est au voyage ce que le tourisme est à l'aventure... » (*Un barbare en Asie du Sud-Est*)

« En notre dictature américano-socialo-siono-centriste, la meilleure autocensure est celle qui résulte d'un accord avec soi-même du journaliste décervelé, et qui devance les ordres qu'on n'a même plus besoin de lui donner. » (dans un entretien accordé à *L'Humanité* et publié le 1er octobre 1990)

« Valets des mots et de vos maux, c'est comme si au service d'un anonyme dictateur universel, ils établissaient un gigantesque bavardage où, en réalité, nul n'entend plus qu'un effrayant silence, surveillé par les miradors des médias, avec toujours sur les lèvres et dans les oreilles les mêmes mots obsessionnels d'un camp de concentration verbal – démocratie, bip, zap, libéralisme, bip, bip, zap, liberté, autant de mots que de clichés, vidés de tout contenu, ou de stéréotypes, zap, zap. » (*La Force d'âme*)

Joyce (James, 1882-1941)

« Il est peu d'écrivains qui aient autant travaillé leur langue, mais pour la détruire à la manière de ces autres Celtes que furent Joyce et Céline. » (*Carnets impudiques*)

Juges

« S'il y avait de bons juges, il n'y aurait pas d'avocats. » (*Journal d'outre-tombe*, 3 février 1996)

« Quand le personnel judiciaire baisse la tête, toute dodelinante, on croit qu'il réfléchit. Non, il est entré dans un long sommeil paradoxal peuplé de jurisprudence entortillée et rémanente. Les robes noires des juges et des avocats, ce sont des chemises de nuit. » (*Les Puissances du mal*)

Justice

« Contemplez les tribunaux, les greffes, les salles d'audience : ce sont des dortoirs. (...) Constatez l'assoupissement tranquille des palais de justice où l'on avance à pas feutrés pour ne réveiller personne : ce sont des temples du sommeil où dorment sans fin les affaires. » (*Les Puissances du mal*)

« La justice, c'est le narcotique des procédures interminables qui perd les innocents et protège les voyous. C'est l'anesthésie générale. Pour tromper votre attention, c'est la mort douce, par léthargie : on vous fait mourir d'ennui. Ça prend du temps. Peu importe : l'ennui, c'est le crime parfait. » (*Les Puissances du mal*)

K

Khomeini (Rouhollah, 1902-1989)

« C'est avec des préceptes sur la manière de se laver le cul que l'ayatollah a mis l'Iran à feu et à sang. » (*Fulgurances*)

Klossowski (Pierre, 1905-2001)

« Littéralement pillé par Lacan, Deleuze, Blanchot, ou même Bataille, il a dominé ses contemporains de la tête et des épaules en vingt ans d'activité étourdissante. Comme Jean Genet, il a préféré interrompre son œuvre – mais d'abord parce qu'il était en butte à une impitoyable conspiration du silence. Il est le frère de Balthus, et probablement le fils de Rainer Maria Rilke, qui vécut de nombreuses années avec Balanchine et sa mère. » (*L'Idiot international,* décembre 1993, puis « Dictionnaire de la littérature française », *Le Refus ou la Leçon des ténèbres*)

Kundera (Milan)

« Au dictionnaire des idées reçues du prêt-à-penser gauchard, on reconnaît immédiatement un con à ce qu'il feint d'adorer Kundera. Salivation pavlovienne de l'individualisme conditionné, une sorte de petite maladie baveuse qu'on appelle kundérite ! Soyons justes : ses livres sont des bons prix Renaudot, laborieux et estimables, crus des années moyennes. On peut s'en passer, mais ils ne sont pas déplaisants quand on n'a rien d'autre à boire. (...) Kundera appartient à la race des piqueurs, qui prennent toujours à leur compte ce qui leur vient des autres. (...) On y retrouve les plus mauvais tics de Montherlant, le talent en moins – et surtout l'insupportable servilité de l'employé, qui ne cesse de remercier les propriétaires de la maison d'édition où il travaille. » (*L'Idiot international*, octobre 1993, puis *Le Refus ou la Leçon des ténèbres*)

« Si Kundera prétend défendre la littérature française, c'est d'abord pour parler de lui-même. Il a même appris à écrire français – et c'est pourquoi il se considère comme le premier écrivain de langue française. En fait, il avait quelques qualités, mais aucun style. Comme on dit, c'était du "traduidu". Après l'espéranto, il nous fait le coup de l'apologie du moldo-valac franchouillard rebaptisé "grand européen". Si bien qu'écrire en tchèque ou en français, cela ne fait aucune différence – et on aurait bien du mal à lui expliquer que le style, c'est autre chose, qu'il s'agit de la tension des mots, de la domination de la grammaire, et de la musculature invisible de la phrase. Passons... En plus, il ne lui est jamais rien arrivé dans sa vie, sinon d'avoir quitté la Tchécoslovaquie quand rien ne l'y obligeait – n'ayant jamais eu le courage des dissidents du dedans. » (*L'Idiot international*, octobre 1993, puis *Le Refus ou la Leçon des ténèbres*)

L

Lacan (Jacques, 1901-1981)

« Lacan trouva plus chic d'appeler ses cours *Séminaires* – comme pour n'importe quel week-end de cadres d'entreprise dans les hôtelleries de campagne. Ce charlatan avait déjà tout compris. Bouffon de Buffon, il avait repris sa célèbre phrase : le style c'est (...) *l'homme à qui l'on s'adresse*. Ou pour parler comme les publicitaires, la cible. La sienne, c'était les gogos de la psychanalyse et de la pensée confuse – ou comme on aurait dit au XVIIe siècle, les précieuses ridicules de l'Hôtel de Rambouillet. (...) Il était doué pour tout, sauf pour la pensée – et c'est ce qui fit sa fortune, puisqu'il n'avait aucun scrupule intellectuel. Son unique préoccupation : faire de l'argent. À la fois punition et providence des imbéciles, il s'est à juste titre enrichi sur leur dos – en M. Soleil de la libido. On peut comprendre qu'il ait géré ses patients – puisqu'il n'a jamais soigné que la bêtise dont chacun sait qu'elle est inguérissable par nature. (...) Il faut tout de même lui rendre cet hommage : il n'a jamais été dupe de lui-même. » (*L'Idiot international*, décembre 1993, puis « Dictionnaire de la littérature française », *Le Refus ou la Leçon des ténèbres*)

Laclos (Pierre Choderlos de, 1741-1803)

« Pour Laclos, brillant capitaine qui inventa le boulet creux, l'amour, c'est l'art de la guerre. C'est le Clausewitz des passions. »

(*L'Idiot international*, décembre 1993, puis « Dictionnaire de la littérature française », *Le Refus ou la Leçon des ténèbres*)

Laideur

« La laideur a ceci de supérieur à la beauté, c'est qu'elle dure. » (*Carnets impudiques*)

Lang (Jack)

« Une tête à *queue*. Chaque fois que Mitterrand prononce *queue*, c'est à Lang qu'il pense. (...) C'est une sorte de Jacques Chazot qui ne saurait ni danser ni faire des mots d'esprit. Il est frivole sans être artiste. » (*Carnets impudiques*)

Larbaud (Valery, 1881-1957)

« Cosmopolite supérieur. Avec lui, c'est le luxe contre le confort à l'américaine. (...) Il a toujours besoin de poser un cadre sur ses visions. La fenêtre coulissante de son wagon-lit, pour contempler les roses de Bulgarie. Un hublot de yacht, pour les côtes du Portugal. Un miroir vénitien pour l'Italie (v. *Le Miroir du café Marchesi*, le plus beau texte du XXe siècle en langue française). Un trou de serrure, pour le grand hôtel de la rue de Rivoli, ou un monocle pour les soirées de gala. Il a mis la société sur support, enfermé dans les maries-louises de son style. » (*L'Idiot international*, novembre 1993, puis « Dictionnaire de la littérature française », *Le Refus ou la Leçon des ténèbres*)

Le Clézio (Jean-Marie Gustave)

« Grande littérature à l'usage de ceux qui ne la connaissent pas – et puis des libraires culturels plutôt que cultivés. (...) Il ne gêne personne. Sans avoir besoin de la lire, on sait d'avance ce qu'il y aura dans la page d'après. (...) Disparaîtra aussi vite des manuels qu'il y est entré. » (*L'Idiot international*, décembre 1993, puis « Dictionnaire de la littérature française », *Le Refus ou la Leçon des ténèbres*)

Légion d'honneur

« La Légion d'honneur, c'est au champ d'honneur qu'on la gagne, ou ce n'est rien du tout. » (*Fulgurances*)

Lévi-Strauss (Claude, 1908-2009)

« On le prend pour un blue-jean. Même les Indiens déracinés en mettent aujourd'hui, sans l'avoir jamais lu. Mis au pinacle par la mode structuraliste, il a été injustement oublié. Hélas, il en est du jean comme du structuralisme, il n'a pas résisté à ses contrefaçons. (...) Les pluies d'Amazonie ayant déteint sur son encre rouge de professeur, cela a donné des couleurs extraordinaires à sa prose de crépuscule qui est aussi celle de la pensée occidentale, indianisée dans sa réserve européenne. »
(*L'Idiot international*, décembre 1993, puis « Dictionnaire de la littérature française », *Le Refus ou la Leçon des ténèbres*)

Lévy (Bernard-Henri)

« ... dussé-je retomber dans les bras de Bernard, avec une joie, une formidable fraternité retrouvée, en souvenir de nos virées, de nos folles années de jeunesse, nos deux ambitions sont radicalement opposées. Pour tout universitaire sérieux, sa philosophie est celle d'un *minus habens*. Ne nous y trompons pas : *c'est un choix*. Son cynisme est *commerçant*, le mien est *esthétique*. C'est un voyou qui, comme tous les voyous, est totalement dépourvu d'humour, et défend *la morale*, et moi je reste un incorrigible *moraliste* (au sens du XVIIIe) prônant l'immoralisme et la beauté des voyoucraties. Il se fiche de la postérité, il veut gagner tout et tout de suite ; je ne serais rien sans ce rêve d'immortalité. En un sens, il manque d'ambition. Enfin, je suis un artiste, et lui ne peut l'être. » (*Carnets impudiques*)

Liberté

« Il existe aussi une liberté vide, une liberté d'ombres, une liberté qui ne consiste qu'à changer de prison, faite de vains combats entretenus par l'obscurantisme moderne et guidés par le faux jour. » (*La Cause des peuples*)

Lifar (Serge, 1904-1986)

« Cette seule phrase le rend inoubliable, qui sidéra Picasso : *Moi, je dessine l'air...* » (*Carnets impudiques*)

Light

« Telle est la mode du *light*. On veut avoir des cigarettes, mais sans nicotine. On veut avoir du café, mais sans caféine, on veut avoir du Coca-Cola, mais sans sucre. On veut bien avoir une nouvelle affaire Dreyfus, mais sans Dreyfus et sans Zola. (...) Notre société veut le produit, mais sans ses propriétés. Elle veut même la vérité, mais à la seule condition qu'elle soit rendue insignifiante et factuelle. » (*Les Puissances du mal*)

Littérature

« La littérature est la langue dans laquelle je converse avec Dieu. » (*Carnets impudiques*)

« Qu'est-ce que la littérature ? Les infirmes qui se fabriquent des prothèses littéraires ne comprennent rien au secret de l'œuvre d'art. On ne s'improvise pas plus écrivain qu'on ne devient musicien. Il faut avoir fait des années ingrates de gammes, comme il faut avoir formidablement travaillé sa langue. C'est dur, c'est solitaire, on ne vous comprend pas. On est reconnu par ses pères et ses pairs, qui sont rares, pas par ses esclaves – au sens où l'entendait Hegel. (...) C'est une longue souffrance, une torture qu'on s'inflige à soi-même pour la postérité – c'est-à-dire un discours aux asticots. » (*Carnets impudiques*)

« La littérature, ce sont les Jeux olympiques de la postérité. C'est contre les morts qu'on lutte, pas contre les vivants. » (*Fulgurances*)

« La littérature, c'est comme le paradoxe du comédien. On ne peut émouvoir les autres qu'à condition de ne pas être ému soi-même. » (*Fulgurances*)

« Toute littérature est un poison distillé dans le réel. » (*Fulgurances*)

« En littérature, une seule abjection : la faute de grammaire ! » (*Fulgurances*)

« Toute grande littérature n'est qu'une suite de frustrations sublimées. » (*Fulgurances*)

« La littérature, telle est ma petite musique de nuit, accompagnant quelque feu d'artifice, se déployant dans le ciel, au-dessus d'un jardin de prose à la française. » (*Bréviaire pour une jeunesse déracinée*)

« Une œuvre littéraire est par principe impérissable. » (*L'Honneur perdu de François Mitterrand*)

« L'essentiel, c'est l'endurance de la pensée. Une destinée littéraire est un marathon. » (*Fulgurances*)

« Toujours, j'innove. Au pot-bouille des analyses insipides, j'oppose la littérature, cet art scandaleux. » (*Lettre ouverte au colin froid*)

« On croit qu'on va partir six mois sur une île déserte et écrire un chef-d'œuvre : c'est complètement faux ! La littérature, c'est comme la musique. Ce sont des années de gammes. C'est une espèce de longue chaîne. C'est en cela, je crois, qu'il n'y a jamais de rupture de civilisation. » (dans le magazine *Lire*, septembre 1986)

« Mes pages sur le Sahara sont écrites. Il ne me reste plus qu'à partir là-bas, vérifier mon imaginaire. » (*Carnets impudiques*)

« Tel est le pouvoir de la littérature : reculer les limites de l'indicible. » (*L'Enlèvement*)

« Et seul le mystère de la littérature – celle dont nos petits hommes de lettres n'ont pas la moindre idée – transgresse le monde contingent, médiocre, de nos causes dévoyées. » (*Bréviaire pour une jeunesse déracinée*)

« Si la littérature contemporaine est si exécrable, c'est qu'après avoir été le privilège sacré des grands bourgeois, elle est tombée entre les mains des employés d'édition – employés aux écritures. » (*Je rends heureux*)

« Le plus sûr moyen de reconnaître la décadence d'une nation, c'est quand sa littérature se meurt. Or les ravages exercés par l'inversion des valeurs sont en passe de faire de la France un nouveau Sahel culturel. » (dans un entretien accordé à *L'Humanité* et publié le 1ᵉʳ octobre 1990)

« Culture, que de crimes contre la culture ne cesse-t-on de commettre en son nom ! Chacun se gargarise de sa libre accession à tous. Eh bien, c'est le meilleur moyen de restituer à la jeunesse son patrimoine qu'on lui cache autant par ignorance qu'au nom d'un calcul sordide, dépassé, et complètement anachronique, sur la postérité. La littérature française, c'est le Titanic englouti ! Le trésor de la Sierra Madre, sauf que personne n'en a cure... » (*Carnets impudiques*)

Livre

« Tout grand livre est impubliable. (...) Il faut toujours publier l'impubliable : une seule parole de vérité pèse tout le poids du monde. » (*La Force d'âme*)

« En clamant d'un livre qu'il est beau, l'alibi est tout trouvé pour ne pas dire : il est vrai. » (*Chaque matin qui se lève est une leçon de courage*)

« Les ongles et les cheveux continuent de pousser après la mort. Les livres, c'est pareil. Ils vous prolongent... » (*Fulgurances*)

« Un livre n'est pas un objet, mais une mémoire. De même qu'on n'a pas besoin d'acheter un tableau pour le comprendre, on n'a pas besoin de garder un livre pour l'aimer, et surtout pour s'en souvenir éternellement. » (*Fulgurances*)

« Un grand livre se mérite. » (*Journal d'outre-tombe*, 10 février 1996)

« Salon du livre : des couvertures, du papier, des caractères d'imprimerie. Ce n'est plus qu'une filiale du Salon de l'emballage. À bas le livre, vive la littérature ! » (*Carnets impudiques*)

« Quand j'entends encore parler de la défense du livre, je crois entendre les gémissements des conserveurs après le progrès décisif du surgelé. L'invention de l'imprimerie date de Gutenberg, au XVe siècle. Les chefs-d'œuvre de la pensée n'ont rien à voir avec leurs enveloppes – pas plus qu'une lettre d'amour avec son timbrage ou une robe avec la divinité d'un corps. (...) Le livre n'aura été qu'une commodité passagère. (...) C'est la parole qui transportait, et le verbe ne se pose que provisoirement sous une reliure. » (*Les Puissances du mal*)

« Le plus vicieux des terrorismes marchands, accompagné d'une prime à la paresse intellectuelle, c'est de ne pas remettre en circulation les bons livres – ou si parcimonieusement... » (*Carnets impudiques*)

« Pourquoi avoir besoin de donner l'illusion qu'on écrit un livre ? Parce que, dans l'un des pays du monde où il y a le moins de lecteurs, la France, cela fait toujours partie du statut social. C'est la carte de visite absolue. Du notaire de province qui publie à la Pensée universelle, à l'homme politique négrifié, tous des paons qui rêvent de se parer des plumes de l'écrivain... » (*Carnets impudiques*)

« Les ténors des médias qui voient dans le livre un instrument de respectabilité sociale – exactement comme les notaires de province enrichis qui paient pour se faire publier à la Pensée universelle. L'indécence narcissique de ces figurants abusifs n'a d'égal que leur nullité. Sauf qu'ils tiennent le pouvoir. Le tissu conjonctif de la langue française est rongé par le cancer de la sous-culture journalistique – mal que j'ai été le premier à nommer. » (dans un entretien accordé à *L'Humanité* et publié le 1er octobre 1990)

Logique

« Les plus hautes expressions de la pensée sont la logique et l'analogie. (Et la plus basse, la pensée juridique). » (*Carnets impudiques*)

Luxe

« Le luxe, c'est la patine de la durée. » (dans l'émission « Mille Bravo », diffusée sur France 3 le 21 septembre 1990)

« Le luxe est une protestation morale contre le conformisme de la société. » (dans l'émission « Radioscopie », de Jacques Chancel, diffusée sur France Inter en avril 1988)

M

Madame de La Fayette (Marie-Madeleine Pioche de La Vergne, dite, 1634-1693)

« *La Princesse de Clèves*, c'est *La Belle au bois dormant* sans *happy end*. À Hollywood, elle aurait eu beaucoup d'enfants du duc de Nemours, mais dans cet admirable roman du XVIIe siècle, elle se refuse à l'homme qu'elle aime passionnément une fois son mari mort, qu'elle n'aimait pas. C'est la séparation des amants, mais par rétention morale. En cet éloge démentiel de la chasteté, c'est l'amour mystique contre l'amour charnel, et il aurait fallu que Laclos et le marquis de Sade la fassent violer. Cela aurait donné *Justine ou les Infortunes de la vertu*. » (*L'Idiot international*,

décembre 1993, puis « Dictionnaire de la littérature française »,
Le Refus ou la Leçon des ténèbres)

Majorité

« La majorité se trompe toujours. C'est pour ça qu'on la force à
être silencieuse. » (*Fulgurances*)

Maladie

« Notre grande maladie contemporaine s'appelle l'idolâtrie.
Dans une société qui a perdu ses repères, quand les héros sont
tombés, on a besoin de faux exemples. L'imposture devient
admirable. C'est le phénomène type de l'inversion des valeurs
qui donne à notre bas empire français ses neuf péchés capitaux :
l'idolâtrie, bien sûr, la falsification, la cupidité, le mensonge, le
narcissisme, l'amnésie, le conformisme, les médias et le détournement d'espérance. » (*Les Puissances du mal*)

Malraux (André, 1901-1976)

« Malraux n'était pas un pervers mais un immense distrait, une
sorte de Mister Magoo de la politique française. » (*Fulgurances*)

« Il avait la folie, le faste d'un opiomane rongé de tics, il lui arrivait de pisser dans sa coupe de champagne et de boire dedans
par inadvertance, mais c'était un mégalomane inspiré de l'Histoire de France. » (*Carnets impudiques*)

Marrakech

« Marrakech, ville fantasme, sorte de Donogoo-up à la Jules
Romains, Acapulco, Saint-Tropez, Cannes de la Belle Époque,
amoncellement de palais des glaces forains de tous les matu-
vuismes, où chacun a déjà sa ville dans la Casbah, ou ses arpents
de terre dans la palmeraie… » (*Carnets impudiques*)

« La vieille dame de la Mamounia s'est liftée en travelo art-déco-Régine. Heureusement, en face il reste l'Atlas, que Christo n'a pas encore emballé. » (*Carnets impudiques*)

« Voir Marrakech, et ne pas mourir... » (*Carnets impudiques*)

Massignon (Louis, 1883-1962)

« À l'inverse de l'insupportable prétention de certains universitaires, Louis Massignon, professeur au Collège de France et aux Hautes Études, a rendu à l'humilité du savant toute sa noblesse. (...) Malgré la méticulosité de son travail technique sans le moindre détournement de citations, son style ne s'alourdit jamais de cuistrerie. Il réussit ce tour de force d'être un écrivain incomparable, un lyrique précis que seul Claude Lévi-Strauss égale parfois dans *Tristes tropiques*. » (*L'Idiot international*, décembre 1993, puis « Dictionnaire de la littérature française », *Le Refus ou la Leçon des ténèbres*)

Masturbation

« La masturbation, la seule drogue qu'on ait toujours sur soi. » (*Carnets impudiques*)

Matzneff (Gabriel)

« L'un des derniers écrivains à avoir lu les Latins, et à bien parler de Cicéron et de Tacite. » (*L'Idiot international*, décembre 1993, puis « Dictionnaire de la littérature française », *Le Refus ou la Leçon des ténèbres*)

Mea culpa

« Si je devais faire mon mea culpa, je regretterais de ne pas avoir été plus dur, plus provocateur, plus irrécupérable, de n'avoir pas coupé tous les ponts derrière moi. » (*Fulgurances*)

Médias

« La devise moderne des médias, le *cogito quia sum* des petits Descartes de la sous-culture journalistique, c'est : "N'est vrai que ce qui apparaît." » (*L'Évangile du fou*)

Mémoire

« La mémoire est le dortoir de la pensée. » (*Journal d'outre-tombe*, 3 février 1996)

Mensonge

« Pour bien mentir, il faut une formidable bonne foi et, à terme, la force de soulever des montagnes. Mentir, oui je mens, mais à la seule condition de faire croire à l'impossible. Alors si l'impossible vient, tant mieux... Mettons donc que je sois un mythomane, en perpétuelle scène de ménage avec l'impossible... » (*Chaque matin qui se lève est une leçon de courage*)

« En France, la misère n'est pas tant matérielle que psychique. C'est la fracture morale entre la part de vérité de chacun et le mensonge public. (...) Si on dit la vérité, on a tout à craindre. La peur ne supporte pas la vérité – alors que la vérité devrait nous délivrer de la peur. Telle est la morne tragédie d'une situation qui, à moi aussi, m'échappe. Alors, à qui la faute ? À nos parents ? À nos enfants ? À nos patrons ? À nos employés ? Aux conducteurs de chemin de fer ? Aux étudiants qui n'apprennent pas ou aux professeurs qui n'enseignent plus rien ? Non, c'est plus grave encore. Chacun ressent confusément que nos débats publics sont pipés et que la part de vérité minimale à tout dialogue, tout échange ou concertation est rongée par le mensonge généralisé. Peur et mensonge vont de pair. Quand on a peur, on ment, et on ment quand on a peur. » (*Journal d'outre-tombe*, 7 janvier 1996)

Mépris

« La forme la plus perfectionnée du mépris, c'est de feindre la plus haute considération pour celui qu'on a en face de soi. » (*Les Puissances du mal*)

Messiaen (Olivier, 1908-1992)

« Un rossignol hindou. » (*Carnets impudiques*)

Métissage

« Bientôt, nous serons tous recouverts des cendres d'un passé brûlé – et dénationalisé, cloné, planétairement cubiste, avec un œil bridé chinois et l'autre anglo-normand. Nous deviendrons des métissés universels, des Michael Jackson du fixe-chaussette et de la grande braderie macdonaldienne. » (*Les Puissances du mal*)

Miller (Henry, 1891-1980)

« Henry Miller était le dépotoir des analphabètes, (...) le dernier mentor de Brooklyn à s'être fait entendre à Clichy. » (*Le Figaro Magazine*, 14 juin 1980)

« La bible millerienne, c'est un vade-mecum moral : un cubiculum vitae. » (*Carnets impudiques*)

Ministre de la Culture

« Le seul ministre de la Culture qui compte, c'est celui de l'Éducation nationale. Il faut passer le relais, se faire l'intercesseur de l'avenir. C'est un devoir sacré. » (propos recueillis début 1982 dans *Le Quotidien de Paris* puis reproduits dans le livre *Socrate et la rose : les intellectuels et le pouvoir socialiste*, en 1983)

Mitterrand (François, 1916-1996)

« Mitterrand (...) voulait laisser une trace dans l'histoire, c'était sa hantise, sauf qu'il manquait de véritable envergure intellectuelle.

Ses ruses n'ont pas réussi à faire oublier en lui ce que Rimbaud appelait : *la faiblesse de cervelle*. Si un singe était président de la République, un quart des électeurs voteraient quand même pour lui par déférence pour la fonction. Il faut, toujours, élire le singe. » (*Carnets impudiques*)

« Mitterrand a accompagné le déclin moral et spirituel de la France. Il sera plus petit mort que vivant, même si, dans les jours qui viennent, on fera passer pour de la grandeur cette décadence tranquille et parfaitement maîtrisée par un homme remarquable. Je l'ai combattu plus que quiconque. Il est inséparable de ma vie blessée et de la répression dont j'ai été la victime pendant quatorze ans. » (communiqué à l'Agence France-Presse, 8 janvier 1996)

« Mitterrand est mort chez lui. Il a retrouvé à la fois son origine et la substance même de son âme : l'extrême droite. Comme par hasard, c'est rue Frédéric-Le-Play qu'il a rendu son dernier soupir. (...) Cité maintes fois dans les écrits de Charles Maurras, il (Frédéric Le Play) est en quelque sorte le père fondateur, aux yeux de cet écrivain politique, de la "Révolution nationale", mise en place en juillet 1940 par le gouvernement du maréchal Pétain, à Vichy. » (*Journal d'outre-tombe*, 8 janvier 1996)

« Sa connivence avec les groupes fascistes dès 1930 (...) a fait de lui un membre de la Cagoule, jusqu'en 1944, et le complice des incendies de synagogues en 1942 – sans oublier bien sûr son amitié pour René Bousquet à la mort bienvenue, qui finança ses campagnes électorales alors qu'il présidait l'UDSR, en 1959. » (*L'Idiot international*, juin 1993, puis *Le Refus ou la Leçon des ténèbres*)

« On l'appelait Dieu, mais c'était le diable en personne. » (*Les Puissances du mal*)

Mitterrandisme

« Dans tous les sens du terme, nous avons été gouvernés par un malade qui nous a en plus menti sur sa maladie. Pour tout dire : les Français n'avaient rien le droit de savoir sur la santé du président quand ça les regardait, mais ce dernier ne cessait de regarder ce qui ne le regardait pas. C'était ça la persécution invisible du mitterrandisme, le grand jeu de société : le Trivial Pursuit de l'ombre. Le mitterrandisme n'aura pas été une politique, mais une maladie mentale. » (*Les Puissances du mal*)

Mode

« Quand on est à la mode, c'est qu'on est déjà en retard. » (*Carnets impudiques*)

Modernité

« Le devoir d'artiste : être moderne ("c'est la seule chose à laquelle, hélas, on ne puisse échapper", disait Dalí)... Et donc l'être au sens fort, c'est-à-dire l'étrange classique des choses qui ne sont pas classiques. » (*Carnets impudiques*)

Modiano (Patrick)

« Tango de la Collaboration. Petite musique inimitable, même par son auteur. Si bien qu'incapable de se retrouver lui-même, il se condamne à se répéter sans cesse. » (*L'Idiot international*, décembre 1993, puis « Dictionnaire de la littérature française », *Le Refus ou la Leçon des ténèbres*)

Molière (Jean-Baptiste Poquelin, dit, 1622-1673)

« Plus fort que la vie, le seul homme qui soit mort sur scène d'une maladie imaginaire. Ce qui prouve l'insondable puissance du spectacle, quand il est vécu du dedans. (...) Fondamentalement, il était *politically incorrect !* – et tel est le ressort de son comique, il ne cesse de se moquer de ses propres spectateurs qui en sont réduits à rire en feignant de ne pas comprendre qu'il s'agit d'eux-mêmes. C'est le contraire de la *commedia dell'arte*. Avec lui, c'est l'homme démasqué dans son non-dit social – la pire atteinte qui peut être faite aux blessures d'amour-propre. » (*L'Idiot international,* décembre 1993, puis « Dictionnaire de la littérature française », *Le Refus ou la Leçon des ténèbres*)

Morale

« En ce qui me concerne, quelles que soient les amitiés que je puisse avoir envers les hommes politiques de gauche, ou les invitations à l'Élysée, je suis l'incorruptible. Au sens où mon bien le plus précieux, la seule force de mon extrême faiblesse, c'est une volonté infracassable de la morale. Les politiciens ne comprennent jamais cela. Ils prennent pour insolence ou trahison la fidélité à une éthique. » (propos recueillis début 1982 dans *Le Quotidien de Paris* puis reproduits dans le livre *Socrate et la rose : les intellectuels et le pouvoir socialiste*, en 1983)

Moralité publique

« ... si nos prétendues élites sont libre-échangistes, la moralité publique, elle, ne l'est pas. » (*L'Honneur perdu de François Mitterrand*)

Mort

« La mort est une faute d'inattention. » (*Je rends heureux*)

« La mort des autres est une connaissance inutile : sans passé ni avenir, elle semble se répéter dans un présent stupéfait. » (*Je rends heureux*)

« Ma mort n'aurait aucune importance sentimentale : ce serait une *erreur technique*, compte tenu des livres qui me restent à écrire. Je ne me regretterais pas, je me dirais simplement que c'est une catastrophe intellectuelle. » (*Carnets impudiques*)

« Comme disait Godard : "Je filme la mort au travail." Moi je l'écris. J'agis en tueur, mais pour assassiner la mort. » (*L'Honneur perdu de François Mitterrand*)

« Nos sociétés avancées ont tellement honte de la mort qu'elles la cachent, ou la taisent, comme inconvenante... La mort est un démenti trop dur, péremptoire, désobligeant et définitif, infligé à toutes les théories sur le bonheur des hommes... » (*L'Évangile du fou*)

« Il se dégage d'elle (la beauté masculine) une impression malsaine, celle de la mort qui serait toujours en vie. » (*Je rends heureux*)

Musique

« Selon Walter Pater, tous les arts tendent à la musique ; le français, l'anglais, l'italien, de même le géorgien parlé par trente personnes sont autant de musiques propres... » (*Carnets impudiques*)

Musique (de nuit)

« De tout ce qui cloche, je fais ma petite musique de nuit. » (*Je rends heureux*)

N

Nazisme

« Le nazisme est une perversion de l'homme occidental. » (dans un entretien accordé à *L'Humanité* et publié le 1er octobre 1990)

Nègre

« Nègre : prénom inconnu. L'auteur le plus prolifique de la littérature de tous les temps. » (*L'Idiot international*, décembre 1993, puis « Dictionnaire de la littérature française », *Le Refus ou la Leçon des ténèbres*)

« Les Français ont colonisé l'Afrique, et les nègres, la littérature française. » (*Fulgurances*)

Népotisme

« Le népotisme, c'est la structure intime de la société secrète. Il est ce qui fait que la Nation a cessé d'être démocratique. Il interdit aux uns de s'élever – ceux qui ne sont pas de la famille –, et il permet aux autres de tenir les leviers de commande...
Lévi-Strauss vous dirait que c'est de l'endogamie, la manière dont les tribus indiennes sont presque toutes mortes de consanguinité, les règles de l'échange ne fonctionnent plus... Le népotisme, c'est l'ultime régression. » (*L'Honneur perdu de François Mitterrand*)

« Le népotisme, c'est la maladie sénile du mitterrandisme. Quand Tonton n'est pas l'oncle, il est le parrain, le père, le frère, le cousin, l'amant ou le cocu magnifique de son entourage. L'Élysée, c'est un arbre généalogique dont les ramifications s'étendent au gouvernement et aux cabinets ministériels en passant par les préfectures et ambassades. Le socialisme, une agence de placement familial ! » (*L'Honneur perdu de François Mitterrand*)

Nostalgie

« La nostalgie, c'est le sentiment qui accompagne la perte définitive des choses. » (*Journal d'outre-tombe*, 11 janvier 1997)

Nouveau roman

« Comme la Volkswagen ou le vélo Solex, le Nouveau Roman a été une rente à vie pour Alain Robbe-Grillet, son inventeur, mais surtout pour Jérôme Lindon, son éditeur. Sauf qu'il ne roule pas, il a roulé le lecteur. C'est la plus belle fumisterie littéraire de l'après-guerre avant *Émile Ajar*, de Romain Gary. » (*Le Refus ou la Leçon des ténèbres*)

O

Obscurantisme

« L'obscurantisme moderne, son aveuglement et sa démence, nous les devons à la fin du mysticisme. » (*L'Évangile du fou*)

Œuvre

« La grandeur d'une œuvre, ce n'est pas le maximum des dons, c'est une fatalité quelque part, qui rencontre l'Histoire. » (dans l'émission « Radioscopie », de Jacques Chancel, diffusée sur France Inter le 22 septembre 1980)

« Mon œuvre se bonifie avec le temps. À côté des petits médiocres, je suis immense… » (propos rapportés dans *On m'a dit de ne pas le dire,* de Paul Wermus)

Ormesson (Jean d')

« Il faut aimer Jean d'Ormesson. Quoi qu'il écrive, c'est toujours bien. Quoi qu'il dise, c'est toujours exquis. Quelle que soit son attitude spontanée devant la vie, elle est toujours celle d'un honnête homme. Comme d'autres sont naturellement vulgaires, lui a toujours le réflexe conditionné de la véritable noblesse de l'esprit. » (*Le Refus ou la Leçon des ténèbres*)

Ouïe

« De tous les sens, l'ouïe est le seul qui nous fait sursauter. » (*Journal d'outre-tombe*, 3 février 1996)

« Il y a fort à parier que si je devenais sourd, je deviendrais aussitôt compositeur de musique. C'est que ce que Hermann von Keyserling appelait "la fécondation de l'insuffisant". » (*Le Quotidien de Paris*, propos recueillis, 11 septembre 1993)

P

PAF (paysage audiovisuel français)

« Le PAF (procédé d'abrutissement français), c'est le Sahel de l'intelligence. » (*Carnets impudiques*)

Pamphlet

« Le pamphlet est une bombe spirituelle dont les éclats verbaux défigurent à jamais. » (*Fulgurances*)

Paresse

« On ne peut rien contre la tranquille détermination d'un paresseux. » (*Carnets impudiques*)

« Il faut apprendre aux chômeurs le droit à la paresse. » (*Fulgurances*)

Parole

« La parole est faite pour être tenue et le contrat pour être rompu. » (*Journal d'outre-tombe,* 10 janvier 1997)

Parti pris

« Malheur aux tièdes. Je n'ai que des partis pris. » (*Chaque matin qui se lève est une leçon de courage*)

Passé

« Le passé, c'est le fumier ! Un paysan de l'avenir ne renie jamais un engrais aussi naturel. » (« Pourquoi je suis si différent » (1973-1978), propos recueillis par Olivier de Magny et insérés dans *Chaque matin qui se lève est une leçon de courage*)

« La connaissance du passé est une condition *sine qua non* de l'avenir. » (« Lettre ouverte à Philippe Douste-Blazy, ministre de la Culture », parue le 20 novembre 1996 dans le quotidien *Le Figaro*)

« Des peuples aux individus, ainsi en est-il de la vraie vie : il n'y a pour les êtres qu'une seule manière d'être nouveaux, c'est de plonger dans les racines du passé, et qu'une seule manière d'être jeunes, c'est d'être éternels. » (*Bréviaire pour une jeunesse déracinée*)

« Il faut en prendre son parti : le discours de nos origines ne sera jamais qu'un bricolage sublime de la mémoire, une pure reconstitution mentale. Et quand bien même les progrès de l'archéologie ou de l'investigation scientifique combleraient ces manques, il en resterait toujours d'autres, à nos pertes irréparables. *Or toute reconnaissance commence par l'imagination du passé.* » (*Bréviaire pour une jeunesse déracinée*)

Paulhan (Jean, 1884-1968)

« Ancien boxeur et professeur aux Langues orientales, il passait son temps à inventer des proverbes malgaches – quand ils n'étaient pas chinois ou javanais –, enrichissant ainsi le trésor de la sagesse universelle. (...) C'était un homme d'une bonté inépuisable – et parfaitement haï par les imbéciles pour la rigueur de son goût littéraire. On lui doit la grandeur de la maison Gallimard. Il y a peu de chance qu'Antoine, petit-fils de Gaston, l'eût employé aujourd'hui... Il aurait eu bien trop peur de son intelligence. » (*L'Idiot international*, décembre 1993, puis « Dictionnaire de la littérature française », *Le Refus ou la Leçon des ténèbres*)

Perec (Georges, 1936-1982)

« C'est Queneau sans humour et Kafka sans drôlerie (v. *L'Homme qui dort*). » (*L'Idiot international*, décembre 1993, puis « Dictionnaire de la littérature française », *Le Refus ou la Leçon des ténèbres*)

Perrault (Charles, 1628-1703)

« Il a été le plus grand scénariste d'Hollywood, mais sous un pseudonyme américain. Pour plaire aux producteurs, il a même inventé le *happy end* : "Ils vécurent heureux et eurent beaucoup d'enfants." De même nous a-t-il enseigné qu'un conte devait commencer par : "Il était une fois…" Pas d'effets spéciaux non plus. C'est tout naturellement que le Chat botté a des bottes de sept lieues. (…) Avec Cendrillon, il a fait rêver toutes les jeunes filles de la planète au prince charmant – et surtout montré que le miracle de l'amour était la seule ascension sociale à laquelle on pouvait aspirer. (…) Il reste le plus moderne des écrivains de la fin du XVIIe siècle. Le génie français, c'est lui. » (*L'Idiot international,* décembre 1993, puis « Dictionnaire de la littérature française », *Le Refus ou la Leçon des ténèbres*)

Peuple

« Il y a un analphabétisme du haut beaucoup plus insidieux que l'illettrisme qu'on prête au peuple. Quel peuple ? Aujourd'hui, il n'y a plus que la solitude qui soit peuplée. » (*Les Puissances du mal*)

Peur

« La peur, c'est le vaccin de la pensée. » (*Fulgurances*)

Pieyre de Mandiargues (André, 1909-1991)

« – Rideau –
Mandiargues,
Mort d'un alourdissement de paupières. » (« Poésies », *Le Refus ou la Leçon des ténèbres*)

Pivot (Bernard)

« Notre roi-lire. » (*Carnets impudiques*)

Poésie

« La poésie est grande parce qu'elle nous transmet l'avenir – non qu'elle parle d'avenir, mais elle parle comme si l'avenir était encore possible. » (*Fulgurances*)

Poisson rouge

« Suicide d'un poisson rouge : une bulle autour du cou, il se jeta dans l'air. » (*Carnets impudiques*)

Polémiste

« Les plus grands écrivains sont des polémistes, et c'est même ce qui les distingue des autres un peu moins grands. Un écrivain qui n'est pas un vrai polémiste n'est jamais un grand écrivain : en art comme ailleurs, c'est le courage qui fait la différence. » (*Le Refus ou la Leçon des ténèbres*)

Politiciens

« La glaciation, c'est la langue de bois entropique, le lyrisme cabotin ou la rhétorique creuse des politiciens. Ils peuvent se permettre d'avoir les lois les plus admirables, puisque l'art du double discours leur permet de ne jamais les respecter. » (*L'Honneur perdu de François Mitterrand*)

« ... avec le troupeau politique français qui marche, compact, avec ses larges bouches semblables à des vulves à dentures, ses immenses fesses grasses écartées comme les deux sections d'une pêche mûre, la droite et la gauche. Armée pesante, s'il en est, armée féroce et lâche. Elle reste prête à tirer dans le dos de celui qui voudrait défendre, je ne dirais pas autrui, mais sa propre liberté et sa propre destinée dans le conformisme, la paresse universelle qui semble s'être abattue sur le pays. » (*Chaque matin qui se lève est une leçon de courage*)

« De la musique, toujours, avant toutes choses... Les hommes politiques sont tellement peu entendus désormais qu'ils sont obligés de faire venir musiciens et chanteurs dans leurs meetings, pour passer entre les notes, comme les voyous entre les gouttes de pluie. » (*Carnets impudiques*)

« Les politiciens ne font de "petites phrases" que parce qu'ils sont incapables d'en prononcer une seule grande dont on se souvienne. » (*Carnets impudiques*)

« Les hommes politiques rêveraient de gouverner avec une télécommande. » (*Fulgurances*)

« Si des généraux prenaient le pouvoir à Moscou, ils feraient la guerre, mais si c'étaient des pâtissiers, ils transformeraient le Kremlin en pièce montée. Chacun aurait sa part du gâteau.

Hélas, quand les politiciens se le partagent sans contre-pouvoir – l'Église, l'argent, la jeunesse, etc. –, nous tombons sous la chape de plomb du monde où il n'arrive jamais rien : le glacis totalitaire, c'est un immense *Jours de France*, une revue que l'on feuilletterait, où il n'y aurait que cérémonies officielles, ballets, jolies stars saines, routiers sympas, Carolinomonaqueries sur fond sirupeux d'optimisme béat de commande. Une Sibérie en rose ! Tout le monde il est beau, tout le monde il est gentil ! À en vomir ! Pas un scandale, rien. Ça ressemble à ce que les politiciens de tous bords voudraient qu'on donne comme image d'eux-mêmes. Pourquoi se font-ils toujours photographier avec femme et enfants ? Pour la façade glaciffiée ! » (*L'Honneur perdu de François Mitterrand*)

Politique

« La politique est affaire de sentiments, sinon elle n'est rien ! » (*La Cause des peuples*)

« Décidément, la politique ressemble au jeu de l'oie : à chaque fois qu'on nous renvoie huit cases en arrière, on a l'outrecuidance de prétendre en même temps que nous venons de faire un grand bond en avant. » (*L'Honneur perdu de François Mitterrand*)

« La politique est le meilleur substitut de l'Histoire : elle nous donne toujours l'illusion, même quand elle fait du surplace, qu'avec elle l'Histoire est en mouvement. Elle fait du cinéma – *Kinéma*, mouvement, en grec. » (*Fulgurances*)

« La perversion de plus en plus frappante du discours politique, c'est qu'il fait passer les effets pour des causes. » (*Carnets impudiques*)

Postérité

« Je veux ma statue au
jardin d'Acclimatation
pour assurer ma postérité
et me rassurer sur l'éternité (...)
Ma statue en tutu
une jambe en l'air
pour laisser pisser
le mérinos
et l'air con con
considérable
pour mériter votre considération. »
(« Postérité », *Le Refus ou la Leçon des ténèbres*)

Pound (Ezra, 1885-1972) [1]

« ... le dernier des Américains à avoir assisté au naufrage de l'Europe, comme il le disait lui-même. Pour affirmer à voix haute et forte, dès 1930, ce que bien peu pressentaient, il fallait ce regard d'Américain pourvu de cette qualité essentielle, dont il était pétri et qui le faisait haïr des médiocres, *la brutalité de la pensée...* » (*Carnets impudiques*)

---

[1] Avec Dominique de Roux et Michel-Claude Jalard, Hallier a collaboré à un ouvrage de la collection des « Cahiers de l'Herne » consacré à Ezra Pound et publié en 1965.

Pouvoir

« Le pouvoir a besoin de garde-fous contre lui-même. » (*Journal d'outre-tombe*, 20 novembre 1996)

« Ne jamais se laisser aspirer, phagocyter par l'énorme globule blanc du pouvoir, ne jamais se faire prendre dans le parti, l'académie, le club, l'église et les oligarchies, mais rester dans les parages, ni trop loin, ni trop près du cercle fatal, *pour le troubler avec quelques airs de flûte.* » (*Carnets impudiques*)

Presse

« Le premier journal au xviie s'appelait *Le Canard*, c'est-à-dire, un bobard. Évidemment que la presse ment ; elle ne peut pas ne pas mentir. Elle ne peut parler que de l'écume des choses alors que la mer est très profonde. La presse va même au faux comme le chien va vers la merde avec un flair absolument infaillible. » (propos tenus au cours d'une émission de télévision. Dans *Le Quotidien de Paris* publié le 1er juin 1994, Jean-Edern Hallier reprendra ce thème en faisant référence à l'auteur de l'aphorisme : « Comme disait Céline dans ses *Entretiens avec le Professeur Y* : "Comme le chien va à la merde, la presse va au faux avec un flair infaillible." » Phrase qui figure également en bonne place dans *Les Puissances du mal*)

« La presse française est la moins curieuse du monde. » (*Les Puissances du mal*)

Principes de l'edernisme

« Poser sur le monde un regard d'enfant. »

« Mettre l'amour au-dessus de tout. »

« N'aimer que les commencements. »

« Vivre au-dessus de ses moyens. »

« Préférer le luxe à la richesse, la jouissance au bonheur, la souffrance à la tristesse, la mélancolie à la nostalgie et l'amour fou à tout le reste. »

« Être toujours prêt à emmener une femme au bout du monde. »

« Être extrémiste, mais dans tous les sens. »

« Être imprévisible en tout (dans la vie, dans la phrase, pousser l'art du contre-pied jusqu'au sublime). »

« Mettre sans relâche ce principe en pratique : si tu es un incendiaire, et que tu ne réussis pas à brûler la grange, mets-toi du côté des pompiers et noie-la. »

« Exacerber ses contradictions pour en faire jaillir des étincelles. C'est le ressort de toute création – et de la fulgurance. »

« Ne pas craindre d'être traîné dans la boue. »

« Pardonner toujours à ceux que l'on a offensés. »

« Être le seul, pas le premier. »

« Être grand jusque dans les petites choses. »

« Risquer sa vie chaque jour, chaque heure, chaque instant. »

« Ne jamais se résigner. »

« Ne jamais transiger sur l'essentiel. »

« Vous faire payer, oui, vous laisser acheter, jamais ! »

« Donner sa confiance aux autres, tant qu'ils ne vous ont pas déçu. »

« Mettre l'amitié à la plus haute place après l'amour : n'avoir que des relations passionnelles avec autrui. »

« Ne jamais dénoncer le monde, mais démonter ses rouages. »

« Considérer que les paradoxes d'aujourd'hui sont les préjugés de demain. »

« Ne pas se répéter : la vie est trop courte. »

« Avancer, débroussailler l'avenir sans jamais se retourner. »

Prix littéraires

« Les prix sont faits pour consoler les mauvais écrivains. » (*Carnets impudiques*)

Provocation

« La provocation, c'est le comportement naturel de l'écrivain. » (*Fulgurances*)

Psychologie

« Je vomis la psychologie comme la peau du lait. » (*Carnets impudiques*)

Publicité

« Quant à la publicité, elle veille. Un mot de trop peut faire perdre des centaines de millions au poste périphérique. Il ne s'aventurera pas à les inquiéter et préférera, en dernière minute, causer de l'amélioration des relations franco-russes. » (*Chaque matin qui se lève est une leçon de courage*)

Q

Queneau (Raymond, 1903-1976)

« Fils de mercier, il a fait dans la dentelle de mots – à l'aiguille, au point, et aux fuseaux dans ses merveilleux *Exercices de style*. (...) Souhaitons que l'œuvre de Queneau ne tombe jamais en quenouille, c'est-à-dire entre les mains de quelques bas-bleus. (...) Merde à la critique du *Monde des livres* ! Comme aurait dit Zazie dans le métro. »(*L'Idiot international*, décembre 1993, puis « Dictionnaire de la littérature française », *Le Refus ou la Leçon des ténèbres*)

R

Réactionnaire

« ... L'adolescent est réactionnaire, à mesure qu'il vieillit, il devient conservateur. Les forces réactionnaires ne sont ni de droite ni de gauche, elles reconstituent du bruit et de la fureur des nouvelles classes d'âge. Il ne s'agit pas d'un clivage politique, mais d'une ligne de partage psychique entre les uns et les autres. » (*Bréviaire pour une jeunesse déracinée*)

« Être réactionnaire n'est pas être de droite ou de gauche, c'est ne pas supporter un monde qui ne ressemble plus à celui de votre enfance. » (*Les Cahiers du journalisme* n° 4, janvier 1998, entretien avec Jérôme Hesse)

Rebatet (Lucien, 1903-1972)

« Sa réputation est usurpée, et justifie parfaitement les critiques les plus dures contre le fascisme – à ceci près que ce n'est pas un camp politique, mais plus profondément un état d'âme. Avec sa gueule blafarde et son menton de lâche noyé dans le cou, il aurait mérité deux balles dans la peau... » (*L'Idiot international*, décembre 1993, puis « Dictionnaire de la littérature française », *Le Refus ou la Leçon des ténèbres*)

Rébellion

« La rébellion individuelle est un devoir culturel, et le romantisme quotidien, la dernière conduite possible. » (préface de *Chaque matin qui se lève est une leçon de courage*)

Reconnaissance

« La reconnaissance est la seule grande question de l'humanité. Être ou ne pas être reconnu. Tout le reste est foutaise. Le besoin de reconnaissance dépasse même celui de l'argent. C'est l'étalon-or de la légitimité. De l'enfant abandonné de l'assistance publique à l'artiste méconnu, la reconnaissance, c'est la monnaie vivante des Wall Street de notre imaginaire commun. » (*Les Puissances du mal*)

Réputation

« La réputation, c'est l'écho de la bêtise des autres. » (*L'Évangile du fou*)

« Quand on a la gloire, on se moque de la bonne réputation. » (*Journal d'outre-tombe*, 20 novembre 1996)

Résignation

« La résignation, c'est l'antichambre de la mort. » (*Les Puissances du mal*)

Risque

« En notre société d'âmes mortes, on ne risque rien. Risquer, c'est vivre pleinement. » (*Bréviaire pour une jeunesse déracinée*)

Robbe-Grillet (Alain, 1922-2008)

« Le seul écrivain à avoir fait pousser du blé sur de la glace – et le premier à avoir inventé l'érotisme en surgelé (v. *L'Année dernière à Marienbad*). Géologue, arpenteur, agronome et botaniste, il a donné à la géographie de Vacher de Lapouge une expression romanesque, ainsi qu'à la maçonnerie, à la toiture, et au carrelage, sa poésie en prose. Passé des sols de cuisine de Mondrian aux cartes postales, Pierre Loti sur le Bosphore, il a fait une littérature de location de meublé dont il est le vendeur descriptif. Il a néanmoins écrit deux chefs-d'œuvre (v. *Le Voyeur* et *La Jalousie*). Son terrorisme esthétique a fortement impressionné les instituteurs et les universités américaines, mais l'originalité absolue de son œuvre fait de lui le meilleur de la bande du Nouveau Roman – cette session de rattrapage des écrivains ratés. (…) Ses épures sont d'une admirable précision, et même si ses romans sont à bayer aux corneilles, il est peut-être le dernier grand classique de la littérature française. » (*L'Idiot international*, décembre 1993, puis « Dictionnaire de la littérature française », *Le Refus ou la Leçon des ténèbres*)

Roman

« On reconnaît infailliblement un mauvais roman à ce qu'on se dit aussitôt que c'est un bon scénario. » (*Carnets impudiques*, ou dans *Je rends heureux* : « On reconnaît un mauvais roman à ce que ça fait un bon scénario. »)

« Tout grand roman est polémique. » (*Carnets impudiques*)

« Comment voulez-vous qu'un romancier haïsse son personnage ? Il le comprend trop bien du dedans. Seuls sont antipathiques les gens qu'on ne connaît pas. » (*L'Honneur perdu de François Mitterrand*)

« Le temps du romancier, c'est la lie au fond d'une bouteille de vin, c'est un temps différent du travailleur ordinaire. » (dans l'émission « 30 millions d'amis », diffusée sur TF1 le 14 février 1981)

Rothschild (Nadine de)

« Sa vie, un conte de fesses. » (*Carnets impudiques*)

Roux (Dominique de, 1935-1977)

« Dominique, l'enchanteur véhément, le condottiere des lettres et l'admirable accordeur de mots du piano de la langue française, n'a jamais été remplacé, ni pour sa fougue, ni pour sa générosité. » (*L'Idiot international*, décembre 1993, puis « Dictionnaire de la littérature française », *Le Refus ou la Leçon des ténèbres*)

Royer-Collard (Pierre Paul, 1763-1845)

« Il a permis aux hommes politiques de se donner l'air cultivé en affirmant qu'ils relisent les livres qu'ils n'ont jamais lus. » (*L'Idiot international*, décembre 1993, puis « Dictionnaire de la littérature française », *Le Refus ou la Leçon des ténèbres*)

S

Sade (Donatien Alphonse François, comte de, dit « le marquis de », 1760-1814)

« C'est l'anti-code civil et l'ennemi juré de la législation napoléonienne toujours en cours. Il aurait dû être publié par Dalloz tellement les articles de la transgression des lois sexuelles sont innombrables. Donatien Alphonse de Sade a beau être un immense écrivain, jamais il n'aurait pu passer chez Pivot à la télévision – et c'est la preuve éclatante que le langage reste toujours plus dangereux que l'image. (...) De tous les auteurs du XVIIIe siècle, il reste le seul à être vraiment lu, ce qui prouve à quel point, il reste bandant. Si Gilles de Rais avait écrit, il aurait pu être le marquis de Sade – mais Sade n'a jamais rien fait de ce qu'il a écrit, ce qui prouve que seul le verbe mérite d'être emprisonné. » (*L'Idiot international,* décembre 1993, puis « Dictionnaire de la littérature française », *Le Refus ou la Leçon des ténèbres*)

Saintes Écritures

« Les spots lumineux, punctiformes et sacrés, les saintes Écritures. » (*Bréviaire pour une jeunesse déracinée*)

Sarraute (Nathalie, 1900-1999)

« Oiseleuse du murmure. » (*L'Idiot international*, décembre 1993, puis « Dictionnaire de la littérature française », *Le Refus ou la Leçon des ténèbres*)

Sartre (Jean-Paul, 1905-1980)

« En dix ans, Sartre s'est déglingué, puis il est parti à la casse, ou plutôt il s'est éteint, tous les fusibles de son puissant moteur de camion philosophique, de sa voiture-balai des idéologies déconfites ayant sauté les uns après les autres. » (*Fulgurances*)

« Le plus grand écrivain alsacien de tous les temps. » (*Carnets impudiques*)

« Il a fait passer l'idéologie allemande en France. D'ailleurs, sa phrase la plus célèbre en évoquant les années 39/45 aura été : "On n'a jamais été si libre que sous l'Occupation." (...) Il ne reste pas grand-chose de son œuvre littéraire et philosophique, même si ça a du poids en papier. Ça peut servir à la rigueur de cul-de-lampe pendant les baisses de courant (v. *L'Être et le Néant*). » (*L'Idiot international*, décembre 1993, puis « Dictionnaire de la littérature française », *Le Refus ou la Leçon des ténèbres*)

Scandale

« Malheur à celui par qui le scandale n'arrive pas ! Que chacun de mes mots engendre autant d'enfants irresponsables, marginalisés, d'assassins virtuels que la terre pourra en contenir pour briser l'empire des États Celtes, je n'ai que faire de l'héritage monstrueux des Romains, et de ce qui jadis passa pour l'inconséquence de mon peuple d'origine, son inaptitude à forger l'état, se charge en principe d'espérance, par-dessus les nids de coucous et de lobotomisés de la toute-puissante médecine étatique.

Alors, qu'après la faute à Voltaire, la faute à Sartre, celui qui parle ici endosse à son tour, toutes les calamités morales dont les majorités silencieuses se croient affligées. Ma responsabilité d'intellectuel, je l'assume pleinement : j'attise les miasmes, les vents fétides. Et même si je ne suis pas à l'origine de cette peste, frappant les innocents au hasard, je contribue à les infester. Je n'ai qu'une seule aspiration : entraîner la jeunesse sur une

mauvaise pente, en étayant toutes les délinquances politiques. »
(*Chaque matin qui se lève est une leçon de courage*)

Sérieux

« Pour la plupart, le sérieux, c'est l'air sérieux. » (*Le Refus ou la Leçon des ténèbres*)

« Moi je ne vois pas en quoi l'homme frivole que je suis a manqué un seul instant, dans sa vie, au sérieux véritable des choses. C'est en cela que je reste parfaitement incompris – même de mes plus proches amis. » (*Journal d'outre-tombe*)

« Liberté, quelle est-elle ? Celle du sérieux ? C'est déjà un choix politique d'où certaines libertés sont exclues. Le sérieux est le plus redoutable ennemi de la vérité. Quand la vérité sort toute nue du puits, elle ne trouve qu'un journaliste, le pigeon gris, en caleçon à ramures, qui lui dit : rhabillez-vous, mademoiselle. » (*Chaque matin qui se lève est une leçon de courage*)

Servitude

« Le discours de la servitude volontaire est le lot commun : les esclaves le sont *sui generis*, à cause d'eux-mêmes. » (*Chaque matin qui se lève est une leçon de courage*)

Simenon (Georges, 1903-1989)

« Mettez des gouttes de pluie et de la buée sur les carreaux d'un wagon de deuxième classe du Paris-Bruxelles, vous aurez du Simenon. Vériste belge que le TGV a définitivement démodé. Maigret était un personnage insignifiant de policier : la France a eu le Sherlock Holmes qu'elle méritait, celui d'un commissariat de quartier à Charleroi. La fin des petits commerçants, la désaffection du music-hall, la ruine des pêcheurs, et surtout la disparition du pavé sur les routes lui ont terriblement nui. » (*L'Idiot international*, novembre 1993, puis « Dictionnaire de la littérature française », *Le Refus ou la Leçon des ténèbres*)

Simon (Claude, 1913-2005)

« Comme Sully Prudhomme, il a eu le prix Nobel – et l'on se demandera bien un jour pourquoi. La vérité était qu'il fallait bien récompenser à la fin son courageux traducteur, qui était le secrétaire général du jury suédois. (...) À lire à haute voix, il est parfaitement ridicule. Avec ses han, comme un coureur qui viendrait d'être interviewé tout essoufflé à l'arrivée d'un marathon... Mais il est encore plus long à lire. » (*L'Idiot international*, décembre 1993, puis « Dictionnaire de la littérature française », *Le Refus ou la Leçon des ténèbres*)

Snobs

« Les snobs parlent du nez pour faire oublier qu'ils n'en ont pas. » (*Journal d'outre-tombe*, 3 février 1996)

Socialisme

« Le socialisme porte en lui la trahison du politique, comme la nuée l'orage. » (*Chaque matin qui se lève est une leçon de courage*)

« Socialisme et création sont métaphysiquement contradictoires. » (propos recueilli début 1982 dans *Le Quotidien de Paris* puis reproduit dans le livre *Socrate et la rose : les intellectuels et le pouvoir socialiste*, en 1983)

Société

« Toute la société tend à intimider l'individu, ou à encourager sa paresse. » (*Chaque matin qui se lève est une leçon de courage*)

« La société humaine est pareille à la fourmi. Elle est atteinte de stigmergie – mot qui désigne l'excitation incontrôlée des insectes avant qu'ils ne commencent à bâtir un édifice. C'est quand elle ne sait pas ce qu'elle fait qu'elle devient créatrice. » (*Journal d'outre-tombe*, 20 décembre 1995)

« Dans notre société grégaire, il faut toujours avancer à saute-mouton. » (*Journal d'outre-tombe*, 3 février 1996)

Sondages

« Les Français sont des moules, ils restent accrochés à leur banc de sondages et prennent les marées de l'opinion publique pour le retour des eaux vives. » (*Fulgurances*)

Songe

« Au fond, c'est lui qui a raison et moi qui suis l'absurde lancier des moulins à vent de mes songes perdus. » (*Carnets impudiques*)

Souvenirs

« Les souvenirs heureux rendent le présent infirme. » (*Journal d'outre-tombe*, 20 novembre 1996)

« Méfie-toi des souvenirs comme d'une montre arrêtée. » (*Carnets impudiques*)

Sport

« Entre un éblouissant 100 mètres de Carl Lewis, coupant en premier le fil des Jeux olympiques, et une fulgurance littéraire, il n'y a pas de différence de nature, mais de forme. La grammaire des muscles vaut celle des mots. » (*Les Puissances du mal*)

Stockhausen (Karlheinz, 1928-2007)

« La lune entre les dents. » (*Carnets impudiques*)

Stockholm

« C'est fou ce qu'il y a de Suédois ici. Ce sont des gens étranges, renfermés, d'une timidité maladive, les lèvres toutes tremblantes quand ils ont à répondre à vos questions, complexés, et *patheux* (combinaison de la bouche pâteuse d'Aquavit au petit matin et du pathos nordique, si spécifique que les films de Bergman se rabaissent soudain au rang de documentaires naturalistes. Ici, tout est du Bergman. Les portes s'ouvrent à la Bergman, lentement, au souffle de l'ennui et il ne se passe jamais rien… Dans chaque appartement, la vie de chaque famille est un film de Bergman non sous-titré. Il y a trois millions de personnages de Bergman à Stockholm). » (*Carnets impudiques*)

Strauss (Johann, 1825-1899)

« L'Autruche-Hongrie. » (*Carnets impudiques*)

Style

« Comme ça peut être admirablement simple, écrire "il pleut!" Ça devient du Simenon : "Il pleut!" On n'a pas besoin de décrire les gouttelettes sur les vitres du train qui emmène l'inspecteur Maigret à Bruxelles. En une litote fulgurante, mais feutrée, presque neutre, on fait voir tout le compartiment d'un coup. » (*Carnets impudiques*)

Répondant à la question « Qu'est-ce que c'est que le style ? » Hallier eut une autre formulation, plus lapidaire : « Le style, c'est quand je lis "il pleut" et que je me dis que c'est du Simenon. » (propos rapportés par Guillaume Gallienne dans un entretien publié par *L'Obs,* le 21 mars 2015)

« Le style, c'est la force de caractère. » (*Fulgurances*)

« Le monde est divisé en deux : ceux qui ont du style et ceux qui n'en ont pas. » (*Fulgurances*)

« Ce qui distingue les vrais écrivains des fabricants, c'est le style, cette petite musique qui vient du fond de l'âme. Apprendre à écrire, c'est forger les patois du sublime ! C'est d'abord inventer une langue étrangère dans la langue nationale. » (*Carnets impudiques*)

Subvention

« La subvention met au pouvoir un art de toute façon inférieur puisqu'il sera le choix d'un fonctionnaire, d'un homme politique, ou d'un conseil municipal. On va demander à un fonctionnaire mégalo de trancher de la beauté ou de la qualité des Corneille ou des Molière d'aujourd'hui. Ce n'est pas son métier ; il n'y connaît rien, et pourtant c'est lui qui décide. Vous me direz qu'autrefois, c'était l'Église qui subventionnait les artistes. Seulement l'Église s'y connaissait. Toute sa grandeur dans un premier temps, fut d'être le mécène des artistes. » (*Le Figaro*, 5 mai 1993)

Succès

« Le succès est toujours un malentendu pour un véritable artiste. » (*Fulgurances*)

Suédois

« Quand au nom de la neurasthénie bizarre dont souffrent les Suédois, et qu'ils ont peut-être attrapée par la nourriture, c'est le *complexön*, petit animal, sorte de pou de l'âme, en forme de minuscule hameçon, qui les pique aux aisselles. S'ils marchent (...) les coudes collés au corps, c'est que, gênés aux entournures, paralysés de crainte, ils ne pensent qu'à une chose : garder pour eux l'odeur de hareng qui se dégagerait à leur passage, s'ils écartaient les avant-bras. D'aucuns prétendent aussi que c'est à cause de *complexön* qu'ils ont inventé leur folie, qu'on appelle l'hygiène : *mens sana in corpore sano.* » (*Carnets impudiques*)

Supériorité

« En tout être supérieur se conjuguent trois figures, trois pulsions contradictoires : Faust, Don Juan, et Don Quichotte. » (*Carnets impudiques*)

Survivants

« Les survivants qui nous entourent ne supportent pas qu'on les réveille. » (dans un entretien diffusé à l'antenne de Radio-Paris au début des années 1980 et reproduit dans *À mes consœurs et confrères de l'Ancien Régime*, Jérôme Hesse)

Système

« Le système accepte qu'on l'accuse, jamais qu'on l'explique. »
(*Carnets impudiques*)

T

Télévision

« Ne désespérons pas des progrès de l'imbécillité sur le petit
écran. Français, encore un effort ! Cette imbécillité sauvera
nos lettres, nos arts, nous permettra de retrouver le sens de la
conversation – ce que jadis on nous enviait dans le monde entier,
des salons de Saint-Pétersbourg à la Nouvelle-Orléans, l'*esprit
français*. D'autant que je ne vois que des avantages à la multi-
plication désormais irréversible des chaînes. On pourra aller
jusqu'à câbler chaque appartement d'un dialogue personnel,
improvisé, spontané. Une chaîne originale par foyer, puisque,
ô miracle, ils s'étaient mis le soir à parler entre eux... » (*Carnets
impudiques*)

Terrorisme

« Le terrorisme, cette forme moderne de la guerre, est la consé-
quence du génocide culturel de nos sociétés massifiées. »
(*L'Évangile du fou*)

« Que ferions-nous sans les terroristes, ces accoucheurs de l'histoire immédiate ? J'ai compris que seule la violence de la pensée
pouvait désarmer la violence muette du monde. Nous sommes
tous des terroristes sans le savoir – pire, des terroristes terro-
risés – terroristes du glauque, de l'opaque, terroristes de notre
vie intime, de l'amour, de l'amitié, de nos petites abjections
quotidiennes, terroristes de la société secrète où nous sommes
tous engloutis, à cent mille pieds, encoquillés sous la surface des
transparences voulues par le contrat social de la démocratie,

de la liberté, de la fraternité, de l'égalité des chances, et de la famille. La vie n'est qu'une longue et inoubliable terreur !... » (*La Force d'âme*)

Tesson (Philippe)

« Je le respecte. Il appartient à cette espèce en voie de disparition : on le redoute, le publiciste. C'est le contraire du publicitaire. C'est l'homme qui met un talent aigu, rapide et sec à la chose publique. Il n'a pas la profondeur de l'écrivain, mais il n'a pas non plus l'effroyable lourdeur de l'idéologue. Le publiciste est un type très français – le seul journaliste que Balzac épargnait dans sa monographie de la presse parisienne. Comme le lierre, il meurt là où il s'attache – c'est-à-dire aux libertés, dont *Le Quotidien de Paris* est à la fois le garant désinvolte, et le désabusé plein d'espérance. » (*Le Quotidien de Paris*, mai 1993)

Tiers-monde

« Chaque peuple a sa maladie propre. Celle des peuples du tiers-monde est l'inexactitude – forcément, ils sont en retard d'un monde. » (*Carnets impudiques*)

Tolérance

« La tolérance, c'est le mépris bourgeois de l'autre : on ne l'accepte pas, on le tolère. » (*La Force d'âme* puis *Fulgurances*)

« Il y a autant de fanatisme stupide dans le fanatisme de la tolérance que dans l'intolérance elle-même. La tolérance n'est plus aujourd'hui que le mot d'ordre de l'impitoyable guerre de religion que mèneront les marchands du temps contre tout ce qui est sacré. (...) C'est le cache-misère d'une société qui se suicide lentement, par persuasion publicitaire, dans le confort et le conformisme intellectuel. On est devenu le libre-penseur, mais seulement de la liberté des autres. » (*La Force d'âme*)

Totalitarisme

« Le totalitarisme, ce n'est rien d'autre que l'institution sans contre-pouvoir. Un véritable créateur est toujours antitotalitaire, ou alors il a le totalitarisme de l'enfance, qui est celui de la passion. » (propos recueillis début 1982 dans *Le Quotidien de Paris* puis reproduits dans le livre *Socrate et la rose : les intellectuels et le pouvoir socialiste*, en 1983)

« Il y a deux totalitarismes, celui qui procède de l'institution et celui que relève de la bêtise. » (propos recueillis début 1982 dans *Le Quotidien de Paris* puis reproduits dans le livre *Socrate et la rose : les intellectuels et le pouvoir socialiste*, en 1983)

Traditions

« Nous vivons l'ère des filiations brisées. Les traditions se perdent à jamais dans une société régie par le désordre établi et le spectacle. » (« Hommage à Michel Foucault », *Le Figaro magazine*, 30 juin 1984)

Trotski (Léon, 1879-1940)

« Trotski était un féroce travailleur du chapeau. D'ailleurs, on le nomma, pour subvenir à ses besoins matériels, trésorier du syndicat des chapeliers. » (*Fulgurances*)

V

Vacances

« Je n'aime pas ce terme : "se mettre en vacance". Il signifie la vacuité et l'ennui. Mes seules grandes vacances seront la mort. » (*Journal d'outre-tombe*, 2 janvier 1995)

Valeurs

« Nous assistons à une effrayante inversion des valeurs, faux penseurs, savants bidon, chanteurs nuls, imposteurs en tous genres : il est dans la nature même du monde de l'image, c'est-à-dire du *paraître*, de propulser en avant les escrocs médiatiques – les "malfaiteurs des apparences", si je m'en réfère très exactement au sens juridique donné au mot escroc à l'origine. Leur seule technique, c'est de se donner un air sympa. Moins ils ont de choses à dire, plus on les paye. (...) Jamais, me semble-t-il, l'écart n'aura été plus grand entre les valeurs réelles, méprisées, bafouées, rejetées dans l'ombre (...) et les fausses valeurs qu'on célèbre dans l'église cathodique universelle où tout marche au bluff. » (*Carnets impudiques*)

« Les valeurs sont toujours les mêmes depuis la préhistoire. Ce ne sont pas les valeurs qui ont disparu, c'est la vraie vie qui est absente. » (propos recueillis début 1982 dans *Le Quotidien de Paris* puis reproduits dans le livre *Socrate et la rose : les intellectuels et le pouvoir socialiste*, en 1983)

« Il s'est formé un centre culturel constitué du double effondrement des valeurs traditionnelles de la droite et de la gauche. Comme le gros œil du bouillon, il attire à lui tous les petits corps. C'est ce que j'appelle la "droiche", c'est un concept très important qui explique tous les malaises des classes ouvrières. Et de la civilisation urbaine déracinée. » (propos recueillis début 1982 dans *Le Quotidien de Paris* puis reproduits dans le livre *Socrate et la rose : les intellectuels et le pouvoir socialiste*, en 1983)

« Alors le "tout est dans tout et réciproquement", la confusion des valeurs, c'est un mystère marchand qui permet d'éliminer la vigilance critique. C'est une sorte de sidaïsation générale de la pensée sociale, c'est-à-dire la suppression à terme de toutes les immunologies qui nous permettent de résister. Le chanteur croira pouvoir devenir un grand philosophe et parader à la télévision. » (cité par Sébastien Bataille sur son blog)

Vanité

« L'homme blessé dit : la meilleure manière d'exaspérer les cons, c'est de feindre d'être vaniteux. » (*Carnets impudiques*)

Vérité

« L'ami de la vérité n'a pas d'ami. » (*Fulgurances*)

« Je suis une putain de la vérité qui marche en quinconce pour ne tomber sous la coupe d'aucun maquereau. » (au cours d'un entretien avec Thierry Ardisson, le 17 janvier 1989, dans l'émission « Lunettes noires pour nuits blanches »)

« Le mensonge est un chien de garde, la vérité un chien de chasse. » (*Fulgurances*)

« Le scandale de la vérité, c'est que la vérité fasse scandale. » (*L'Idiot international*, février 1992, puis *Le Refus ou la Leçon des ténèbres*)

« La vérité, par rapport à l'exactitude, est le plus fort imaginaire que l'homme ait jamais pour dénoncer les impostures. » (dans un entretien diffusé à l'antenne de Radio-Paris au début des années 1980 et reproduit dans *À mes consœurs et confrères de l'Ancien Régime*, Jérôme Hesse)

« Mon discours, c'est la recherche de la vérité, ce qu'on appelle en termes religieux l'apologétique, qui passe par la dénonciation de ses propres erreurs. Et moi, je suis toujours en avance d'une erreur sur les autres. » (dans un entretien diffusé à l'antenne de Radio-Paris au début des années 1980 et reproduit dans *À mes consœurs et confrères de l'Ancien Régime*, Jérôme Hesse)

« Aux cris d'indignation qu'elle suscite, on mesure l'étendue de la vérité révélée. » (*Les Puissances du mal*)

Vian (Boris, 1920-1959)

« Il a écrit *La Dame aux camélias* des collégiens, en les remplaçant par un nénuphar (v. *L'Arrache-cœur*). » (*L'Idiot international*,

décembre 1993, puis « Dictionnaire de la littérature française »,
Le Refus ou la Leçon des ténèbres)

Vichy

« La ville de Vichy, c'est le point géodésique de la culpabilité française. » (*Les Puissances du mal*)

« Au fond, c'est comme si Vichy était toujours la capitale morale de la France, puisque tous ceux qui ont eu partie liée avec le régime sont toujours en place. » (*Les Puissances du mal*)

« Tant qu'il y a aura encore quelques vivants, ces terribles vieillards qui tiennent la loi du silence, on ne saura presque rien. L'immense *omerta* nazie plane encore sur notre fin de siècle. Ils ont goudronné la mémoire. Ils ont gagné puisqu'on ne saura rien d'eux avant la prescription – et qu'après on les aura oubliés. Pas forcément, la mort est une intarissable bavarde, qui ne prononce que des paroles définitives. » (*Les Puissances du mal*)

Vie

« ... il me faut la chute des pas, si faible soit-elle, le froissement des ailes de la chouette complice, les cendres d'air, la craie et le granit bleu d'ardoise après l'éblouissement et les toitures gonflées de nuages pour que se poursuivent mes existences conjointes. » (*Bréviaire pour une jeunesse déracinée*)

« Plutôt que vivre, on préfère se vivre. » (*Journal d'outre-tombe*, 20 novembre 1996)

« On vit en maître mais on ne survit qu'en domestique. » (*Journal d'outre-tombe*, 20 novembre 1996)

« Je ne laisserai à personne d'autre le soin de dire que tous les ans, de un à neuf, sont le plus bel âge de la vie, et ainsi de suite... » (*Le Premier qui dort réveille l'autre*)

« Une vie est trop courte, mais le temps de la mémoire la rallonge. » (dans l'émission « 30 millions d'amis », diffusée sur TF1 le 14 février 1981)

Vie privée

« On connaît tout de la vie privée des acteurs, la plupart s'étalent au grand jour. Pourquoi n'aurait-on pas le droit de se pencher sur celle de ces cabots de seconde zone, les politiciens ? Puisqu'ils ne cessent de donner des leçons de morale, qu'ils commencent par eux-mêmes. Si on ne les contrariait pas, tellement ils se tiennent entre eux, la théorie de Popper s'en trouverait confirmée. À savoir : l'habit ne fait pas plus le moine que la fonction ne crée l'organe. » (*L'Honneur perdu de François Mitterrand*)

Vieillesse

« Je ne suis pas contre les vieux, mais contre l'indignité qui les fait vieillir. » (*La Force d'âme*)

« À force d'avoir été un jeune homme d'avenir, je finirai par devenir un vieillard qui promet. » (*Je rends heureux*)

« Vieillir, c'est oublier le présent dans la peur de l'avenir. » (*Fulgurances*)

« J'ai beau me livrer à toutes sortes d'excès, je n'arrive pas à vieillir. » (*Fulgurances*)

« Au vrai, de vieillir ne me plaît pas tant que de devenir à l'automne de ma vie un grand ancien. Ce qui rajeunit les uns vieillit les autres. Ce ne sont pas les vieux qui rajeunissent, c'est la vieillesse qui prend de l'âge. » (*Bréviaire pour une jeunesse déracinée*)

Villon (François, 1431-v.1463)

« La perfection absolue pour un poète, c'est de se décrire lui-même en un octosyllabe : "Je, François Villon, escolier", écrivait-il. C'est la musique ramenée à sa quintessence – les huit notes de la gamme. Tout le reste est bavardage. » (*L'Idiot international*, décembre 1993, puis « Dictionnaire de la littérature française », *Le Refus ou la Leçon des ténèbres*)

Vilmorin (Louise de, 1902-1969)

« Elle a poussé l'art d'agrément des bonnes familles jusqu'à la plus haute virtuosité poétique. Elle a écrit des vers olorimes où toutes les syllabes riment, des palindromes que l'on peut lire dans tous les sens. (…) Elle avait une grâce exquise, aérienne (v. *Mme de*). Cocteau disait qu'elle était : "Une jeune fille qui possède un ballon rouge qui l'enlève de terre et l'emporte ensuite partout avec elle." » (*L'Idiot international*, décembre 1993, puis « Dictionnaire de la littérature française », *Le Refus ou la Leçon des ténèbres*)

Vin

« Tous ces gens-là sont jaloux parce que je suis le seul homme d'extrême gauche à savoir boire du vin. » (propos attribués)

Vitesse

« À l'aube du troisième millénaire, la vitesse est devenue la vieillesse du monde. » (*Fulgurances*)

« Le devoir d'artiste : qu'on puisse vous lire comme si vous écriviez à la vitesse de la pensée. » (*Carnets impudiques*)

Y

Yourcenar (Marguerite, 1903-1987)

« Première femme élue à l'Académie française ; on croyait que c'était un homme. Documentaliste belge. Roman péplum. Tous ses personnages sont en peignoir, et tiennent des serviettes de bain (v. *Mémoires d'Hadrien*). Ils auraient pu aussi travailler dans les centres de thalassothérapie. (…) Elle est l'André Gide de l'homosexualité féminine (v. *Alexis ou le Traité du vain combat,* qui est le pastiche inversé du *Corydon* de ce dernier). (...) Son œuvre est celle d'une bonne élève, une forte en thème – une grosse fille appliquée qui tire la langue penchée sur son pupitre. Malgré son implication laborieuse et froide, elle n'arrive jamais à se transcender. Jamais le moindre frémissement de génie. Au mieux la chair de poule avec les premiers froids du Connecticut, ou de la mer du Nord. À lire avec un châle sur les genoux, les joues barbouillées de confiture de coing. » (*L'Idiot international,* novembre 1993, puis « Dictionnaire de la littérature française », *Le Refus ou la Leçon des ténèbres*)

Z

Zoo

« Le plus intéressant des animaux du zoo, c'est le gardien. » (*Carnets impudiques*)

« Eh bien, non, Jean-Edern !
Nous n'avons pas envie de t'oublier. »

Par Alain Maillard de La Morandais [1]

« La Lettre de Paul nous parle de "folie" et l'Évangile du jour, d'un paralysé obstiné. Le résultat nous donne un miracle. Dans sa Lettre aux chrétiens de Corinthe, Paul procède par opposition : sagesse et folie, puissance et faiblesse, haute naissance et origines modestes. Ce qui est "sage" aux yeux des hommes, c'est de mettre au premier rang des valeurs ce qui peut vous donner de la puissance au niveau du pouvoir, de l'argent et de la vie amoureuse, le couronnement de ces trois dernières valeurs étant la consécration sociale et historique par la haute naissance.

Depuis saint Paul, la tradition spirituelle de l'Église a proposé comme vie de "sainte folie" juste l'inverse : au lieu du pouvoir, l'obéissance, au lieu de l'argent, une forme de pauvreté et au lieu de l'accomplissement sexuel, la chasteté. D'où la fascination de Jean-Edern pour Charles de Foucauld dans *L'Évangile du fou*. Ces trois dernières valeurs sont toujours aussi à contretemps, à contre-courant : en Occident aujourd'hui ces valeurs de folie chrétienne se présentent – contre un bilan positif des statistiques – comme une contre-culture.

Quelle est donc cette "folie" que Paul oppose à la sagesse du monde ? Les débuts de la Lettre aux Corinthiens l'expliquent très bien : "Le Christ ne m'a pas envoyé baptiser mais annoncer l'Évangile, et sans recourir à la sagesse du langage, pour que ne soit pas réduite à néant la croix du Christ. Le langage de la croix est en effet folie pour ceux qui se perdent, mais pour ceux qui se sauvent, pour nous, il est puissance de Dieu." (I Cor. I, 17)

Crucifier en soi le désir immodéré de l'argent, l'appétit de pouvoir et de reconnaissance, et les frictions des passions amoureuses, c'est complètement fou! La sagesse, selon le monde, consiste à faire mettre beaucoup d'argent de côté et à rivaliser contre nos adversaires dans les conquêtes de pouvoir; la sagesse nous persuade aisément que l'amour se passe moins bien du corps que du cœur, les tensions charnelles étant ce qu'elles sont et le monde ce que nous savons. Cette croix mystérieuse qui l'a écartelé toute sa vie, Jean-Edern a été foudroyé par elle qui l'a jeté à bas de sa monture pour une conversion éternelle.

Le paralysé de l'Évangile, qui fait passer en force sa civière par le toit de la maison où demeure un Christ assiégé par tous les tordus de la vie, est à sa manière une espèce de fou, puisqu'il défie les lois de l'hospitalité ordinaire et qu'il confond dans son désir fou celui d'être guéri et sauvé, mais pas à moitié guéri : sortir de sa paralysie infamante ne lui suffit pas, il veut être purifié au plus profond de son être, dans sa substance peccamineuse. Il est peut-être paralysé de ses membres mais pas schizophrène pour un sou : c'est la guérison totale qu'il appelle à grands cris, celle où la réalité n'est pas disloquée en physique, psychologique et spirituelle mais remise en harmonie entre les trois composantes de la réalité humaine totale. Il demande ce miracle parce qu'il sait que ce Christ est réunificateur, qu'il est capable de rassembler ce qui est divisé.

Par le miracle, il y a synergie de l'Homme et de Dieu (association de plusieurs fonctions, de plusieurs facteurs qui concourent à une action unique, à un effet d'ensemble). Autrement dit, la parfaite Transcendance est une parfaite Immanence. La présence divine est à la fois souverainement au-delà de nos forces, de notre attente, nous dépassant radicalement et, en même temps, proche, intime, intérieure, inséparable de notre être et passant par tout ce que nous sommes. Avec nos folies et nos faiblesses.

Inutile alors de se représenter Dieu comme intervenant dans le monde, comme Quelqu'un qui lui serait extérieur. C'est le propre du regard du croyant que de découvrir dans le cours naturel du monde la Présence aimante et active de Dieu, une action qui ne se substitue pas à l'activité humaine, mais lui donne de devenir pleinement elle-même, réunifiée, harmonieuse. Dans le miracle, le croyant reconnaît la surabondance de l'Amour divin. Dieu ne supplante pas l'Homme, mais en parachève l'action : Il agit en passant par les forces mêmes de l'Homme. Par son Désir et même sa misère.

Et c'est sans doute pourquoi Jean-Edern, dans *L'Évangile du fou*, a pu encore écrire, prophétisant sur lui-même jusqu'à la paralysie des yeux : "Puissé-je connaître le même destin ; qu'on crache sur ma tombe et quand on n'aura plus assez de salive pour dire tout le mal qu'il fallait penser de moi, qu'on m'oublie."

Eh bien, non, Jean-Edern ! Nous n'avons pas envie de t'oublier. Et tu le savais, tu le savais bien, quand tu écrivais de toi : "Le temps verra mon retour au fourneau et à ma part de paradis : nourrir ceux qui ont faim de justice et vêtir ceux qui ont froid dans la grande indigence spirituelle moderne." »

---

(1) Le père de La Morandais prononça cette homélie à l'occasion de la messe-anniversaire des dix ans de la mort de Hallier. Ce fut également lui qui fit l'homélie lors de la messe des funérailles de l'écrivain le jeudi 16 janvier 1997.
Issu d'une famille de vieille souche noble et bretonne, Alain Maillard de La Morandais est une personnalité appréciée des sphères médiatiques. Il a été notamment cofondateur de Radio Notre-Dame et sociétaire, en 2015, de l'émission de télévision « L'Académie des neuf », animée par Benjamin Castaldi.

Un « vrai-faux » dernier manuscrit de Jean-Edern

Par Philippe Cohen-Grillet [1]

Deauville 09/01/1997

« *J'aurai survécu un an à François Mitterrand. À quelque chose près. Je pourrais très bien mourir demain. Demain à l'aube. L'aube, qui peut aussi être l'aurore. L'émission télévisée en son hommage que je suis en train de regarder, assis sur le lit d'un hôtel chic du Calvados, célèbre sa mémoire au premier anniversaire de sa disparition. Bref, je lui aurai au moins survécu un an et un jour, comme aux objets trouvés. Record battu, pari tenu. Ça s'arrose ! J'ai déjà vidé les mignonnettes du minibar dont les minicadavres gisent sur la moquette beige et l'oreiller, côté droit. Je pourrais appeler le* room service *et réclamer du champagne. Mais je doute que les vils commerçants qui dirigent cet établissement m'accordent cette pétillante extrême-onction avant que j'essuie mon ardoise. L'argent ! Toujours l'argent ! Il a bien fallu que je paie le taxi depuis Paris, et d'avance en plus ! Sinon, le chauffeur aurait été capable de me laisser en carafe sur une aire de repos de l'autoroute A13. Trois mille francs que j'ai négociés à deux mille huit cents, en liquide. Pas de compteur, autorisation de fumer, trois pauses pipi. Les deux cents francs restants m'ont payé le tartare aux Vapeurs. Une rallonge, en chèque, m'a offert le crozeshermitage. Dîner léger, un café. "Allô,* room service*, une bouteille de champagne. Bien sûr que je paierai demain !" Compte làdessus. Demain sera un autre jour. Et pour moi peut-être le dernier.*

Ce matin encore, je croyais avoir le temps de terminer mon roman. Très tôt, j'ai sonné "mes Jean". Enfin, j'ai téléphoné à Dutour et d'Ormesson. Dans cette bataille, leur soutien m'est indispensable.

Car l'ostracisme dont je suis victime s'est mué en cabale, en complot organisé et, désormais en entreprise de démolition pure et simple. Je me bats, c'est la guerre. Ce livre est important. J'en ai oublié le titre mais, comme tous les autres, je l'écris comme s'il s'agissait du dernier. Mon testament romanesque. Je dois bien cela à la France avant qu'elle m'enferme pour la postérité dans l'endroit le plus sinistre de la République : le Panthéon. Je préférerais être brûlé en place publique, au milieu de tous mes livres.

Mais comment puis-je me livrer ainsi à de telles impudeurs dans ce journal, fût-il intime ? Parce que je suis l'anti-Barrès. Je ne veux pas écrire le Journal de ma vie extérieure. Les journalistes pétris de sous-culture s'en chargent très bien à ma place. Ça fait vendre du papier, Hallier ! Ils sont un peu mes pauvres.

Hier, après la sieste, je me suis éveillé seul. Pour me nourrir, je suis sorti de l'appartement de la place des Vosges, dans la même aile que celle de feu mon confrère Hugo (il n'y a pas de hasard, après ma mort, l'endroit sera rebaptisé place des Grands-Hommes). J'ai franchi le porche de la rue de Birague et descendu la rue. Dilemme quotidien : que choisir, L'Arsenal ou Les Mousquetaires ? Deux bistrots aux dénominations bellicistes, normal pour un fils de général. Précisément, cela m'a rappelé André. André Adolphe Joseph Hallier avec son loden autrichien, ce père que j'ai tant aimé exécrer. Pardon, père, je préférais mère. On a toujours tort de préférer sa mère. J'ai pensé à mon frère bien-aimé, Laurent, qui doit dormir avenue de la Grande-Armée. L'armée encore ! Le sabre n'a pas voulu de moi à cause de mon œil manquant. Je n'ai pas voulu du goupillon à cause de mon sabre : sexuellement, je suis fort comme le Cyclope ! Je n'avais pas le choix des armes, alors j'ai pris la plume. Mais pas celle du chapeau de mon père. J'ai arraché la plume logée dans le cul des mauvais écrivains et des mauvais présidents de la République qui, elle, la pauvre, se laisser faire comme une putain.

J'ai opté pour *Les Mousquetaires, comme toujours, et délaissé L'Arsenal, bien qu'ayant le pied marin du Breton. "Vous voulez du riz avec du jus de poulet aillé, monsieur Edern-Hallier?" Ils m'appellent tous ainsi. "M. Hallier" serait plus correct. À la rigueur "Jean-Edern", bien qu'un tantinet familier. C'est ainsi, ils me reconnaissent mais ne connaissent pas mon nom. Ils croient me connaître mais ne lisent pas mes livres. Même ma tendre L. fait parfois la confusion patronymique. Je ne lui en tiens pas rigueur et lui sais gré d'avoir fait reposer ma misère sur son Fragonard. Un jour pourtant, je lui ai dit : "Avec le H aspiré de Hallier, on ne fait pas de liaison. Alors, ne va pas te faire des illusions." »*

---

(1) Journaliste et écrivain, auteur d'*Usage de faux*. Paru en 2014 aux Éditions Écriture, ce roman a pour personnage principal un faussaire, talentueux sinon génial, qui façonne des lettres et manuscrits plus vrais que nature… Naît ainsi ce dernier document autographe de Jean-Edern Hallier, sur beau papier à en-tête du Normandy, à Deauville. Un « trésor » vendu aux enchères 18 800 euros, frais compris… Mais tout cela n'est bien sûr que pure littérature !

Jean-Edern ressuscité !

Dans le livre *La Septième fonction du langage*, de Laurent Binet, paru en 2015 aux Éditions Grasset, il apparaît que Roland Barthes, l'auteur du *Degré zéro de l'écriture*, aurait été assassiné au sortir d'un repas, trois mois avant l'élection présidentielle de 1981. Renversé par un véhicule car il portait sur lui un document explosif. Fort heureusement, un commissaire de police, Jacques Bayard, et un sémiologue, Simon Herzog, mènent l'enquête dans les méandres de la vie parisienne et croisent Jean-Edern, qui, plutôt en verve, paraît soudain ressusciter. Mais tout cela n'est à l'évidence que du roman... dont voici un extrait :

« Le dernier à avoir vu Barthes est un jeune Marocain : le grand critique était en pourparlers avec un nouveau, il ne connaît pas son nom, ils sont partis ensemble l'autre jour, il ne sait pas ce qu'ils ont fait ni où ils sont allés ni où il habite mais il sait où on peut le trouver, ce soir : aux Bains Diderot, c'est un sauna, à Gare de Lyon. "Un sauna ?" s'étonne Simon Herzog, quand surgit un énergumène en écharpe qui lance à la cantonade : "Regardez-moi ces gueules ! Elles n'en ont plus pour longtemps ! En vérité, je vous le dis : un bourgeois doit régner ou mourir ! Buvez ! Buvez votre Fernet à la santé de votre société ! Profitez, profitez ! Chassez ! Périclitez ! Vive Bokassa !" Quelques conversations s'interrompent, les habitués observent le nouveau venu d'un œil morne, les touristes essaient de profiter de l'attraction sans bien comprendre de quoi il s'agit, mais les serveurs continuent à servir comme si de rien n'était. Son bras balaie la salle d'un geste théâtral outré et, s'adressant à un interlocuteur imaginaire, le prophète à écharpe s'exclame sur un ton victorieux : "Pas la peine de courir, camarade, le vieux monde est devant toi."

Bayard demande qui est cet homme : le gigolo lui répond que c'est Jean-Edern Hallier, une sorte d'écrivain aristocrate qui fait souvent du ramdam et qui dit qu'il va être ministre si Mitterrand gagne l'an prochain. Bayard note la bouche en V inversé, les yeux bleus brillants, l'accent typique des aristocrates ou des grands bourgeois qui confine au défaut de prononciation. Il reprend son interrogatoire : comment il est, ce nouveau ? Le jeune Marocain décrit un Arabe avec un accent du Sud, une petite boucle d'oreille, et les cheveux qui lui tombent sur le visage. Jean-Edern vante pêle-mêle, toujours à tue-tête, les mérites de l'écologie, de l'euthanasie, des radios libres et des *Métamorphoses* d'Ovide. Simon Herzog regarde Sartre qui regarde Jean-Edern. Quand celui-ci s'aperçoit que Sartre est là, il tressaille. Sartre le fixe d'un air méditatif. Françoise Sagan lui parle à l'oreille, comme une traductrice simultanée. Jean-Edern plisse les yeux, ce qui accentue son air de fouine sous ses épais cheveux frisés, se tait quelques secondes en ayant l'air de réfléchir, puis se remet à déclamer : "L'existentialisme est un botulisme ! Vive le troisième sexe ! Vive le quatrième ! Il ne faut pas désespérer la Coupole !" Bayard explique à Simon Herzog qu'il doit l'accompagner aux Bains Diderot pour l'aider à retrouver ce gigolo inconnu. Jean-Edern Hallier va se poster devant Sartre, tend le bras en l'air, la main à plat, et crie en faisant claquer ses mocassins : "Heil Althusser !" Simon Herzog proteste que sa présence n'est absolument pas indispensable. Sartre tousse et se rallume une gitane. Bayard dit que bien au contraire, un petit pédé d'intello lui sera très utile pour retrouver le suspect. Jean-Edern se met à chanter des obscénités sur le thème de l'*Internationale.* Simon Herzog dit qu'il est trop tard pour s'acheter un maillot de bain. Bayard ricane et lui dit qu'il n'en aura pas besoin. Sartre déplie *Le Monde* et commence à faire les mots croisés. (Comme il est presque aveugle, c'est Françoise Sagan qui lui lit la grille.) Jean-Edern aperçoit quelque chose dans la rue et se précipite dehors en criant : "Modernité ! Je chie ton nom !" Il est déjà 7 heures, la nuit est tombée. »

Le nouveau Groupe des Six

Il en va de la littérature comme de la musique... Auteurs et compositeurs ont tendance à créer en solitaire et, quand il leur arrive de se rencontrer, à privilégier le mode informel. Rien de concerté souvent dans l'union amicale des talents... Ce fut le cas du célèbre Groupe des Six [1] que les musiciens ne sauraient oublier et qui, autour du poète Cocteau, rassembla entre 1916 et 1923 Georges Auric, Germaine Tailleferre, Louis Durey, Arthur Honegger, Darius Milhaud et Francis Poulenc. C'est également le cas avec le nouveau « Groupe des Six » qui est mis en page dans ce livre et fait se côtoyer Alexandre Dumas, Colette, Jean Cocteau, André Malraux, James Joyce et Jean-Edern Hallier.

D'un Groupe des Six à l'autre donc, mais avec Cocteau comme étonnant « dénominateur commun » puisque c'est lui qui, en quelque sorte, fait le lien, ou plutôt le magicien, entre les deux cénacles. Bien avant de connaître Hallier, il avait su jouer à merveille le rôle de porte-drapeau, de « manager » [2], auprès des compositeurs.

Désormais, il n'y a pas d'œuvres collectives en perspective, pas d'Album des Six ni de ballet, et ce n'est pas lui qui tient le crayon, trace le trait et signe de son nom étoilé.

En une poignée de dessins, en apparence humblement figuratifs et achevés juste avant l'automne 1994, moins de deux ans et demi avant sa mort, c'est l'auteur du *Bréviaire pour une jeunesse déracinée* qui révèle la force d'une communion dans les affinités électives et le partage d'une même passion absolue : la Littérature.

---

(1) Le Groupe des Six ne fut pas à proprement parler une école esthétique mais une invention journalistique du critique Henri Collet (1885-1951), qui publia deux articles dans *Comœdia*.

(2) Selon le mot de Francis Poulenc.

ALEXANDRE DUMAS
8/9/94

Dumas et Hallier ou les aventures de deux mousquetaires

Les auteurs du *Grand dictionnaire de cuisine* et de *L'Évangile du fou*... deux personnalités hautes en couleur, bien sûr. L'un et l'autre, ce fut l'aventure d'une vie qui s'apparenta à une œuvre. Mais ces deux-là ont en commun un lieu : Saint-Germain-en-Laye. Hallier y est né et y fit, jeune homme, des séjours – il avait une grand-mère qui habitait rue Voltaire, dans une maison de famille. Son oncle, le peintre Maurice Denis, y eut une imposante propriété, Le Prieuré, classée monument historique et devenue le premier musée de France au regard de ses collections d'œuvres des nabis. De son côté, Dumas y a séjourné, au pavillon Henri IV puis villa Médicis, rue du Boulingrin. Il y a non seulement écrit *Les Trois Mousquetaires* et *Le Comte de Monte-Cristo*, mais encore assuré le commandement de la garde nationale locale et dirigé le théâtre... Son fils y écrivit sa fameuse *Dame aux camélias*.

Nul doute que Hallier ait été quelque peu fasciné par le personnage et les muses de Dumas, ce bâtard, « héros romantique par excellence », expert en initiatives flamboyantes et impostures fantasques. « Oui, je serais le Monte-Cristo de mon Roman Dumas », écrivait-il peu avant sa disparition, dans *Les Puissances du mal*, lorsqu'il songeait qu'il ne lui restait plus qu'à « réaliser concrètement, avec méthode », son « *come-back* »... Il aura en tout cas laissé un portrait en grand format daté du 8 septembre 1994 et connu, en cette même année, la transformation en musée de l'extravagant « château de Monte-Cristo », demeure de style renaissance et « réduction du paradis terrestre » qu'après le succès des *Trois Mousquetaires* et du *Comte de Monte-Cristo*, l'écrivain fanfaron décida de faire bâtir au Port-Marly, dans les Yvelines, et où il mena grand train... Au point qu'Alexandre Dumas fils n'hésita pas, dépourvu d'illusions mais non d'humour, à présenter ainsi son père à une dame napolitaine, Mᵐᵉ Adriani,

veuve trop désirable pour ne pas aspirer à un éventuel rema-
riage : « J'ai l'honneur de vous présenter monsieur mon père, un
grand enfant que j'ai eu quand j'étais tout petit ! [1] »

« Dieu est Dieu et le monde est le diable. Regretter le monde,
c'est regretter le diable. »
Les Trois Mousquetaires

« En général, on ne demande de conseils, disait-il, que pour ne les pas
suivre ; ou, si on les a suivis, que pour avoir quelqu'un à qui l'on
puisse faire le reproche de les avoir donnés. »
Les Trois Mousquetaires

« … l'espérance est la dernière chose qui s'éteint dans
le cœur de l'homme… »
Les Trois Mousquetaires

« Il y aura en tout temps et dans tous les pays, surtout si ces pays sont
divisés de religion, des fanatiques qui ne demanderont
pas mieux que de se faire martyrs. »
Les Trois Mousquetaires

« Supprimer la distance, c'est augmenter la durée du temps. Désormais,
on ne vivra pas plus longtemps ; seulement, on vivra plus vite. »
Mes mémoires, chapitre 35

« Il y a deux sortes de littérature, la littérature ennuyeuse et la
littérature facile. Moi je fais de la littérature facile. »
(propos attribués)

« J'aime mieux les méchants que les imbéciles, parce qu'ils se reposent. »
(propos attribués)

« … l'oubli, ce second linceul des morts… »
Antony, acte III, scène III

« L'espérance est le meilleur médecin que je connaisse. »
La Reine Margot, acte II, scène II

« Dieu […] en bornant la puissance de l'homme, lui a fait des désirs infinis ! »
Le Comte de Monte-Cristo

« Je ne serais pas artiste s'il ne me restait pas quelques illusions. »
Le Comte de Monte-Cristo

« En politique, mon cher, vous le savez comme moi, il n'y a pas d'hommes, mais des idées ; pas de sentiments, mais des intérêts ; en politique, on ne tue pas un homme : on supprime un obstacle, voilà tout. »

Le Comte de Monte-Cristo

« Ma foi, si je n'avais pas été là, je me serais bien ennuyé. »

à propos d'une soirée mondaine sans doute un peu terne (réflexion rapportée par le comte Vladimir Aleksandrovitch Sollogoub (1813-1882) dans ses *Mémoires* parus en russe, de manière posthume, en 1887)

« Un bon buveur doit au premier coup reconnaître le cru, au second la qualité, au troisième l'année. »

La Dame de Monsoreau

« Il s'agit du vin, c'est-à-dire de la partie intellectuelle du repas : les viandes n'en sont que la partie matérielle. »

Grand dictionnaire de cuisine

« L'homme reçut de son estomac, en naissant, l'ordre de manger au moins trois fois par jour, pour réparer les forces que lui enlèvent le travail et, plus souvent encore, la paresse. »

Grand dictionnaire de cuisine

« On ne vit pas de ce que l'on mange, mais de ce que l'on digère. »

Grand dictionnaire de cuisine

À table : un ange passe...

À un dîner fort peu copieux, alors qu'il s'était fait un silence qu'une des personnes présentes avait jugé fin de combler avec « un ange passe ! », ce goinfre notoire d'Alexandre Dumas père se serait alors exclamé : « Qu'on le découpe ! »

---

(1) « Les trois dames », *Causeries*, Alexandre Dumas père.

Colette et Hallier ou les aventures de Claudine et Mazarine

« Mais qu'y a-t-il entre eux ? Rien, pas même une chemise », aurait sans doute péroré l'inénarrable Willy qui avait pour slogan « Les contraires s'attirent, les extrêmes se couchent »... Pourtant, il y a au moins ce portrait reproduit dans cet ouvrage qui, s'il n'est pas aussi célèbre que celui laissé par Jean Cocteau, a le mérite de témoigner de l'attrait exercé par l'auteure de *Chéri*. Jean-Edern et Colette ont, il est vrai, bien d'autres « points communs » et peut-être même une profonde parenté dont il faudra un jour décrypter les signes dans une étude. L'un comme l'autre ont tout au long de leur vie et de leur œuvre cherché leurs racines, le secret de leur sang, la saveur inoubliée de leur enfance et de leur jeunesse. Au prêche des prêtres, rabbins, imams et pasteurs, ils préféraient, comme il est écrit dans *La Maison de Claudine*, « cette sorte de religion du lapin sauté, du gigot à l'ail, de l'œuf mollet au vin rouge ». Si elles avaient dû se rencontrer, ces deux « fontaines d'encre », grandes amatrices de « longues parlotes », pour reprendre les expressions de Cocteau, se seraient peut-être donné rendez-vous pour dîner au Grand Véfour, dans la galerie de Beaujolais des jardins du Palais-Royal. Mais elles auraient bien été capables – qui sait ? – d'opter pour la Mamounia, à Marrakech. En avant-garde de la ruée des années 1930, Colette est connue pour y avoir séjourné et y avoir même adopté des chats, tandis que Jean-Edern y trouva refuge, « snobé ailleurs pour cause de "mazarinade". [1] » Ce qui est sûr en tout cas, c'est que ces deux esprits sauvageons et buissonniers auraient bien mérité, eux aussi, la mention portée sur le registre d'écrou de la prison de Fresnes face au nom de Sacha Guitry : « Sait lire et écrire. »

« Il faut avec les mots de tout le monde écrire comme personne. »
La Retraite sentimentale

« La vie est un jardin où l'on peut tout cueillir, tout manger,
tout quitter et tout reprendre. »
La Retraite sentimentale

« Il n'y a pas de peine irrémédiable, sauf la mort. »
La Retraite sentimentale

« L'amour de lire conduit à l'amour du livre. (…) Lire est une griserie (…),
une patiente prospection à travers l'écrivain et nous-mêmes. »
Paris de ma fenêtre

« Les sens ? Pourquoi pas le sens ? Ce serait pudique et suffisant. »
Le Pur et l'Impur

« Le vice, c'est le mal qu'on fait sans plaisir. »
Claudine en ménage

« Le visage humain fut toujours mon grand paysage. »
Trait pour trait

« Le voyage n'est nécessaire qu'aux imaginations courtes. »
Belles saisons

« On n'écrit pas un roman d'amour pendant qu'on fait l'amour. »
Lettres au petit corsaire

« Quand je n'aurais appris qu'à m'étonner, je me trouverais
bien payée de vieillir. »
Prisons et paradis

« On ne fait bien que ce qu'on aime. Ni la science
ni la conscience ne modèlent un grand cuisinier. »
Prisons et paradis

Sur le vif : à table

Habituée du Grand Véfour, le célèbre restaurant du Palais-Royal, Colette y avait, comme Cocteau, son rond de serviette. Mais elle allait également dans d'autres restaurants choisis où elle dévorait des plats savoureux en compagnie de son inséparable amie Marguerite Moreno et où elle parlait d'une voix grave, roulant des

« rrr » bourguignons. Ses contemporains ne sont plus là pour en témoigner, mais certains d'entre eux – dont Jacques Chabannes – n'ont pas manqué de le confirmer dans leurs recueils de souvenirs et de précieux documents sonores peuvent être évocateurs de sa parole passionnément amoureuse de la table. « À la bonne école classique, j'ai appris autrefois, a-t-elle écrit dans *Prisons et paradis*, que la cuisine se fait au début avec rien, le feu, le sel, l'instrument divinatoire d'un geste qui jauge la durée d'une cuisson. » Alors, comment s'étonner après tout cela que dans ce remarquable ouvrage qu'est *Une histoire de la littérature française*, Kléber Haedens ait affirmé sans crainte d'être démenti par quiconque que Colette a une langue « si personnelle, si constamment nourrie de nourritures terrestres » ?

---

(1) « Oasis royale, La Mamounia à Marrakech », Philippe Couderc, *Challenges*, 27 janvier 2011.

Cocteau et Hallier ou les aventures de deux anarchistes[1]

Cocteau et Hallier… ces deux-là, pour reprendre une image de Kléber Haedens, l'auteur d'*Une histoire de la littérature française*, on pourrait bien les retrouver en plein ciel à califourchon sur des anges. L'un et l'autre se sont toujours voulus poètes et « mauvais sujets ». Avec des affinités communes et une même passion, celle d'étonner. Ainsi, certains lecteurs seront peut-être surpris de découvrir que Cocteau a témoigné à Hallier une vraie complicité. Le 18 mai 1954, il lui dédicaçait ainsi son *Essai de critique indirecte* : « Mon cher Edern. Traversons les vagues sur une barque <u>de pierre</u>. Ton ami Jean ». Non sans ajouter : « C'est ton autre œil qui voit – ne pas oublier. Et sachons nous reconnaître entre fantômes en chair et en os. »

Dans plusieurs pages de ses *Carnets impudiques* qui témoignent de son éblouissement à jamais, Hallier rend un vibrant hommage à « ce prince de la poésie et de la jeunesse » à qui il écrivait, « à quinze ans, des lettres enflammées » et dont il attendait avec fébrilité les réponses. « J'ouvrais le courrier, précise-t-il, en reconnaissant son écriture à la fois sophistiquée et enfantine sur l'enveloppe, le cœur battant, comme s'il s'agissait de mon amoureuse… [2] »

Artiste complet, pratiquant toutes les formes d'art, aussi bien la poésie, l'essai, le roman, que le théâtre, le cinéma ou les arts plastiques, l'auteur du *Rappel à l'ordre* a été à coup sûr un « modèle » pour le jeune Hallier. Quand l'un fut un client fidèle du Grand Véfour, le fameux restaurant, l'autre sera un habitué de La Closerie des Lilas, la célèbre brasserie. Et quand l'un s'entichait de la jeunesse et proclamait, lors d'un entretien filmé (« 40 minutes avec Jean Cocteau »), que « les jeunes sont mouvement », l'autre saura toujours s'entourer de jeunes…

Ce qui paraît également plus que probable, c'est que ces deux êtres, volontiers anarchistes et artistes toujours, ont su partager et cultiver le goût de la mise en scène de leur existence.

Selon le scénariste-dialoguiste Jacques Robert, Cocteau était dans la vie sans cesse au théâtre, même quand il dormait, sa chambre étant contiguë à la salle du Palais-Royal. Les trois coups, les gens qui descendaient à l'entracte, le rideau... Il entendait tout. Une cloison seulement le séparait. Dans la vie aussi, Hallier fut constamment au théâtre...

Un quart de siècle après sa mort, le premier demeurait une référence essentielle pour le second, comme le prouve l'émission « Radioscopie », de Jacques Chancel, diffusée sur France Inter en avril 1988, où l'on entend Jean-Edern prononcer ces mots en forme d'hommage posthume : « Cocteau disait qu'il faisait de l'acrobatie sur son cordon ombilical. C'est notre gymnastique à nous. »

> « Moins une œuvre est comprise, moins vite elle ouvre ses pétales et moins vite elle se fane. »
> *Entretiens autour du cinématographe*

> « L'avenir n'appartient à personne. Il n'y a pas de précurseurs, il n'existe que des retardataires. »
> « Après coup », *Le Potomak*

> « Un étranger qui juge notre caractère d'après notre œuvre nous juge mieux que notre entourage, qui juge notre œuvre d'après nous. »
> *Opium*

> « Le drame de notre temps, c'est que la bêtise se soit mise à penser. »
> (propos attribués)

> « Les rêves sont la littérature du sommeil. »
> « Le Mystère laïc », *Essai de critique indirecte*

> « Si je préfère les chats aux chiens, c'est qu'il n'y a pas de chats policiers. »
> (propos également attribués à Jacques Prévert)

« Écrire est un acte d'amour. S'il ne l'est pas, il n'est qu'écriture. »
La Difficulté d'être

« Il faut être un homme vivant et un artiste posthume. »
Le Rappel à l'ordre

« Il faut faire aujourd'hui ce que tout le monde fera demain. »
(propos attribués)

« Trouver d'abord, chercher après. »
Journal d'un inconnu, Démarche d'un poète

« Ce que le public te reproche, cultive-le : c'est toi. »
Le Potomak

« Puisque ces mystères me dépassent, feignons d'en être l'organisateur. »
Les Mariés de la tour Eiffel

« La sagesse est d'être fou lorsque les circonstances en valent la peine. »
Opium

« Un éditeur qui entre dans son bureau préfère y trouver
un cambrioleur qu'un poète. »
(propos attribués)

« Le verbe aimer est un des verbes les plus difficiles à conjuguer :
– son passé n'est pas simple ;
– son présent n'est qu'indicatif ;
– son futur est toujours conditionnel. »
La Difficulté d'être

« De temps en temps, il faut se reposer de ne rien faire. »
(propos attribués)

« Si le feu brûlait ma maison, qu'emporterais-je ? J'aimerais emporter le feu... »
Clair-obscur

« Un chef-d'œuvre de la littérature n'est jamais
qu'un dictionnaire en désordre. »
La Fin du Potomak

« La critique compare toujours. L'incomparable lui échappe. »
Le Coq parisien, revue animée par Jean Cocteau
et Raymond Radiguet

« La France a toujours cru que l'égalité consistait à trancher
ce qui dépasse. »
Discours de réception de M. Jean Cocteau à l'Académie française

« Qu'est-ce que la France, je vous le demande ? Un coq sur un fumier.
Otez le fumier, le coq meurt. »
La Difficulté d'être

« Victor Hugo était un fou qui se prenait pour Victor Hugo. »
Le Mystère laïc

« Les miroirs feraient bien de réfléchir un peu avant de renvoyer les images. »
Essai de critique indirecte

« Le tact dans l'audace, c'est de savoir *jusqu'où on peut aller trop loin.* »
Le Rappel à l'ordre

« Le comble de l'inélégance : avoir une signature illisible. »
Opium

« La vérité est trop nue, elle n'excite pas les hommes. »
Le Coq et l'arlequin

« Sexe : Le fruit d'Ève fendu. »
Allégories

« Un beau livre, c'est celui qui sème à foison les points d'interrogation. »
Le Rappel à l'ordre

« Le style n'est pas une danse, c'est une démarche. »
Secrets de beauté

« Le poète se souvient de l'avenir. »
Journal d'un inconnu

« Accidents du mystère et fautes de calculs Célestes,
j'ai profité d'eux, je l'avoue.
Toute ma poésie est là : Je décalque
l'invisible (invisible à vous). »
Opéra

« Jeunes hommes avides, croyez-moi. Il n'existe que deux manières de
gagner la partie : jouer cœur ou tricher. Tricher est difficile ;
un tricheur pris est battu. (…) Jouer cœur est simple.
Il faut en avoir, voilà tout.

Vous vous croyez sans cœur. Vous regardez mal vos cartes.
(...) Montrez votre cœur et vous gagnerez. »
Extrait d'une lettre à Jacques Maritain (1882-1973)

« Il est triste de jouer à cache-cache dans ce monde où l'on devrait
se serrer les uns contre les autres. »
(dans une correspondance, *Lettres de l'oiseleur*, 1989)

« L'art ne fait jamais de progrès. C'est une vibration sur place,
une violente vibration sur place. »
(dans un entretien filmé, « 40 minutes avec Jean Cocteau »)

« Je n'ai peur que de la mort des autres. Pour moi, la vraie mort,
c'est la mort de ceux que j'aime. »
(dans « 40 minutes avec Jean Cocteau »)

« Quand je dessine, j'écris, et peut-être que quand j'écris, je dessine... »
(dans « 40 minutes avec Jean Cocteau »)

« L'encre dont je me sers est le sang bleu d'un cygne,
Qui meurt quand il le faut pour être plus vivant. »
Plain-Chant

« Notre siècle, voyez-vous, vit en pleine confusion. N'importe qui prétend
tout savoir et faire n'importe quoi. Hier, par exemple, une dame en
vacances qui visitait ma chapelle de Villefranche a dit à son mari : "Oh! Les
beaux poissons... On voit bien que c'est Cousteau qui les a dessinés." Et hier
encore, toujours à Villefranche, chez un libraire où tous les ouvrages sont en
vente, j'ai téléphoné pour me faire livrer un exemplaire de mon *Requiem*.
On m'a répondu qu'on n'en avait jamais entendu parler.
J'ai appris, hier aussi, que mon portrait que j'avais payé cinq francs à
Modigliani en 1922 vaut aujourd'hui 260 millions
chez Periman à New York. »
(propos recueillis par Edgar Schneider (1929-1996) et publiés dans *Paris-
Presse* le 22 août 1962)

« C'est curieux la Côte d'Azur : avant on y venait en hiver. Les Russes
croyaient naïvement qu'il y faisait chaud, et ils y mouraient de froid.
Vous avez vu tous ces cimetières russes entre Cannes et Monte-Carlo ?
Maintenant, ce sont les Américains qui viennent sur la Côte pour
s'y transformer en négrillons au mois d'août. Pour des gens
qui n'aiment pas les Noirs, c'est assez étrange aussi. »
(propos recueillis par Edgar Schneider et publiés
dans *Paris-Presse* le 22 août 1962)

« Mais qu'ont-ils donc tous ces tristes jeunes d'aujourd'hui ? Ils m'ont l'air terriblement préoccupés par l'amour. L'amour-exploit. C'est à celui qui pourra brandir le plus beau tableau de chasse. Mon Dieu, qu'ils sont bêtes... Mais leur amour de petits animaux, c'est à la portée du premier imbécile venu... L'amour, c'est autre chose. Encore faudrait-il le leur apprendre... Autre exemple de la confusion universelle... »

(propos recueillis par Edgar Schneider et publiés dans *Paris-Presse* le 22 août 1962)

« Mais pourquoi croyez-vous que je décore toujours des chapelles ? Si vous aimiez dessiner vous comprendriez : les chapelles sont les derniers endroits sur la terre où l'on trouve encore de grands murs vierges. »

(propos recueillis par Edgar Schneider et publiés dans *Paris-Presse* le 22 août 1962)

« La vie parisienne m'épuise. Je vais de réceptions en réceptions. Souvent sans aucun intérêt. Les gens devraient tout de même enfin comprendre que Cocteau n'est pas le pluriel de cocktail ! »

(confidence à Carmen Tessier, la Commère de *France-Soir*, rapportée dans *Lazareff et ses hommes*, de Robert Soulé)

À table : un ange passe...

À un dîner très ennuyeux, alors qu'il s'était fait un silence qu'une des personnes présentes avait jugé fin de combler avec « un ange passe », Cocteau se serait alors exclamé : « Attrapez-le vite, qu'on l'encule ! » Après le silence de mort qui s'ensuivit, le même « inconcevable » Cocteau, comme disait Jean Marais, aurait eu ces mots : « Il doit aimer ça, il est revenu ! »

---

(1) Jean Cocteau fut fiché comme « poète anarchiste homosexuel à Paris » par la police générale (Archives nationales de la République française).

(2) Malheureusement, de la cinquantaine de lettres de Cocteau, il ne reste rien puisqu'elles ont brûlé dans l'incendie de la bibliothèque de Hallier au milieu des années 1980.

Malraux et Hallier ou les aventures de deux conquérants

Ils furent tous deux les fils des révolutions. Ils avaient en commun le bonheur de la formule, la métaphore jaillissante, sur fond de parcours ô combien controversé. Et ils sont l'un et l'autre des auteurs de dessins dans un genre parfois très « farfelu »... Si Malraux vivait son existence comme un acteur qui joue un rôle, il en allait de même pour Hallier. Convaincus que tout ce qui n'est pas légendaire n'existe pas, ces deux-là ont mené, pour reprendre une formulation de Pierre de Boisdeffre, « la vie rêvée comme une aventure ».

Ce n'est pas seulement parce qu'il a connu André Malraux et Louise de Vilmorin[1] que Jean-Edern a voué une vive et constante admiration à l'auteur de *La Condition humaine*. Le parcours et l'œuvre de son aîné de plus de trente ans le fascinaient : ils faisaient partie de ses références les plus récurrentes, au point de guider sa propre démarche. « Je ne suis pas un journaliste qui veut se monter du col en prétendant faire de la littérature, a-t-il confié dans *L'Humanité*[2], mais un écrivain qui essaie de rendre son prestige perdu à une profession beaucoup plus menacée qu'il n'y paraît, le journalisme. N'oublions pas que Chateaubriand, Aragon, Saint-Exupéry, Kessel, Malraux, Vailland ou Sartre furent les plus grands de tous les journalistes. Ils avaient une dimension en plus, celle du style, et un regard original qui est aussi celui que je porte sur Cuba. » En dépit de son handicap visuel, flagrant selon le témoignage de Lorraine Fouchet, il fut présent en novembre 1996 aux cérémonies du vingtième anniversaire de la mort de Malraux et du transfert de ses cendres au Panthéon.

« Il ne faut pas neuf mois, il faut soixante ans pour faire un homme, soixante ans de sacrifices, de volonté, de… de tant de choses! Et quand cet homme est fait, quand il n'y a plus en lui rien de l'enfance, ni de l'adolescence, quand vraiment, il est homme, il n'est plus bon qu'à mourir. »

La Condition humaine

« L'œuvre surgit dans son temps et de son temps, mais elle devient œuvre d'art par ce qui lui échappe. »

La Métamorphose des dieux

« Les hommes les plus humains ne font pas la révolution (…) : ils font les bibliothèques ou les cimetières. Malheureusement… »

L'Espoir

« La révolution, c'est les vacances de la vie. »

L'Espoir

« La mort n'est pas une chose si sérieuse; la douleur, oui. »

L'Espoir

« Le Christ? – C'est un Anarchiste qui a réussi. C'est le seul. »

L'Espoir

« Pas de force, même pas de vraie vie sans la certitude, sans la hantise de la vanité de l'action. »

Les Conquérants

« L'anarchie, c'est quand le Gouvernement est faible, ce n'est pas quand il n'y a pas de Gouvernement. »

Les Conquérants

« … je n'aime pas les hommes. Je n'aime pas les pauvres gens, le peuple, ceux en somme pour qui je vais combattre. (…) Je les préfère uniquement parce qu'ils sont les vaincus. Oui, ils ont, dans l'ensemble, plus de cœur, plus d'humanité que les autres : vertus de vaincus. Je n'ai qu'un dégoût haineux pour la bourgeoisie dont je sors. Je sais bien qu'ils (les pauvres) deviendraient abjects, dès que nous aurions triomphé ensemble. Nous avons en commun notre lutte. »

Les Conquérants

« Les bassesses font partie de l'homme. »

Les Conquérants

« La maladie, on ne peut pas savoir ce que c'est quand on n'est pas malade. On croit que c'est une chose contre laquelle on lutte, une chose étrangère. Mais non : la maladie, c'est soi, soi-même. »

Les Conquérants

« Il n'y a que deux races : les misérables et les autres. »
Les Conquérants

« La torture est une chose juste. Parce que la vie d'un homme
de la misère est une torture longue. »
Les Conquérants

« La ville est ce qu'il y a de plus social au monde,
l'emblème même de la société. »
Les Conquérants

« Il y a tout de même une chose qui compte dans la vie,
c'est de ne pas être vaincu. »
Les Conquérants

« Pas de force, même pas de vraie vie sans la certitude,
sans la hantise de la vanité du monde. »
Les Conquérants

« La vie n'est jamais ce qu'on croit ! Jamais ! »
Les Conquérants

« Les intellectuels sont comme les femmes, les militaires les font rêver. »
Les Noyers de l'Altenburg

« La Joconde sourit parce que tous ceux qui lui ont posé
des moustaches sont morts. »
La Tête d'obsidienne

« L'art, c'est le plus court chemin de l'homme à l'homme. »
Psychologie de l'art : la Création artistique

« Les idées ne sont pas faites pour être pensées mais vécues. »
Psychologie de l'art : la Création artistique

« La culture ne s'hérite pas, elle se conquiert. »
(cité par André Gide, dans *Journal*, 1937)

« Ce qu'ils appellent l'aventure, n'est pas une fuite, c'est une chasse :
l'ordre du monde ne se détruit pas au bénéfice du hasard,
mais de la volonté d'en profiter. »
La Voie royale

« Les hommes jeunes comprennent mal l'érotisme. Jusqu'à la quarantaine,
on se trompe, on ne sait pas se délivrer de l'amour : un homme qui pense,

non à une femme comme au complément d'un sexe, mais au sexe comme au complément d'une femme, est mûr pour l'amour : tant pis pour lui. »

La Voie royale

« Ils se transforment les souvenirs. (…) L'imagination, quelle chose extraordinaire ! En soi-même, étrangère à soi-même… L'imagination… Elle compense toujours… »

La Voie royale

« La vraie mort, c'est la déchéance. »

La Voie royale

« Toute œuvre d'art, en somme, tend à devenir mythe. »

La Voie royale

« Il n'y a qu'une seule "perversion sexuelle" comme disent les imbéciles : c'est le développement de l'imagination, l'inaptitude à l'assouvissement. »

La Voie royale

« Être pauvre empêche de choisir ses ennemis. Je me méfie de la petite monnaie de la révolte. »

La Voie royale

« Si je ne vous avais pas rencontrée, j'aurais aussi bien pu être un rat de bibliothèque… »

(confidence à Clara Goldschmidt, sa première épouse, qui l'a rapportée dans son livre de souvenirs intitulé *Le bruit de nos pas*, en observant également au passage : « Il avait vraiment le goût de l'érudition, mais pourquoi, en fait, n'avait-il pas de goût ? »)

À table : un ange passe...

Lasserre, le célèbre restaurant parisien où Malraux avait sa table dans les années 1960 et 1970 propose toujours la fameuse recette du *Pigeon André Malraux*. Il y a eu, il y a et il y aura des mauvaises langues pour affirmer que c'est la plus belle œuvre de l'ancien ministre du Général… De fait, il se pourrait bien qu'elles aient raison. Pour qui sait s'offrir les moyens de juger sur pièce, il n'est en effet pas du tout exclu qu'un ange passe… Car Lasserre est à coup sûr le « monument historique » où la préparation de ce *Pigeon André Malraux*, complètement désossé et farci pour pouvoir être découpé sans encombre, est encore servie dans les règles de l'art.

Révisée à plusieurs reprises, par les chefs Jean-Louis Nomicos et Christophe Moret, la recette fait toujours merveille. Celle des macaronis aux truffes et foie gras – autre « plat culte » –, aussi.

L'ancien ministre de la Culture n'était pas un habitué de l'établissement ni un inconditionnel du petit gibier pour rien. Il y venait quatre à cinq fois par semaine. À coup sûr, parce qu'il les voyait réellement passer, il était aux anges. À sa table favorite située dans une encoignure de la balustrade et portant le numéro 26, il y déjeunait aussi bien avec Romain Gary qu'avec le diplomate Henri Hoppenot, mais vraiment pas avec n'importe qui.

De retour des États-Unis où il avait été reçu à la Maison-Blanche, il confia un jour à René Lasserre, le fondateur de l'établissement : « Soyez flatté mon cher. Comme nous passions à table, le président Nixon m'a dit en souriant : "Monsieur le Ministre, je ne crois pas que notre cuisine sera à la hauteur de celle de chez Lasserre, mais nous ferons de notre mieux !" »

---

(1) Amie d'André Malraux, Louise de Vilmorin fut également une relation amicale du général Hallier, « qui endormait Jean-Edern enfant, en lui racontant des contes de fées – et surtout en faisant la guêpe, comme elle disait, en battant des paupières et en bourdonnant à voix basse. » (*L'Idiot international*, décembre 1993, puis « Dictionnaire de la littérature française », *Le Refus ou la Leçon des ténèbres*).

(2) *L'Humanité*, 1er octobre 1990.

« Discours pour le transfert des cendres d'André Malraux au Panthéon » déclamé le 15 novembre 1996 par Jean-Edern Hallier sur les marches du Panthéon [1]

« En ce long cortège de fantômes, tu survivras désormais, image de synthèse de la France épique.

Entre ici, André... Entre ici même sans ta Louise... Entre ici dans la séparation de l'amour et l'outrage de la gloire officielle. Entre ici, misérable petit tas d'os et de secrets. Entrez ici, fémurs d'azur. Entrez, ici, genoux de l'Histoire en marche. Entrez ici, épaules d'Hercule de l'épique, mâchoire à consonnes, mandibule à voyelles ! Entre ici, menton d'énergumène hautain et pathétique. Entre ici, thorax époumoné d'absolu. Entre ici, double cavité du regard de l'Occident. Secoue-toi, squelette désossé ! Entame ta danse macabre et tes entrechats et tes pointes de fantôme de la liberté ! Entre donc au Panthéon, André, mais dépêche-toi d'en ressortir de l'autre côté puisque tu as clamé que "le XXIe siècle serait spirituel ou ne serait pas !" Échappe-toi, emmène Victor Hugo avec toi ! Ici, c'est le temple des têtes molles de la République et du laïcisme. Mais soyons-en sûrs, tu vas y mettre ton Bouddha et ta croix de Lorraine dans ce bric-à-brac de marbres funéraires. Entre, mais pour ressusciter comme Lazare d'entre les morts ! Lazare, le héros de ton dernier livre ! Contemple-toi, miroir des limbes, ô Lazare ! "Je cherche la région cruciale où le mal absolu s'oppose à la fraternité !" Pousse les portes de ton tombeau ! C'est en ton nom que je prends la parole ! Lyrico-éjaculatoire ! *Tragediante, commediante*, épique, lyrique, dorique, musique avant toute chose ! Tu es à la fois le druide, l'aède, l'oracle et le dernier chamane de la vieille tribu française. Symphonie de mots et de douleurs ! Émaux et camées de la quête d'absolu. Que reste-t-il de nous, pauvres vivants, devant ta dépouille gesticulatoire, agitée par les montreurs de marionnettes de la politique !

Mort il y a vingt ans, c'est à des années-lumière de notre France que tu es mort, André. Mort avec Byron à Missolonghi. Mort avec d'Artagnan à Maastricht. Mort avec Agrippa d'Aubigné à Genève. Mort avec Froissart, avec Commynes. Mort et remords. Mort avec Lawrence d'Arabie par un accident de moto, mort avec Saint-Exupéry au-dessus de la Grande Bleue ou mort comme Péguy à la Marne. Tous ces morts te font vivre, pourtant. Et te rendent plus vivant, maintenant que tu accompagnes leur cortège et qu'on célèbre ta mémoire...

Soldat de l'An I, tu ne l'as pas été de Valmy, mais du XXe siècle, né en 1901 à Paris. Ce siècle, tu l'as enfourché comme le cheval de l'Apocalypse – présent partout où il fallait l'être lors des grandes apocalypses de l'Histoire. L'apocalypse, c'était ton opium. En octobre 1917, tu avais seize ans lors de la prise du Palais d'hiver par les bolcheviques. Tu aurais voulu être l'un de ces misérables, mais tu étais Français. Tu cherchais déjà midi à quatorze heures. Extrémiste dans tous les sens, tu as choisi l'Extrême-Orient – et la forêt vierge du Cambodge pour dépuceler ton goût pour l'action. Plutôt que de la courtiser vaguement, tu as choisi de la violer en pillant le temple d'Angkor. Détrousseur de l'une des sept merveilles du monde, tu constituais déjà ton musée imaginaire avec les têtes de l'art des grandes dynasties asiatiques. Ta vocation de pilleur de tombes – que dis-je ! trafiquant comme Rimbaud et receleur comme Breton – commençait à s'établir avant que tu ne te mettes à piller tes contemporains, les grands critiques d'art que furent Élie Faure et Henri Focillon. Avec toi, cela n'avait aucune importance, "le génie égorge ce qu'il pille", et tu avais le génie de l'air du temps. Tu aurais ramené la statue de Ramsès II au Louvre si tu n'avais pas éprouvé une passion dévorante pour les grandes momies de l'Histoire. Tu n'avais pas encore de Gaulle ou Mao Tsé-toung, mais une vision fondée sur les arts plastiques de l'éternité. En 1928, tu as publié

Les Conquérants. Antiquaire; tu *chinais* déjà et tu décrivais la grève générale à Canton en 1925. En 1929, tu as voulu monter une expédition pour libérer Trotski, prisonnier de Staline à Alma-Ata. Tu y as renoncé. Sans doute la statue à barbichette du fondateur de la IVe Internationale ne t'a-t-elle pas paru assez belle. En 1933, tu publies *La Condition humaine* qui obtient le prix Goncourt. C'est razzia sur la schnouff. Comme tu avais raté la révolution russe parce que tu étais trop jeune, tu te rattrapais une seconde fois sur la Chine en espérant être à l'heure de l'Histoire. Tu prends d'assaut le jury, qui cède sous ton couteau de peur d'être égorgé. Nourissier n'était pas encore là. La corruption littéraire ne régnait pas encore en maître. Ou plutôt les bons écrivains recevaient le bon argent de Gaston Gallimard. Comme tu as eu toujours besoin d'argent, tu recopies trois fois *La Condition humaine* pour la revendre à la Bibliothèque nationale. En 1934, à l'âge du Christ, tu fondes le comité antifasciste. Tu inventes les pétitions. Tu n'es pas de gauche, tu es un anarchiste – au sens contraire de Maurras qui s'écriait : "La monarchie, c'est l'anarchie plus un !" Toi, tu étais tous les autres. Seul l'opium pouvait t'enivrer en attendant l'encens des princes. Ensuite, en 1936, tu n'as pas seulement le Front populaire, tu t'engages dans les Brigades internationales – et tu écris *L'Espoir*. Comme Saint-Exupéry, tu deviens aviateur. Icare, tu voles de tes propres ailes, et tu survoles déjà l'Histoire. Pour toi, c'est la vitesse, le coup monté, le commando d'infini. Ta devise aurait pu être : tu passes ou tu casses. Comme le temps passe, depuis que tu t'es cassé ! En véritable aventurier, en pilleur d'épaves, tu remontes lorsque la mer descend chercher les dépouilles du passé et reconstruire l'avenir avec la ferraille oxydée des valeurs anciennes. En 1944, sous le nom du colonel Berger, tu commandes les FFI du Lot. En 1945, tu es l'éphémère ministre de l'Information du général de Gaulle, ce général maurrassien, disais-tu jadis. Car ce sont les enfants de l'Action française qui ont fait la résistance et ceux de la Cagoule, la collaboration. Déjà, l'esprit de résistance et l'esprit de collaboration s'opposaient dans les racines enchevêtrées de l'idéologie française. D'ailleurs, tu allais sous peu te recycler dans les Eaux et Forêts, des *Noyers de l'Altenburg* aux *Chênes qu'on abat...* Et c'est aussi à ce moment-là que tu te mets en ménage avec Louise de Vilmorin, jardinière de la halle aux grains de Verrières. Faute de révolution, de tortures, de massacres, et de génocides hallucinés, tu reviens à l'art qui l'incarne, les *Goyescas* ou le *Guernica* de Picasso. Ou les enchevêtrements faunesques de Masson à qui tu confieras plus tard le plafond de l'Opéra – et qui est scandaleusement oublié aujourd'hui, l'année de son centième anniversaire. Chaque fois que la réalité se dérobe sous tes pieds, tu te raccroches à l'esthétique – avec tous les jours un tic de plus sur ton visage marqué par la drogue, éthique et esthétique... En 1952, tu publieras *Le Musée imaginaire,* ce colossal travail de transbordement de ce qui ne peut être déplacé. Frustré de pillages, tu deviendras le receleur livresque de l'imaginaire universel. "L'art est ce qui rappelle aux hommes la grandeur qu'ils ignorent en eux." En 1958, de Gaulle revient au pouvoir. Comme il n'a de place nulle part, il invente le poste de ministre de la Culture, qui te va comme une pantoufle à un anarchiste couronné. C'est bien connu, les anarchistes terminent toujours en charentaises. Pourtant, tu as des pantoufles immenses, des pantoufles de Charlot qui te permettent d'atteindre une clownerie supérieure, mais sans jamais éclater de rire. Le monarque de Gaulle avait besoin d'un conseiller littéraire, et tu as été son bouffon tragi-comique, son bouillon de culture, comme on t'a désigné. Seulement tu avais du goût, tu connaissais l'art et la littérature, tu parlais en connaissance de cause. Comme Bossuet, tu adorais les oraisons funèbres. Les pompes correspondaient à tes pantoufles. Tu pantouflais dans la mort avec Jeanne d'Arc, et Georges Braque en bedeau sublime. Avec les cendres de Jean Moulin, dont on n'a jamais retrouvé le corps, tu as été jusqu'à inventer les cendres du chef de la résistance, mais ce n'était que celles de ton éternel mégot métamorphosé en Jean Moulin. Ce fut là ton grand coup. Tu arrachais Moulin à la gauche pro-communiste pour le ramener en terre gaullienne et faire du Panthéon une annexe du RPF après que ce temple eut été socialiste et franc-maçon. En 1965, tu rencontres le bouddha rouge, Mao Tsé-toung à l'heure où je servais sous sa bannière. Mao, c'était bien plus que le communisme, c'est le ying et le yang de la pensée chinoise. Ce qui descend cache ce qui monte, et ce qui monte dans les peuples n'est jamais visible au moment où on le voit. Telle est la théorie de la double contradiction au sein des masses qui s'applique aussi bien à la Chine qu'à la politique française à l'heure de la montée du nouveau fascisme, celui de Le Pen, qui a été mis en place par François Mitterrand que tu méprisais. "Mitterrand, candidat unique des quatre gauches – dont l'extrême droite", disais-tu. "J'ai vu les démocraties intervenir contre à peu près tout, sauf contre les fascismes", déclarais-tu aussi. Nous y sommes. En 1967, tu publies tes *Antimémoires.* Te voici devenu le Chateaubriand de la fin du XXᵉ siècle français. Être Chateaubriand ou rien, clamait Hugo. Être Malraux ou rien, pensais-tu secrètement. Parce que tu n'étais rien, cette poussière, ce petit tas d'os qui tressaute dans son cercueil, ces osselets d'Héraclite sur les marches du temple de Delphes, tes coups de dés n'abolissaient pas le hasard. En 1969, avec la démission du général de Gaulle, tu te retires à Verrières-le-Buisson auprès de ta Louise. Tu tentes une dernière fois de faire de la politique en soutenant Chaban-Delmas contre Giscard à l'élection présidentielle. Ce fut un peu comme l'expédition de la duchesse de Berry pour Charles X. Ton carrosse ne s'est pas perdu dans le bocage poitevin et ton discours était devenu incompréhensible. Tu as été un mélange d'Antoine Arnaud, de Woody Allen et de Mister Magoo, le triste pitre de cette fin de partie. Tirésias aveugle et gesticulatoire, baratineur effréné, causeur éblouissant, avec l'accéléré verbal du cocaïnomane, tu jetais de la poudre aux yeux de tout le monde, c'est le cas de le dire. Reprenant Freud, tu as parlé de "malaise de la civilisation" mais c'était ton propre malaise que tu noyais dans les années d'après Mai 1968. Pourtant, c'est toi qui avais raison : tu as été la rémission française. Après toi, notre civilisation est entrée dans une lente agonie. Heureusement, tu es mort avant d'y assister en laissant sur tes derniers livres un point d'interrogation souple et ondulatoire, pareil à la queue de ton chat.

Si je m'adresse à toi à la télévision, c'est parce que tu l'aurais aimé, toi qui as été un des premiers à comprendre la société du spectacle et à l'utiliser. Lazare, qu'irais-tu faire dans ce tombeau ? Telle est ton éternelle résurrection... »

---

(1) Publié en 1998 dans les annexes de *Journal d'outre-tombe : journal intime, 1992-1997*, Éditions Michalon.

Joyce et Hallier ou les aventures d'Ulysse et de Foucauld

Les auteurs de *Portrait de l'artiste en jeune homme* et des *Aventures d'une jeune fille* ne peuvent que bien s'entendre. Ils parlent la même langue. De toute façon, comme l'assure Joyce, « l'Art a le don des langues ». En outre, ils ont su à un demi-siècle de distance, l'un au début des années 1930, l'autre au début des années 1980, apprécier les charmes du Fouquet's, ce haut lieu de la vie parisienne. Comme ses correspondances à ses enfants en attestent, l'Irlandais y a même vécu les heures les plus agréables de son exil dans la capitale française. Au point que, en sa mémoire, un salon portant son nom y a été inauguré fin 1982 [1].

Ce n'est pas sans raison si Hallier a laissé un portrait du célèbre créateur né à Dublin. Outre qu'il faisait souvent allusion à l'une des grandes leçons de Joyce – pour un écrivain, il n'y a que trois solutions, le silence, l'exil ou la ruse –, il était admiratif devant ses chefs-d'œuvre et conscient de l'influence déterminante qu'ils avaient exercée [2]. Il savait combien lire *Ulysse*, c'était avoir toutes les chances de s'en prendre plein les yeux, de ne plus percevoir la création littéraire comme avant et de verser résolument dans l'expérimental...

Côté oculaire justement, Joyce et Hallier furent l'un et l'autre aux prises avec de sérieux problèmes. À l'âge de quarante-deux ans, le premier dut se faire opérer et sa convalescence se déroula fort mal. L'expérience fut un vrai traumatisme pour le patient qui, dans une lettre à son amie Harriet Shaw Weaver datée du 27 juin 1924, parvenait à peine à écrire : « Ma vue n'est jusqu'à présent pratiquement pas meilleure et cela me déprime beaucoup... Je doute que l'iris puisse résorber le dépôt qui se trouve dans mon œil. Le long travail pénible, les déceptions de Trieste (...) et le dur labeur d'Ulysse ont dû me miner la santé. J'ai été empoisonné de plus d'une façon. J'y fais allusion, parce qu'à chaque fois que je suis obligé de m'étendre, les yeux fermés, je vois un film interminable qui me remet en mémoire des choses presque oubliées. »

Comment ne pas être frappé par le parallélisme des situations ? Jean-Edern Hallier eut des soucis visuels majeurs tout au long des dernières années de son existence, et sa santé était ruinée, par ses épreuves et ses excès de vie. Heureusement, il avait pu, dès le milieu des années 1980, achever l'ouvrage qui lui tenait peut-être le plus à cœur, « le manuscrit de sa mère morte » comme il l'appelait, son « roman » lyrique et burlesque du parcours donquichottesque de Charles de Foucauld... Heureusement aussi, il avait bien pressenti, comme Milan Kundera dans *Le Livre du rire et de l'oubli*, que « depuis James Joyce, (...) nous savons que la plus grande aventure de notre vie est l'absence d'aventures. »

« La terreur est le sentiment qui arrête l'esprit devant ce qu'il y a de grave et de constant dans les souffrances humaines et qui l'unit avec la cause secrète. »
Gens de Dublin

« L'art ne doit nous révéler que des idées, des essences spirituelles dégagées de toute forme. Ce qui importe par-dessus tout dans une œuvre d'art, c'est la profondeur vitale de laquelle elle a pu jaillir. »
Ulysse (traduction Auguste Morel, Stuart Gilbert et Valéry Larbaud, Éditions Adrienne Monnier, 1929, p. 209)

« Parler de ces choses, chercher à comprendre leur nature, puis l'ayant comprise, essayer lentement, humblement, fidèlement d'exprimer, d'extraire à nouveau de la terre brute ou de ce qu'elle nous fournit – sons, formes, couleurs – qui sont les portes de la prison de l'âme – une image de cette beauté que nous sommes parvenus à comprendre –, voilà ce que c'est que l'art. »
Portrait de l'artiste en jeune homme (traduction Ludmila Savitsky, Éditions Gallimard, 1950)

« Je ne veux plus servir ce à quoi je ne crois plus, que le nom en soit la famille, la patrie ou l'Église, et je veux essayer de m'exprimer grâce à un mode de vie ou d'art aussi librement et aussi totalement que je le pourrai en usant pour ma défense des seules armes que je m'autorise à employer : le silence, l'exil, la ruse. »

(I will not serve in that which I no longer believe whether it call itself my home, my fatherland or my church, and I will try to express myself in some mode of art as freely as I can and as wholly as I can, using for my defence the only arms I allow myself to use – silence, exile, and cunning.)

Portrait de l'artiste en jeune homme

« L'amour entre deux hommes est impossible parce qu'il ne doit pas y avoir de relation sexuelle et l'amitié entre un homme et une femme est impossible parce qu'il doit y avoir une relation sexuelle. »

(Love between man and man is impossible because there must not be sexual intercourse and friendship between man and woman is impossible because there must be sexual intercourse.)

Gens de Dublin

« Toutes les choses sont inconstantes, sauf la foi dans l'âme, ce qui change tout et remplit leur inconstance avec la lumière. »

(All things are inconstant except the faith in the soul, which changes all things and fills their inconstancy with light.)

(dans une lettre à Augusta Gregory, datée du 22 novembre 1902)

« Dites-moi. Dites-moi avec vos yeux. »

(Tell me. Tell me with your eyes.)

Les Exilés

« Comme chacun sait, Christophe Colomb est devenu célèbre pour avoir été le dernier à découvrir l'Amérique. »

(Christoph Colomb, as everyone knows, is honored by posterity because he was the last to discover America.)

Essais critiques (« The Mirage of the Fisherman of Aran », Trieste, 5 septembre 1912)

« Tu me parles de nationalité, de langue et de religion. J'essaierai d'échapper à ces filets. »

(You tall to me of nationality, language, religion. I shall try to fly by those nets.)

Portrait de l'artiste en jeune homme

« Fermez les yeux pour voir. »

(Shut your eyes and see.)

Ulysse

« L'amour aime aimer l'amour. »

(Love loves to love love.)

Ulysse

« L'histoire (…) est un cauchemar dont je cherche à m'éveiller. »
(History (…) is a nightmare from which I am trying to awake.)
Ulysse

« Un homme de génie ne se trompe pas. Ses erreurs sont volontaires
et lui ouvrent les portes de la découverte. »
(A man of genius makes no mistakes. His errors are volitional
and are the portals of discovery.)
Ulysse

« Ce que tu donnes est à toi pour toujours.
Personne jamais ne pourra te le reprendre. »
(But when you give it you have given it.
No robber can take it from you. It is yours then for ever
when you have given it. It will be yours always. That is to give.)
Les Exilés

« Mais mon corps était comme une harpe, et ses mots et ses gestes étaient
comme les doigts qui couraient sur les cordes. »
(But my body was like a harp and her words and gestures were
like fingers running upon the wires.)
Arabia

« La musique légère du whisky qui coule dans les verres crée
une agréable diversion. »
(The light music of whisky failing into a glass – an
agreeable interlude.)
Gens de Dublin

« Bien que leur existence fût modeste, elles attachaient une grande
importance à bien manger. »
(Though their life was modest, they believed in eating well.)
Gens de Dublin

« Le fromage fait tout digérer, sauf lui-même. »
(Cheese digest all but itself.)
Ulysse

« On va se pinter de première, à en époustoufler les druides pur jus. »
(We'll have a glorious drunk to astonish the druidy druids.)
Ulysse

« Dieu fait l'aliment, le diable l'assaisonnement. »
(God made food, the devil the cooks)
Ulysse

« Et parfois elle lui préparait des pétales de poisson, déposait au
pied de son cœur le baume de ses yœufs… »
(And an odd time she'd cook him up blooms of fisk and
lay to his hearsfoot her meddery eygs…)
Finnegans Wake

À table, il arrive que des anges passent pour rien…

Le 18 mai 1922 eut lieu l'une des rencontres sans doute les plus
prometteuses de l'histoire culturelle du XXe siècle… Ce jour-là ont
en effet dîné à la même table James Joyce, Marcel Proust, Pablo
Picasso, Igor Stravinsky et Serge Diaghilev ! Après la première
représentation du *Renard*, de Stravinsky, un couple fortuné et
amoureux des arts, Sydney et Violet Schiff, prit en effet l'initiative d'offrir un repas fort élégant en l'honneur de Diaghilev, de
ses danseurs et des quatre hommes dont il pressentait et admi-
rait le génie : Picasso, Stravinsky, Proust et Joyce. Cependant, ce
souper releva d'une ennuyeuse mondanité et non d'une fertile
convivialité. Picasso voulait bien voir l'assistance en peinture,
mais songeait surtout à tous ses pinceaux qui l'attendaient dans
son atelier. Stravinsky, qui n'était guère d'humeur primesau-
tière, avait clos tout débat en lançant à Proust un jugement sans
appel : « Je déteste Beethoven ! »

Arrivé bon dernier à minuit, Joyce était, lui, en petite forme et
nullement vêtu comme il eût fallu, parce qu'il ne possédait pas
d'habit de soirée. Il semblerait qu'il se soit assis d'un air morose,
la tête dans les mains, et qu'il ait bu du champagne sans trop
se préoccuper de ses voisins ni des anges qui avaient un peu
trop tendance à passer… En octobre 1920, récemment arrivé de
Zurich à Paris, il avait écrit à un ami : « Je constate qu'on fait ici
une tentative pour lancer un certain M. Marcel Proust en l'oppo-
sant au signataire de cette lettre. J'ai lu quelques pages de lui. Je
ne lui trouve aucun talent particulier, mais je suis un mauvais
critique. »

À la fin du repas, au moment où Proust se préparait à partir avec les Schiff, Joyce s'est approché d'eux et est monté en leur compagnie dans le même taxi. Durant le trajet, Joyce, distraitement, ouvrit une fenêtre et alluma une cigarette, ce sur quoi Sydney Schiff (dont le pseudonyme de romancier était Stephen Hudson) lui demanda de jeter la cigarette et de remonter la vitre. Joyce se plaignit alors de ses yeux et Proust de son estomac. Ce dernier demanda à Joyce s'il aimait les truffes. Il les aimait. Avait-il rencontré la duchesse de X ? Non. Proust aurait alors poliment dit : « Je regrette de ne pas connaître l'œuvre de M. Joyce. » Et Joyce aurait répondu : « Je n'ai jamais lu M. Proust. » Un ange passa... Lorsqu'ils furent arrivés au 44, rue Hamelin, Proust aurait dit à Schiff : « Veuillez demander à M. Joyce de se laisser reconduire par mon taxi. » C'est ainsi que se sont rencontrés et quittés deux des plus grands romanciers du XXe siècle.

Bien évidemment, Jean-Edern Hallier, né bien après cette rencontre, ne pouvait être de la partie. Mais il est permis d'imaginer qu'il aurait aimé se joindre au petit groupe et qu'il aurait peut-être évité que la rencontre ne finisse en fiasco. Avec un convive comme lui, il aurait été difficile de ne rien trouver à se dire. Ou bien alors, les anges ne seraient vraiment pas passés pour rien !

---

(1) Exilé à Paris à partir de 1920 sur les conseils d'Ezra Pound et jusqu'en 1939, James Joyce fut un habitué du Fouquet's. Il y dînait souvent et y fêtait ce qu'il appelait les « Jours de souvenirs », la Chandeleur, le jour des Rois, les anniversaires de naissance, de mariage, de publications d'ouvrages...

(2) Hallier prit notamment l'initiative de faire paraître un article d'Umberto Eco intitulé « Le Moyen Âge de Joyce » dans la revue *Tel Quel,* qu'il dirigeait (n° 11, automne 1962, suite et fin dans le n° 12, 1963).

Appel à témoins

Hallier aurait-il aimé se prêter au petit jeu du tweet ? Impossible de l'affirmer avec une absolue certitude. Ce qui est sûr en revanche, c'est que son nom est toujours bien présent dans la « tweetosphère ». À preuve, le contenu de ce tweet émis le 8 avril 2016 à 16 h 45 [1] : « Terrasse, place des Vosges. "T'as vu ? C'est Jean-Edern Hallier !" dit une femme à son mari (il habitait dans le coin mais est mort en 1997). »

À l'évidence, Jean-Edern a disparu, mais il est là. Son fantôme rôde toujours dans ce quartier de Paris. Il se promène à pied ou – pourquoi pas ? – à vélo, ce drôle d'animal cher à Alfred Jarry qu'il tient sans doute par les oreilles en lui donnant des coups de pied pour qu'il avance… Officiellement, c'est à Deauville qu'il a fait sa dernière course sur un deux-roues. Mais qui sait ? Celui qui fut dans sa tendre jeunesse un éphémère coureur cycliste sur piste est parfaitement capable, une nouvelle fois, de surprendre en se faufilant rue de Turenne ou rue de Birague.

À l'évidence aussi, Hallier ne s'est pas contenté d'arpenter tout au long de sa vie des arrondissements parisiens, avec leurs boulevards, leurs immeubles et autres monuments. Il a abordé, croisé et fréquenté un grand nombre de personnes qui ont été les observateurs plus ou moins conscients de la singularité, de la richesse et du mystère de sa personnalité. Toutefois, au fil des décennies, cette « matière humaine » tend à disparaître, ce qui ne peut que justifier l'appel à témoins et les contributions qui suivent…

Sollicité par l'auteur de cet ouvrage, Gabriel Enkiri a bien voulu confier quelques-uns de ses souvenirs et se prêter à l'exercice toujours délicat d'une intrusion dans un environnement livresque qui lui est étranger. Le chroniqueur François Roboth a également accepté de « voyager dans le temps ». En ce qui le concerne, n'ayez crainte, selon la formule consacrée des journalistes audiovisuels et devenue un « tic », « on y reviendra tout à l'heure »...

---

(1) L'auteur du tweet en question était l'ancien journaliste de radio Jérôme Godefroy, qui a notamment animé l'émission « Les auditeurs ont la parole » sur RTL.

Un Breton pas si idiot que ça!

Par Gabriel Enkiri [1]

« Je suis, comme Hallier, ulcéré par l'attribution des prix littéraires,
qui vont aux éditeurs plus qu'aux créateurs.
Ou qui sont tributaires de circonstances politiques. »
Roger Peyrefitte (1907-2000), *Propos secrets*

Ma première rencontre avec Jean-Edern s'est faite là où elle devait se faire : à l'angle du carrefour boulevard Saint-Michel et boulevard Saint-Germain, au pied de l'immeuble Hachette! Je sortais d'une réunion syndicale, lui vendait sur le boulevard *L'Idiot international*, avec deux ou trois de ses amis. Je le connaissais de nom bien entendu; c'était un Breton comme moi, lui d'Edern en Finistère, moi d'Hennebont en Morbihan. Je souhaitais faire sa connaissance; il est vrai qu'en ce temps-là on rencontrait un peu tout le monde dans la rue; on avait pris l'habitude en mai 1968 de marcher beaucoup, dans les défilés, mais aussi de faire des balades dans des quartiers historiques, et ce quartier-là l'était devenu, ô combien! depuis l'occupation de la Sorbonne par les étudiants, et l'édification des barricades où les plus « révolutionnaires » s'époumonaient à crier « CRS-SS! » dans la fumée des grenades lacrymogènes!

Jean-Edern avait naturellement entendu parler du « comité révolutionnaire Hachette », dont j'étais l'un des représentants les plus actifs. Ce comité avait acquis un prestige dans toute l'édition, au point que nous avions organisé à la Mutualité un meeting avec l'ORTF, présidé par François Maspero qui avait édité une brochure « Hachette, une expérience syndicale CGT-CFDT » dont j'étais l'auteur... C'est pourquoi Jean-Edern ne cacha pas sa joie de me rencontrer et insista pour que je vienne le voir chez lui, place des Vosges. Et pourtant, je ne l'ai pas connu vraiment;

on se voyait une fois de temps en temps, lorsqu'on avait besoin d'un coup de main, lui lorsqu'il montait un coup, moi lorsque j'avais besoin d'un papier sur l'un de mes livres dont personne ne parlait! (Il faut dire que j'étais grillé, complètement grillé dans l'édition – et dans la presse –, un secteur où « Hachette-la-pieuvre » régnait encore en maître, depuis la parution d'un petit livre qui portait ce nom et que l'on avait beaucoup lu dans les rédactions et les librairies). Puis lorsque je connus une période de chômage, il me proposa de venir à Edern, en Bretagne, « où je serais chez moi », écrire, et attendre des jours meilleurs. Jean-Edern était très généreux. Mais je préférai rester à Paris...

Lorsqu'il partit en guerre contre le prix Goncourt, en décernant un prix anti-Goncourt à Jack Thieuloy pour son livre *La Geste de l'employé*, qu'il avait publié lui-même aux éditions Hallier, il m'appela pour l'épauler dans son offensive contre les prix que les gros éditeurs, en fait, se partageaient... On se retrouva à La Closerie des Lilas, sa « cantine » préférée, et là, je fus sidéré de l'entendre me demander... d'organiser une grande manifestation avec... les ouvriers du *Parisien libéré* qui occupaient alors leur imprimerie en plein Paris, et ce, le jour de la remise du prix Goncourt chez Drouant !

– Ça devrait les intéresser, toutes les télévisions seront là, à l'heure du journal de 13 heures, ils pourront s'exprimer et expliquer les raisons de leur grève...

– Mais Jean-Edern, je suis CFDT, et tu sais que les « ouvriers du livre » sont tous cégétistes, et tu sais combien la CGT du Livre s'oppose à la création de sections CFDT dans ce secteur qu'elle contrôle de A à Z ! Surtout la CFDT-Hachette ! Elle n'en veut pas aux NMPP (les messageries de la presse)... Je suis bien placé pour le savoir !

– Oui, oui, je sais tout ça ! Mais la CFDT-Hachette a un tel prestige qu'ils t'écouteront, et que ma proposition peut les intéresser...

J'étais plus que dubitatif, je l'avoue. Mais il a tellement insisté, que j'ai fini par me rendre aux NMPP, rue Réaumur, où j'ai vu le secrétaire de la CGT, très attentif, à ma grande surprise. « Oui, je sais, Hallier est spécial, mais il faut voir, pourquoi pas ? Il fait ça dans son intérêt, son combat anti-Goncourt, il veut nous utiliser... Je vais en parler... »

Il n'eut sans doute pas de réponse, car il ne se passa rien ce jour-là chez Drouant ! Sauf que plus tard, Jack Thieuloy, un curieux personnage il faut l'avouer, partit en guerre... contre Jean-Edern « qui l'avait trahi, qui n'avait pas tenu ses promesses, et qui lui avait remis un chèque bidon pour son prix anti-Goncourt » ! Jean-Edern en était navré, et indigné. « Tu te rends compte, Gabriel, ce qu'il est en train de me faire, me dit-il plus tard devant le Palais de justice, il me fait un procès pour ce chèque de 5 000 francs alors qu'il était convenu qu'il s'agissait d'un chèque bidon, qu'il ne pourrait donc pas encaisser ! Et maintenant, il me traîne devant les tribunaux pour usage de faux... »

La dernière fois que je l'ai vu, c'était sous Mitterrand ! J'avais pondu un ouvrage qui portait un titre incendiaire, *À bas le Prince de la magouille*, que je n'arrivais pas à publier. Qui s'en étonnera ? J'en avais parlé bien sûr à Jean-Edern, et un jour il me donna rendez-vous chez lui, où je me rendis avec plaisir. Il m'attira d'abord près de la fenêtre devant son balcon qui donnait sur la place des Vosges et me dit, en désignant une silhouette derrière un arbre : « Tu vois, ce type, c'est un flic qui me surveille ! Tu ne peux pas savoir combien je suis écouté, surveillé, suivi, même ma femme de ménage est dans le collimateur ! Toi aussi, tu es sur écoutes, tous ceux qui me téléphonent ou que j'appelle sont listés ! Il paraît qu'ils ont installé à l'Élysée un studio d'enregistrement rien que pour moi ! » J'ai cru qu'il délirait ! Et pourtant, plus tard, j'ai lu dans le livre, paru chez Fayard, de Jean-Marie Pontaut et Jérôme Dupuis, *Les Oreilles du Président : suivi de la liste des 2 000 personnes « écoutées » par François Mitterrand...* que je figurais sur cette liste baptisée « kidnapping », à la lettre A, mon nom étant phonétiquement orthographié Anquiri (AFP) ! Ce soir-là, Jean-Edern n'avait pas l'air de plaisanter. Il me montra son manuscrit qui s'appelait *L'Honneur perdu de François Mitterrand,* refusé par tous les éditeurs ! « Une bombe, me dit-il, parce que j'y révèle l'existence de sa fille, Mazarine, qu'il a eue avec l'une de ses maîtresses, Anne Pingeot... ». Je n'aimais pas ce genre d'histoires, et cela m'a déplu.

– Mitterrand, lui dis-je, il faut l'attaquer politiquement, et s'en tenir là.

– Je ne suis pas d'accord, Mitterrand a menti aux Français, il est président de la République, tu trouves ça normal ?

– Je n'ai pas été habitué à m'en prendre aux personnes sur leur vie privée, ça n'est pas très syndical !

– Il ne s'agit pas d'action syndicale, comparable à celle que tu as menée chez Hachette ! Mitterrand ment, c'est un menteur qui est à l'Élysée, d'ailleurs, il ne ment pas d'aujourd'hui, tu connais son histoire, son passé à Vichy.

– C'est vrai, pour moi, c'est une ordure politicienne, de grand talent, reconnaissons-le !

– Ça, c'est un maître en la matière !

Et Jean-Edern de me faire une proposition extravagante :

– Voilà ce que je te propose, on va tous les deux, en pleine nuit, devant l'Élysée, avec nos deux manuscrits sous le bras, revêtus d'une bure, encagoulés comme des moines, et l'on fait un auto-dafé avec nos manuscrits! On préviendra la presse, la télé...

– Tu n'y penses pas, Jean-Edern, il y a des cars de police devant l'Élysée! On n'aura pas le temps d'y arriver...

– Si! On peut! Et même s'ils nous emmènent au poste, ça sera encore mieux!

J'ai certainement déçu Jean-Edern ce soir-là. Je me suis défilé bêtement, encore bourré de « préjugés » conformistes de gauche!

– Tu as tort, Gabriel, si tu ne passes pas à la télé, tu es mort!

Il avait raison, Jean-Edern. L'avenir lui a donné raison! Le déferlement de l'audiovisuel a bouleversé la « communication », le « faire savoir » cher aux journalistes de l'écrit! Jean-Edern était un prophète. Un visionnaire.

J'ai appris sa mort avec stupéfaction. Certes, il était malade, dans les derniers temps presque aveugle. Mais le doute demeure...

J'ai foncé lui dire adieu, où il reposait chez son frère. Et échangé quelques souvenirs avec son fidèle ami, Omar Foitih, avant de nous retrouver à l'église, le dernier jour, pour son retour définitif en Bretagne, à Edern.

---

(1) D'origine bretonne par sa mère, et libanaise par son père, Gabriel Enkiri est issu de la famille Enkiri, originaire de An Naqoura (d'où vient le nom), aujourd'hui le quartier général des casques bleus au sud du Liban, et de Saint-Jean d'Acre, et apparentée au défunt Patriarche maronite Paul-Pierre Méouchi. Gabriel Enkiri a longtemps travaillé dans l'édition et la presse, en particulier chez Hachette et au sein de l'Agence France-Presse. Il est l'auteur de nombreux ouvrages, dont le dernier *Pour des États-Unis francophones* préconise une transformation des Dom-Tom en États associés avec la France dans un vaste ensemble conforté par un marché commun rassemblant tous les États francophones sans exception. Ce dernier ouvrage comporte une préface posthume de Jean-Edern Hallier intitulée « L'Honneur de la gauche ».

Art de vivre... avec Hallier

« La France est sans doute le seul pays au monde dont le patrimoine
littéraire comporte une section gastronomique. »
James de Coquet (1898-1988), *Lettre aux gourmets aux gourmands aux
gastronomes et aux goinfres sur leur comportement à table et dans l'intimité*

Jean-Edern Hallier fait partie des « grands vivants ». Non, à proprement parler, des « bons vivants ». Nuance. Inconditionnel d'un certain art de vivre, qui a ceci de commun avec l'art qu'il suppose une initiation et un minimum de fréquentation, il avait ses habitudes et ses lieux de prédilection. Au point qu'il y eut ainsi ces « années Hallier » où le microcosme parisien avait fini par « concocter » le petit « jeu de l'oie » de l'edernisme triomphant, avec, bien sûr, « Closerie des Lilas » comme l'une des cases les plus récurrentes...

Sans être un gastronome des plus passionnés ni – encore moins – un lecteur du Guide Michelin ou de toute autre « vraie-fausse » « Bible » des haltes culinaires, l'auteur de la *Lettre ouverte au colin froid* savait fort bien que sur le territoire français, tout ce qui, de près ou de loin, tourne autour de la table, lieu privilégié de rencontre et d'échange, revêt une importance cruciale et que la convivialité gourmande va volontiers de pair avec l'inspiration et la vie littéraires... Ce n'est d'ailleurs pas sans raison si James de Coquet se plaisait à le souligner : « La littérature française compte une section dont on ne trouverait pas l'équivalent dans d'autres pays : la chronique gastronomique. Elle consiste à analyser la cuisine des restaurants comme s'il s'agissait d'un livre, d'une pièce de théâtre, d'un tableau, d'un opéra. La cuisine aussi est un art. Il est donc tout naturel que le feuilleté de homard de tel chef suscite le même vocabulaire que *Le Chevalier à la rose* sous la baguette de Karajan. »

En règle générale, Jean-Edern Hallier était un client de tout repos. Il passait volontiers à table et ne devenait un potentiel trublion que s'il se retrouvait nez à nez avec des personnes avec lesquelles il avait quelques comptes à régler. Dans la fougue de sa perpétuelle jeunesse, il pouvait alors avoir la dent dure et le sang chaud. Ainsi, il n'hésita pas à dire haut et fort quelques vérités à un critique [1], dont le triple tort consistait à avoir « commis » un article perçu comme odieux, à jouer les précieuses ridicules en mode néoproustien dans la plus parfaite inconscience de son insignifiance artistique, et surtout à se trouver au mauvais endroit et au pire moment, c'est-à-dire sur le seuil de la brasse-rie Lipp et à l'heure sacro-sainte du repas. C'est également chez Lipp qu'il arriva à Jean-Edern Hallier de pousser un petit « coup de gueule » contre un serveur qui avait pris l'initiative d'attri-buer « sa » table, la 24, à des touristes hollandais. Pour le faire patienter, un verre de vin lui fut offert. Mais les envahisseurs bataves, inconscients des us et coutumes germanopratins et ne comprenant goutte à la situation, prirent leurs aises. Résultat : un ballon de rouge finit sur leurs visages et leurs vêtements. Et verdict : plusieurs mois d'interdiction de séjour chez Lipp pour notre impétueux écrivain [2]...

Pour davantage évoquer Hallier dans ses « tours de table », sans doute est-il préférable de se référer à un observateur de la vie parisienne comme François Roboth, qui l'a croisé et qui, depuis des décennies, à force d'arpenter vitrines et coulisses, couloirs et recoins, connaît non seulement les cuisiniers, les maîtres du « piano », mais encore l'éminent maître d'hôtel Thierry Clément et les meilleurs « metteurs en scène », animateurs et orchestra-teurs, jour après jour, de l'art de vivre.

« Les Français aussi ont la bombe. La bombe Michelin. Ils la balancent sur
tous les restaurants qui ont moins de quatre étoiles.
Ce sont les seuls au monde qui testent encore leurs bombes. Où ?
Dans le désert du Sahara ? Au milieu de nulle part ? Non !
À Tahiti, en plein paradis ! Pourquoi ? Parce qu'on est Français, pardi ! »

(« And the French! The French have a bomb too! Maybe they have the
Michelin Bomb. Ah! Only destroys restaurants under four stars! They are the
one of the only people that still test their bombs! Where do they do it?
In the Sahara, in the total wasteland? No, fuck off!
In Tahiti! In paradise. Why? Because we're French. »)

Robin Williams, dans le film *Toys*

---

(1) Il s'agissait du journaliste Angelo Rinaldi, qui, après avoir longtemps
occupé un fauteuil de critique à *L'Express*, est parvenu en 2001 à se faire élire à
l'Académie française. Dans ses *Carnets impudiques*, Hallier l'évoque comme « un
tueur-critique corse – autrement surnommé, à cause de sa petite taille, au sens
propre comme au sens figuré, Tom Proust ».

(2) Ce petit incident authentique a été rappelé dans un article de Jérôme Béglé
intitulé « Il était une fois... Lipp, le temple de la tradition » et paru dans *Le Figaro*
du 15 janvier 2010.

J.-E. H. ne se contentait que du meilleur!

Par François Roboth [1]

> « Ni en lettres, ni en cuisine, je n'ai de goût
> pour ce qui est fade, timoré, inexpressif. »
> Léon Daudet, *Bréviaire du journalisme*

Dès le Moyen Âge, où, à la cour de France, le maître d'hôtel était un seigneur qui dirigeait, supervisait et assurait le service du roi, comme dans ce nouveau millénaire déjà bien entamé, rien de changé dans notre restauration nationale et républicaine. C'est toujours un « maître d'hô » qui est chargé de la coordination de l'ensemble du personnel de service, de l'accueil des clients devenus de simples citoyens, du parfait déroulement du service à table. Une fonction qu'assure depuis des lustres, avec l'abnégation et le talent d'un authentique et grand professionnel, Thierry Clément.

Énumérer la liste des grands de ce monde, des personnalités, des artistes, des célébrités, en un mot des « people », qu'il a servis et sert encore quotidiennement ne tiendrait pas dans ce chapitre...

La Résidence Maxim's

Retenons simplement que c'est au cours des années 1984-1987, au rond-point des Champs-Élysées, alors chef barman de la luxueuse Résidence Maxim's voisine du palais de l'Élysée, propriété du grand couturier Pierre Cardin de notoriété internationale, qu'il fera la connaissance du bouillonnant et déjà médiatique trublion Jean-Edern Hallier. « Généreusement, Pierre Cardin lui a offert, confie-t-il, une totale hospitalité qui, selon l'expression consacrée, comprenait assez fréquemment, le gîte confortable, le couvert savoureux, sans oublier le bar bien achalandé et même aussi le minibar de sa chambre souvent double. » Quand deux génies se rencontrent... il n'est plus question d'argent.

Ledoyen

C'est quelques années plus tard, cette fois au cœur des Champs-Élysées, au Cercle Ledoyen, annexe du restaurant étoilé, que Thierry Clément retrouvera J.-E. H. Sur la chaîne Paris Première du câble, ce dernier anime tous les dimanches à 19 heures son « Jean-Edern's Club », une impétueuse émission de télévision en direct, où, selon son appréciation, il arrache fréquemment avec fougue et conviction les pages des livres qui, sans mauvais jeu de mots, n'ont pas grâce à ses yeux !

Dans le calme et une relative sérénité, « Fog », le journaliste branché Franz-Olivier Giesbert, lui succédera avec « Le Gai Savoir ».

La Closerie des Lilas

C'est en 1994, au poste de directeur-maître d'hôtel de la mythique et parisienne Closerie des Lilas que Thierry Clément retrouvera de nouveau J.-E. H. parmi les nombreuses sommités parisiennes et internationales des arts et du spectacle qui fréquentent assidûment cette historique brasserie. « Souvent, se souvient-il, il rejoignait ses amis fondateurs de L'Idiot international et les habitués Philippe Sollers, Marc-Édouard Nabe, Michel Rocard [2], Bernard Kouchner, Brice Lalonde. Pour lui, il s'agissait verbalement uniquement, tout en les arrosant copieusement, de refaire comme il se doit des révolutions passées, avec parfois le concours du célèbre parolier Étienne Roda-Gil. » Thierry Clément l'assure : « J.-E. H. était un client agréable qui, comme un célèbre Premier ministre anglais, ne se contentait que du meilleur. Plus particulièrement avec les grands crus du bordelais et les havanes modules Fidel. Cet éclectisme ne le privait pas d'une bonne dose de facétie et d'humour, comme un samedi, où, au déjeuner, accompagné du maire de Paris Jean Tiberi et de son épouse Xavière, il occupa, sans vergogne et le sachant, en face du bar, la table n° 1, libre mais réservée à l'écrivain Jean-Marc

Roberts. En résumé, conclut Thierry, J.-E. H. était l'invité permanent de ses amis. Ce qui, en tout état de cause, ne l'aurait dissuadé en rien, le lendemain du 23 avril, où il fut, en compagnie de la chanteuse Sapho, de Daniel Cohn-Bendit alias "Dany le Rouge" et de l'écrivain Paul Guth, invité par Bernard Pivot à participer à l'émission "Apostrophes", d'organiser le soir du 24, en sortant de La Closerie, son mystérieux "vrai ou faux enlèvement". »

Clap de fin !

Le 12 janvier 1997, en fin d'après-midi, prévenu par Omar le fidèle secrétaire et chauffeur de J.-E. H. de sa mortelle chute à bicyclette à Deauville, Thierry Clément accueillera une équipe du « JT » d'Antenne 2 venue tourner un reportage pour le 20 heures et recueillir des témoignages dans l'un de ses établissements préférés.

Ainsi s'écrit l'Histoire !

« L'emblème de la France, c'était le coq. C'est aujourd'hui le coq au vin. »
Attribué à Gilbert Cesbron (1913-1979)

« Les malheurs de l'homme ont pour source le boire et le manger. »
Attribué à Samuel Joseph Agnon
(Shmuel Yosef Halevi Czaczkes, dit, 1888-1970), prix Nobel de littérature

(1) François Roboth est un journaliste connu pour avoir un goût prononcé pour le bon, le beau, le vrai... Ancien rédacteur en chef du Maxiguide Hachette France, coauteur de *22*, un album photo pittoresque sur les événements de Mai 1968 en France, avec Jean-Pierre Mogui, et d'ouvrages de la célèbre collection des « Guides Bleus », il a également signé les textes de l'album photo de Claude Perraudin, *Le Père Claude*, paru en 2015, et plusieurs contributions dans les livres *Carré d'art : Jules Barbey d'Aurevilly, Lord Byron, Salvador Dalí, Jean-Edern Hallier, Bodream ou Rêve de Bodrum, Piano ma non solo et 88 notes pour piano solo.* Sur France 3, François Roboth fut enfin l'animateur, pendant cinq ans, de « Quand c'est bon ? Il n'y a pas meilleur ! », seule émission culinaire en direct à la télévision. Il est juré du concours national Meilleur Ouvrier de France (catégorie Maître d'hôtel, du service et des arts de la table).

(2) Au moment de la mise sous presse du présent ouvrage est survenu le décès de M. Rocard, le 2 juillet 2016.

Appendice

« L'appendice a ceci de bon que, par son contenu strictement documentaire, il inspire confiance aux lecteurs sérieux. On trouve souvent dans un appendice le meilleur d'un gros ouvrage. En général, même, je choisis les livres à appendice : je vais droit à l'appendice, je m'en tiens là et m'en trouve bien. Autrefois, je disais la même chose des préfaces. Passé l'époque des aide-mémoire et découvrant les préfaces des éditions critiques, je m'y suis complu et attardé si bien que voici venu l'âge des appendices. Cette économie culturelle, quels qu'en soient les immenses défauts, vous donne quand même le droit de mépriser le système digest comme une bouillie infantile. Si j'examine la chose en tant qu'auteur, je reconnais à l'appendice l'avantage de nous épargner les efforts de style, morceaux de bravoure et autre littérature, mais sur ce point je ne suis pas regardant. »

Jacques Perret, *Rôle de plaisance*

Carnet du jour du *Figaro* du 14 janvier 1997

« Madame Ariane Hallier et son mari
Mme Béatrice Szapiro
M. Frédéric Hallier
ses enfants,

Antoine et Sarah Talon,
ses petits-enfants,

M. et Mme Laurent Hallier
son frère et sa belle-sœur

Raphaëlle et Alexandre Hallier,
sa nièce et son neveu

Mme Christine Cappelle-Hallier,
Mlle Marie-Antoinette Baechler,
M. Omar Foitih,
M. Anthony Palou,
et toute la famille

ont la douleur de vous faire part du rappel à Dieu de

Jean-Edern Hallier

survenu accidentellement le 12 janvier 1997

La cérémonie religieuse aura lieu en l'église Saint-Ferdinand des Ternes, 27, rue d'Armaillé,

Paris (17e) le jeudi 16 janvier 1997, à 9 heures

L'inhumation se fera dans l'intimité au cimetière d'Edern (Finistère) »

Messe de Funérailles de Jean-Edern Hallier
Jeudi 16 janvier 1997

Entrée : Choral « Mit Fried und Freud ich fahr dahin » BWV 616
(En paix et avec joie, je quitte ce monde)

Accueil par le père Jean-Yves Riocreux, curé de la paroisse Saint-Ferdinand

Kyrie : Grégorien de la messe des défunts

Première lecture : Matthieu 25, 1-13

« Jésus parlait à ses disciples de sa venue : il disait cette parabole : "Le Royaume des cieux sera comparable à dix jeunes filles invitées à des noces, qui prirent leurs lampes et s'en allèrent à la rencontre de l'époux. Cinq d'entre elles étaient insensées et cinq étaient prévoyantes... Veillez donc, car vous ne savez ni le jour ni l'heure." »

Psaume 50 : (Miserere) Pitié Seigneur, car nous avons péché

Alleluia : Grégorien de la veillée pascale

Évangile selon saint Jean, Chapitre 11

« En arrivant à Béthanie, Jésus trouva Lazare
au tombeau depuis quatre jours déjà.
Comme Béthanie était tout près de Jérusalem... (...)
Les nombreux Juifs, qui étaient venus entourer Marie et avaient donc vu ce que faisait Jésus, crurent en lui. »

Homélie du père Alain Maillard de La Morandais

(dont un extrait de *Bréviaire pour une jeunesse déracinée* :
« Ah, comme le temps de mon grand âge me tarde ! Comme tous les vieux, je serai frivole et voûté. Perclus, marchant d'un petit pas cérémonieux, ma contenance me donnera enfin l'air que je n'ai jamais eu : le grand air, l'air sérieux. Je voudrais être un vieil olivier tordu, craquelé, plein de nœuds et de trous en mon écorce, et tendre mes branches au-dessus d'un ciel méditerranéen pour me réchauffer de ce froid du dedans, que je sens parfois au bout de mes doigts – en hiver, j'éprouve le sombre ressentiment de ma mort à venir – comme si la vie venait de me faire une sale blague de collégien, répandre un fluide glacial sur le blanc souci de ma toile, ma page blanche.

Au vrai, de vieillir ne me plaît pas tant que de devenir à l'automne de ma vie un grand ancien. Ce qui rajeunit les uns vieillit les autres. Ce ne sont pas les vieux qui rajeunissent, c'est la jeunesse qui prend de l'âge. »)

Après l'homélie : Choral « Vater unser im Himmelreich » BWV 683 (Notre Père qui es aux cieux)

Offertoire : « Bist du bei mir »
Mélodie tirée du Petit livre de A. M. Bach
L'offrande de ce jour est destinée à la célébration de messes pour Jean-Edern et tous les défunts.

Sanctus : Grégorien de la messe des défunts

Après la consécration : Venu en notre chair

Aujourd'hui nous célébrons Jésus Christ en notre chair. AMEN
Mort sur le bois de la croix. AMEN
Ressuscité d'entre les morts. AMEN

Et nous l'annonçons, nous l'annonçons jusqu'à ce qu'il revienne.
AMEN

Notre Père

« Notre Père, qui es aux cieux… mais délivre-nous du Mal. »
Communion : Extrait de « Combat de la mort et de la vie », de Olivier Messiaen (Dans la paix ensoleillée du Divin Amour).

« Pie Jesu » extrait du Requiem de Gabriel Fauré.

Absoute :
Encensement
Bénédiction du corps

Diacre : Guillaume de Sevin
Orgue : Jean-François Hatton
Chant : Claire Louchet

Procès de l'affaire des écoutes de l'Élysée

Extrait de compte rendu d'audience
(2 février 2005, *L'Obs*, 9 février 2005)

JOUR 26

L'obsession Edern Hallier

Le journaliste Jacques Merlino, partie civile au procès à Paris des écoutes sous François Mitterrand, a raconté mercredi 2 février comment la cellule de l'Élysée avait fait annuler en 1984 un numéro de son émission télévisée parce qu'il y avait invité l'écrivain Jean-Edern Hallier.

Responsable à l'époque de l'émission « Aujourd'hui la vie », Jacques Merlino avait prévu, en mars 1984, de recevoir Jean-Edern Hallier, devenu l'ennemi intime de François Mitterrand, dont il menaçait de révéler certains des secrets, pour témoigner de ses difficultés pour financer son journal *L'Idiot international*.

Le matin même du tournage – l'émission était en direct – le journaliste est convoqué par son directeur de la rédaction à Antenne 2.

« Il me dit : "Vous savez Merlino, cette émission ce n'est pas une très bonne idée." J'ai essayé de résister mais je me suis incliné. Nous avons, du coup, programmé une émission sur "la retraite au soleil" », a raconté le journaliste.

Une note de Prouteau

À l'époque des faits, Christian Prouteau, chef de la cellule, rédige une note à sa hiérarchie dans laquelle il dit avoir obtenu l'annulation de l'émission.

« Comme à l'époque l'obsession de Jean-Edern Hallier c'était son livre (qu'il essayait de publier et dans lequel il révélait notamment l'existence de la fille cachée du président, NDLR), je ne le voyais pas aller à une émission de télé sans en parler », s'est défendu Christian Prouteau.

Deux ans plus tard, en 1986, Jacques Merlino reprogramme un numéro de son émission avec Hallier, pour disserter cette fois de l'œuvre de l'écrivain Érasme. Deux mois plus tard son émission disparaît de l'antenne.

« Qu'est-ce qui vous permet de faire le lien entre la suppression de l'émission et la prestation de Jean-Edern Hallier », l'interroge l'avocat de Christian Prouteau, Me Francis Szpiner. « Rien. Je peux juste constater la coïncidence », répond le journaliste.

Reprise du procès lundi.

Dépêche de l'Agence France-Presse du 25 juillet 2008

Écoutes de l'Élysée : l'État condamné à indemniser la famille Hallier

PARIS (AFP) – L'État a été condamné à indemniser les deux enfants et le frère de l'écrivain Jean-Edern Hallier pour le préjudice subi par leur père dans l'affaire des écoutes illégales de l'Élysée, selon un jugement administratif révélé par *Le Point* et consulté par l'AFP vendredi.

Dans une décision rendue le 14 mai, le tribunal administratif de Paris a condamné l'État à verser 70 000 euros au fils et à la fille de l'écrivain mort en 1997, et 20 000 euros à son frère.

Jean-Edern Hallier avait été l'une des principales victimes des écoutes illégales réalisées par l'Élysée entre 1983 et 1986, qui craignait que l'écrivain ne révèle l'existence de Mazarine, la fille cachée du président.

Cette affaire s'était conclue le 9 novembre 2005 par sept condamnations pénales devant le tribunal correctionnel de Paris[1].

Les deux principaux protagonistes de cette affaire, l'ancien directeur adjoint du cabinet de François Mitterrand, Gilles Ménage, et le chef de la « cellule de l'Élysée », Christian Prouteau, avaient été respectivement condamnés à six et huit mois d'emprisonnement avec sursis et 5 000 euros d'amende chacun.

Le jugement avait précisé à propos de M. Prouteau « que les faits qui lui sont reprochés ont été commis sur ordre soit du président de la République, soit des ministres de la Défense successifs qui ont mis à sa disposition tous les moyens de l'État afin de les exécuter ».

Le tribunal administratif de Paris a estimé lui aussi que « les fautes commises par ces hauts fonctionnaires, sur instruction du président de la République et d'autorités gouvernementales, alors même qu'elles sont d'une particulière gravité, ne sont pas détachables du service », et donc condamné l'État à payer.

---

(1) Parmi ces condamnations pénales évoquées par l'Agence France-Presse, figure celle de Louis Schweitzer, actuel Commissaire général à l'investissement, qui fut le directeur de cabinet du Premier ministre Laurent Fabius et dont le nom passera peut-être à la postérité pour avoir personnellement autorisé le renouvellement des écoutes de Jean-Edern Hallier. Quoique dispensé de peine, il a bel et bien été condamné et a même vu sa condamnation confirmée de manière définitive par la Cour de cassation. Comme l'écrit Hallier dans *Les Puissances du mal*, Laurent Fabius, lui, « porte à jamais une goutte de sang contaminé comme rosette de la Légion d'honneur ».

La confession d'un soldat de l'ombre [1]

« Pour Jean-Edern Hallier, son extravagance allait aisément de pair, dans l'esprit de tous, avec un délire de persécution prononcé – qui avait pourtant des origines bien réelles. Résultat : personne ne le prenait au sérieux quand partout, haletant, il dénonçait la traque des "hommes de Mitterrand". La réaction unanime était de le soupçonner d'avoir trouvé un nouveau "truc" pour se faire remarquer. Comme, de surcroît, nous n'étions plus en action, selon la méthode éprouvée, et qu'il fabriquait son angoisse tout seul, tout le monde ne pouvait que le croire vraiment atteint ou tragiquement en mal de publicité. Le personnage était définitivement douteux, et cela se reporta sur ce qu'il écrivait. Mission accomplie.

Dans toute cette histoire, Jean-Edern Hallier fut notre victime. Indéniablement, il avait un faible pour sa propre publicité. Il aimait faire parler de lui et il y consacrait beaucoup d'énergie. Après son soutien apporté à la candidature de François Mitterrand, il avait caressé des espoirs de grandeur, et sa déception fut si amère qu'il l'exprimait de façon désespérée. Et peut-être, paradoxalement étant donné le personnage, répugnait-il à toute cette comédie.

Nous, les soldats, nous sommes contentés de faire notre métier, dans l'optique fixée une fois pour toutes de la sécurité, qui doit se garder du scandale. Jean-Edern Hallier devenait très gênant, puisque malgré nos "conseils" il refusait de se taire. Pendant un instant, il a même cru qu'il pourrait gagner... Cette comédie a commencé très tôt, au début du premier septennat. Jean-Edern Hallier nous a donné du fil à retordre. Il était intraitable. Il tenait dur comme fer à son éclat, mais le désordre n'était pas dans nos principes...

Jean-Edern Hallier n'était pas physiquement en danger, et nous ne pouvions pas le menacer, mais il fallait qu'il s'en persuade. Il nous a suffi de semer des anomalies dans sa vie. On ne peut pas imaginer, tant qu'on n'en est pas victime, le pouvoir de ce harcèlement : sortir de chez soi et trouver deux pneus crevés à sa voiture ; recevoir des coups de fil à n'importe quelle heure sans jamais personne au bout ; rencontrer souvent une même personne inconnue dans la journée sans que cela ne puisse être dû qu'au hasard (au supermarché, au bistrot, dans le bus...), etc.

Les proches remarquent aussi des choses bizarres... Cette méthode est couramment pratiquée et certaines personnes, aujourd'hui en France, en sont sans aucun doute victimes. Ensuite, son esprit faisait le lien entre les nouveaux phénomènes troublants de sa vie et nos menaces voilées. La pente est si naturelle que la peur s'empare de quiconque n'est pas formé aux méthodes de l'espionnage et du contre-espionnage... »

---

(1) Extrait du livre de Daniel Gamba intitulé *Interlocuteur privilégié : j'ai protégé Mitterrand*, et publié chez Jean-Claude Lattès en 2003. Membre du GIGN (Groupement d'intervention de la Gendarmerie nationale) en 1982, l'auteur a intégré en 1983 le GSPR (Groupe de sécurité de la présidence de la République) alors dirigé par Christian Prouteau. Il est désormais retraité.

Un enfant trop gâté

Un exilé volontaire de la bourgeoisie
dévore en riant ses trop nombreux pères et mères

Par Jean-Pierre Chevènement[1]

« Quel chahuteur insupportable que ce Jean-Edern Hallier! Quelle turbulence! C'est un ouragan, une trombe dionysiaque, un typhon verbal, et comme il se décrit bien, narcisse moqueur, dressant un échafaudage de chaises pour se hisser sur la dernière en déclarant : "Je suis le plus grand" Patatras! Grimpe et tombe, Jean-Edern, et regrimpe!

Autobiographie spirituelle et politique, *La Cause des peuples* est un livre à tiroirs secrets, comme ces secrétaires dont on n'a jamais fini d'explorer les contours. C'est aussi un livre à surprises. Vous rencontrerez pêle-mêle Louise de Vilmorin et Alain Geismar, Ezra Pound et Bébé Doc, Henri Michaux et François Joseph. Et Georges Pompidou, dansant chez les Rothschild, "déguisé en Arabe avec sa chéchia, son burnous, tapant sur un tambour de peau arabe", qui l'a vu?

Connaissez-vous Jean-Edern Hallier? Il arrive, la lèvre de guingois, tonnant joyeusement, éructant, écoutant peu, il vous agrippe de sa dernière trouvaille. Enfant trop gâté de trop de pères, de trop de mères, il en pourchasse tous les substituts et jusqu'à l'ombre des ombres : l'État père fouettard, le grand-père culture, la marâtre patrie.

Depuis qu'il s'est enfin découvert "enfant de la société", il lui faut lui régler son compte. Grande querelle qui nous vaut d'admirables pages sur l'histoire de France, sur le siècle des bouffons, sur la bourgeoisie tantôt rêveuse, la sienne, tantôt moins discrètement charmeuse : cette classe en laquelle il voit "une image très élaborée, atroce et fardée de l'enfer" est aussi celle où il trouve son "enracinement pervers".

Haïssable M. Taupin

Une tension dramatique soutient le livre entre les délicieux traumatismes de l'enfance "Mitteleuropa" et de l'adolescence bretonnante, et la dénégation violente, haineuse du "bas de laine de valeurs morales" dans lequel le bourgeois se laisse macérer jusqu'à la mort.

Sans doute faut-il connaître un peu Jean-Edern Hallier pour apprécier pleinement l'humour fantasmagorique de son monde de Sissis froufroutantes, de valets écoutant aux portes, de zombies et de tontons macoutes. Expert ès mythologies, Jean-Edern Hallier ne veut surtout pas qu'on le regarde, tel M. Taupin, son professeur d'histoire, comme un mythomane. Haïssable M. Taupin, petite France, vous ne comprenez rien. Une certaine vérité profonde, sourde souffrance, sourd du livre dès la première page :

"Je ne sais plus ce qu'est la France. France, objet de ma plus grande passion et du seul, du plus tenace chagrin d'amour de ma vie… Qu'est-ce que la France d'aujourd'hui ? Condamnée à terme, ne jouant plus le rôle qui fut le sien, nous sommes d'autant plus endoctrinés, gavés, matraqués qu'elle fait tapisserie autour de la piste de danse internationale…"

Comme nous tous, orphelin de 1940, Jean-Edern Hallier n'a pas reconstruit comme beaucoup, cocus mais fidèles à la princesse des contes de fées, une image glorieuse de la défaite, de l'Occupation, de la Milice, du STO, des BOF et du Vel' d'Hiv' : "Aujourd'hui, mourir pour la France est devenu une convention, mais vivre pour elle est une contrainte intéressante... La France n'est que l'une des plus fantastiques supercheries publicitaires qu'il ait été donné aux peuples de subir."

La verve truculente ne tarit plus : c'est une descente en flammes de tous les schémas, modèles, concepts hexagonaux. On ne pourra plus recoller le vase de Soissons !

De ce point de vue, Jean-Edern Hallier est de la veine de Drieu la Rochelle, qui, lui aussi, dès 1920, avait pris "la mesure de la France". Comme lui, familier des génies telluriques, ami des peuples de la nuit, amoureux d'une Europe régénérée, il hait celle de l'argent, l'Europe du Marché commun des biens, celle des 36 % de "oui", "ce vieux collage, barmaid décatie de la bureaucratie capitaliste, qui n'arrive même plus à racoler de client."

Les vues de politique étrangère de Jean-Edern Hallier sont résumées dans un bestiaire qui constitue un commentaire, un peu corsé sans doute, d'une politique étrangère de gauche : "la grosse puce géante carapaçonnée" (l'impérialisme russe), "la méduse aux ventouses à la place des yeux" (le Marché commun), "l'immonde rascasse" (l'impérialisme américain).

Mais à l'inverse de Drieu, attenant le salut d'un national-socialisme qu'il pouvait voir de près, Jean-Edern Hallier n'évoque en réalité "la voie de Yenan traversant la lointaine terre de Chine" que dans le bassin parisien : une sorte de pèlerinage de Chartres révolutionnaire. Mao Tsé-toung est le plus discret des pères et n'apparaît qu'en une seule ligne sous la forme d'un livre peut-être pas même coupé.

Le *Petit livre rouge* de la pensée de Mao Tsé-toung ne figure donc pas dans la bibliographie secrète de l'œuvre. Tout au plus, pourrait-on parler de mao-nietzschéisme chez ce "garde rouge" lancé à l'assaut de grand-père culture.

Le bonheur et la force de l'expression sont constants. Y a-t-il une politique au-delà ? Oui, certes, mais elle est à dire et à faire. S'il est vrai que "entre l'esprit du temps et la vocation politique un lien absolu cheville certains individus", je ne suis pas sûr que Jean-Edern Hallier, qui sent magnifiquement l'esprit du temps, ait trouvé ou doive trouver sa vocation définitive en politique : "Pour le peu d'oppression qu'il a lui-même connu, il s'imagine pouvoir prendre en charge un peu de l'oppression collective."

Ceux qui désirent

Puissance d'imagination, force du trait. Qu'importe la conclusion politique ? Jean-Edern Hallier est un artiste, ce n'est pas (ou pas encore) un ingénieur de l'histoire. Avec les commerçants de Nicoud ou les paysans de Lambert, ce sont les bandes d'enfants, merles ou renards bleus, indomptables et querelleurs, qui font à nouveau irruption sur le devant de la scène. Ni la Bretagne libre, ni l'Europe des peuples ne sont l'enjeu d'une lutte politique à proprement parler. Ni le parlement de Bretagne ni la diète de Ratisbonne ne hantent l'esprit qui toujours nie. Il s'agit d'autre chose : rendre tous et chacun à leur identité.

Changer l'homme (changer la vie, allais-je dire, mais je m'arrête par crainte d'apparaître récupérateur) : "À Anvers, à Ostende, à Belfast et à Dantzig, partout je distinguerai deux espèces d'homme : celle qui désire et celle qui ne désire pas, et je veux dire par là que la porte du désir est comme une grande ombre grise sur les visages de la seconde espèce."

La spontanéité de Jean-Edern Hallier, c'est le rire fou, la sensualité, l'exubérance vitale, j'allais dire la rage de convaincre : une pincée de Bleustein-Blanchet, en effet, mais pas dupe et pas folle la guêpe. Bref, ce n'est pas un maître à penser. C'est un maître à sentir. Lisez ce livre tragique et gai. Il ne vous tombera pas des mains. Je le conseille surtout aux hommes d'État pour qui la jeunesse est un problème de gouvernement, "l'éternelle jeunesse qui, à tous les âges de la vie, croit et espère encore". Comme l'écrit splendidement Jean-Edern Hallier : "La politique est affaire de sentiments, sinon elle n'est rien !" »

---

(1) Texte rédigé à l'occasion de la parution du livre *La Cause des peuples*, de Hallier, aux Éditions du Seuil, en 1972, et inséré dans *Chaque matin qui se lève est une leçon de courage*, publié par les Éditions Libres-Hallier en 1978.

Une préface de Jean-Edern Hallier [1]

au livre *Je défends Barbie*, de Jacques Vergès [2],
paru aux Éditions Jean Picollec en 1988

« Je combattrai jusqu'au bout vos idées, et aussi pour que vous ayez le droit de les exprimer », clamait Voltaire à ses adversaires, lors de l'affaire Calas.

Cette phrase est le fondement de la démocratie des Lumières au XVIIIe [3]. Elle est la devise même de la liberté d'expression jadis sacrée. C'était une règle de laisser à l'autre, même à son pire ennemi et surtout, principe absolu, à celui que l'on juge le droit à la parole. L'invention du rôle de l'avocat, quand l'accusé ne sait pas s'exprimer, consiste à la lui donner quand même, par personne interposée. Les racines de cette profonde politesse sociale, même envers celui à qui on va infliger le châtiment suprême, sont celles de la morale.

Depuis, nous sommes retombés dans les ténèbres du Moyen Âge.

Quelle que soit la douleur de la mémoire, l'indignation, la juste passion du peuple juif sur le génocide – fondement de la religion d'Israël au XXe siècle, pas celle du judaïsme, mais le principe de rassemblement du sionisme – la diabolisation de Me Jacques Vergès lors du procès Barbie et la tentative de lynchage dont il fut la victime par des groupes manipulés d'un Ku Klux Klan de syndiqués de la paranoïa, en un simulacre de vindicte populacière, lors du verdict du procès Barbie, m'ont profondément choqué, et je ne suis pas le seul. Par leur manque de respect pour la justice dans un pays démocratique, ce que révélaient ces manifestations est attristant pour ceux qui croient à la dignité humaine.

À quoi sert un procès, si les excès de ceux qui préfèrent faire justice eux-mêmes entachent sa tenue ? C'est sa gravité qui donne au châtiment toute sa mesure, et jamais l'hystérie qui peut l'entourer. La solennité du décor de la cour d'assises n'a pas d'autre finalité : substituer à la subjectivité passionnelle les apparences de l'objectivité et au grand guignol sacrificiel, le caractère irrémédiable de la peine. Or ces gens, ces vengeurs étaient atteints d'une maladie étrange, que les anciens Grecs appelaient *hybris* – la démesure…

En flétrissant leur juste cause, ils sont doublement condamnables, en tant que tels, et pour ce tort qu'ils font à leur propre cause. Ajoutons que de nombreux dossiers sur ce procès sont parus dans la presse, vendus comme étant complets – l'AFP, *Globe*, ou *Le Monde*, pour ne citer que ceux-là. Pas un n'a retranscrit la plaidoirie de Jacques Vergès, à part de courts fragments, et l'on se demande bien ce que l'on peut savoir de sa défense, quand on lit dans *Le Monde*, pour tout commentaire, ce balancement de stéréotypes : « un torrent impétueux de mots, de formules, de citations, charriant quelques pépites et beaucoup de boue. »

À ma connaissance, les minutes de Nuremberg, et des grands procès des criminels de guerre nazis, ont toujours été intégralement rendues publiques – et il n'aurait pas été question de censurer le discours des avocats. Il y a plus : le comportement de l'édition française, quand il s'est agi de publier le manuscrit. La pusillanimité méprisable de ces marchands de soupes, pour ne pas dire plus, l'autocensure n'osant pas dire son nom, sourde, rampante, faite d'auto-intimidation et d'arguments commerciaux fallacieux, ont retardé pendant de longs mois la sortie en librairie, qui ne se serait jamais faite sans le courage républicain d'un seul, s'appuyant sur nos bons vieux principes de liberté d'expression, sans se laisser intimider par la terreur insidieuse

qui règne au sein d'un secteur de la culture désormais norma-
lisé, le monde du livre.

C'était un courage nécessaire de l'éditer, et pour moi, élevé
catholiquement, mais fils d'une mère juive, et de parents qui
sauvèrent plusieurs dizaines de familles juives sous l'occupation
allemande, de le préfacer, un devoir.

Voyons d'abord qui est l'homme, derrière les dérisoires fumi-
gènes d'enfer que les médias croient bon d'allumer sur son
passage, pour mieux comprendre son art – et comment il a pu
l'amener à accepter la défense de Barbie.

Je connais Jacques Vergès depuis toujours. Ce "toujours"
remonte aux années 1960. Vingt ans après, comme pour les
Trois Mousquetaires. En ce temps-là, il dirigeait la luxueuse
revue tiers-mondiste *Révolution*, où j'écrivais moi aussi. Quand il
disparut pour huit ans en 1970, je le rencontrai successivement
dans les maquis boliviens en 1973, chez les Khmers rouges, et
dans un bordel de Tel Aviv...

Il ne me démentira pas. Reste à savoir pourquoi cet ancien com-
battant des Forces françaises libres, ce progressiste reconverti,
plus reconnu à droite qu'il ne l'est par une gauche dont il est
l'épine dans le pied, continue à passer pour le diable – quand
bien même le diable revient-il à la mode.

"Il n'y a pas d'explication policière de l'histoire", disait le héros
de la *Conspiration*, de Paul Nizan, à son fils. Pourtant chacun y
va aujourd'hui de la sienne, au ras des pâquerettes. Qui mani-
pule Vergès? Le KGB? Les Chinois? L'Internationale terroriste?
Les anciens nazis en Amazonie? Sous chacune de ces plaidoiries,
c'est comme s'il y avait une mine enfouie, prête à exploser à la
figure des folliculaires.

Quite à choquer, un véritable portrait de Vergès n'est possible qu'à condition d'aller au-delà des lieux communs de la presse, dont la redoutable indigence n'est pourtant pas innocente : "Autour de tout homme d'exception, s'écriait déjà Nietzsche, se dégage un brouillard, une incohérence, que chacun essaie d'appliquer à toute pensée un tant soit peu profonde." Or, personne ne peut nier que Vergès ne soit aujourd'hui le plus grand avocat français. Au sens où, comme autrefois avec Maurice Garçon, ou Floriot, il attire à lui le plus grand nombre de causes célèbres.

Rien de plus clair que le combat qu'il mène depuis des années, mais c'est comme pour la *Lettre volée*, d'Edgar Poe, elle a beau être posée au milieu de la table, nos esprits tordus refusent de la voir.

"L'infraction caractérise la société humaine, me dit-il, elle fait que l'homme quitte l'animalité et tend à devenir un dieu. Il n'y a que dans la société animale qu'il n'y ait pas de ces transgressions."

Le bonheur par le crime ? Est-il un lointain disciple du marquis de Sade ? Non, avec un professionnel absolu, qui a sacralisé son métier au point de construire à partir de lui une conception du monde : unité de temps, de lieu, d'action, c'est la cour d'assises qui se change en théâtre classique de l'universel. De la grande littérature, mais transposée en langage juridique.

Vergès, pur praticien de ce qu'il appelle "l'art judiciaire", développe cette conception romanesque de la justice. Elle le meut au stade *esthétique*, que le grand philosophe Kierkegaard mettait au-dessus du stade moral, considérant que c'est là le niveau de l'esprit supérieur. Il est vrai que c'est incompréhensible, voire scandaleux pour les majorités silencieuses qui ont ressorti avec Barbie ce vieux bouc émissaire de leur étable. Qui était ce monstre ?

La tâche de l'avocat, c'est de montrer ce que le cas de son client, quel qu'il soit, comme le personnage d'un grand roman, a d'unique en son genre. S'il veut gagner, il doit créer une œuvre originale. Malraux déclarait : "Si on essaie de comprendre le crime on n'arrive plus à le juger." Le pire des assassins est un être humain, c'est ce qui le rend fascinant. Un chimpanzé déguisé en SS à Auschwitz ne pose aucun problème, l'humanité de Barbie si... Moi, j'occupe tous les rôles qui peuvent passionner, voyeur, acteur, auteur.

Sous l'avocat reconnu, admiré par ses pairs – et dont Badinter même se vantait d'être l'ami, jusqu'au jour où, nommé ministre de la Justice, Vergès refusa de lui adresser la parole, sous le prétendu dandy qui avoue avec complaisance posséder un hôtel particulier, adorer se prélasser pendant des heures dans un bain moussant, se caresser le cou de cachemire, fumer le havane, se cache un moine mandarin, un travailleur acharné, un ascète qui dort dans son bureau comme dans une cellule de prisonnier, et étudie ses dossiers dès l'aube. L'argent, il s'en moque, il ne prend jamais de vacances. Dès qu'il a un moment libre il se plonge dans la poésie, Aragon, Rimbaud, Baudelaire, Ezra Pound, ou, ces jours-ci, les plaidoiries de Cicéron grandes ouvertes sur son bureau.

Est-ce là la subversion de Vergès ? Est-ce à cause des poètes qui enchantent son intimité que rien qu'à prononcer son nom auprès des imbéciles, c'est comme si les flammes de l'enfer vous roussissaient aussitôt la barbe.

Il faut être un sombre crétin pour tenir rigueur à Maupassant de mettre en scène des bourgeois tarés et syphilitiques. À Proust, des pédérastes. Ou aux dieux de la tragédie grecque, d'Eschyle à Sophocle, d'être des monstres sanglants. C'est tout le fondement de la civilisation occidentale qui s'écroulerait s'il était possible d'incriminer un écrivain pour ses personnages, ou un avocat – dont c'est le métier de défendre n'importe quel criminel – de plaider pour Barbie. Gilles de Rais, Landru, le docteur Petiot ou Jack l'Éventreur ont eu, en leur temps, d'autres Vergès pour les défendre, pour ne citer que quelques-unes des grandes figures du crime.

Fallait-il les abattre sans jugement ? Seules les sociétés *idéalement* totalitaires croient pouvoir se débarrasser du protocole de la justice, quand bien même n'est-il qu'un simulacre nécessaire. Ou si l'on continue à faire grief à Vergès de sa redoutable rhétorique au service de Barbie, celles qui sont en pleine régression psychique, ne songeant plus qu'à substituer le Ku Klux Klan et le lynchage de certains vengeurs extrémistes juifs à la procédure. Qu'on ose me dire le contraire...

Alors pourquoi Vergès attire-t-il les affaires maudites, comme le papier collant, les mouches ? Et la plus délicate par toutes les passions religieuses qu'elle a soulevées, le procès Barbie. Quelle est sa cause à lui ? Son secret ? Sa déchirure sentimentale ? Est-ce que c'est parce que sa femme Djamila Bouhired a été torturée en Algérie par les parachutistes qu'il paraît vouer à l'armée française une haine inexpiable ?

Demain, il sera capable de la défendre, comme un joueur de billard à trois bandes pour atteindre sa cible par ricochet. Rien n'est jamais évident avec Vergès. Qui est-il ? Quel est son noyau originel ? Son moteur névrotique ? Faire parler de lui, diront les mauvaises langues. Certes, il n'est pas insensible à la célébrité. Qui l'est lui jette la première pierre. Comment rendre compréhensible cet homme, poussé par la passion aristocratique de déplaire, pour parler comme Henry de Montherlant, si l'on ne remonte pas très loin.

Jusqu'aux blessures cachées de sa petite enfance, à l'île de La Réunion. Ce bâtard, né d'une mère vietnamienne et d'un père créole, a été profondément marqué par le souvenir de ce dernier qui perdit son poste de consul pour avoir épousé une Asiatique.

Au-delà de la facilité de la psychanalyse, nous touchons aux ressorts mystérieux de certaines grandes figures de l'histoire et de la tragédie. La profonde étrangeté de Vergès n'est pas au niveau des *idées* mais de *l'être*. Tout le monde n'a pas la chance de naître orphelin... Ou bâtard.

Or, le héros romantique par excellence, ténébreux, noir, ange déchu qui feint de se mettre du côté des forces du mal – plutôt que de jouer au modèle d'aujourd'hui, le *salaud bien sympathique* –, c'est bien le bâtard. De l'Hernani hugolien, en passant par Baudelaire, Byron, Dumas, ou Frantz Fanon, le métis antillais des *Damnés de la terre*, jusqu'à Vergès, c'est toujours la même figure qui revient, issue du roman noir du XIXe. À chaque fois, elle donne à ses acrimonies, ses haines intimes, la dimension d'une pensée esthétique et sociale.

Que veut le bâtard ? D'abord la reconnaissance personnelle. Mais il ne peut l'obtenir qu'à travers la restauration de la classe sociale en pleine décadence qui l'a exclu, grâce au sang neuf de la bâtardise. Le Chinois Vergès ne défend pas Barbie, il essaie de sauver la grandeur théâtrale de la justice du vieil homme blanc. Et on ne voit pas pourquoi, après le procès de Nuremberg qui eût ses avocats pour défendre les grands criminels nazis, Barbie n'aurait pas eu un Vergès à ses côtés.

Que lui reprocher ? Son talent ? Son mépris des parodies de justice ? C'est ce qu'il a appelé la "défense de rupture" – Socrate contre ses juges, ou Zola lors de l'affaire Dreyfus – par opposition à la "défense de connivence", en un monde où tout y invite secrètement.

Aujourd'hui, on plaide de moins en moins, tout s'arrange d'avance, se règle d'États à États, entre deux échanges et disparitions policières sur les aérodromes. On n'a jamais rien trouvé de mieux que la justice publique contre la sourde montée de la justice glauque.

En ce sens, Vergès est un bâtard archaïque, comme tous les bâtards qui ont partie liée à l'histoire. *Il est réactionnaire au sens fort.* C'est-à-dire qu'il ne s'est jamais accommodé de la disparition d'un ordre ancien dans le culte duquel lui et les siens ont été élevés. Au travers de ses provocations d'un haut classicisme judiciaire, cet antihéros ne réhabilite pas seulement le métier d'avocat, mais la justice d'antan.

Qu'on le vomisse, ou qu'on l'admire, le combat de Vergès, c'est celui de la tragédie classique contre le désordre établi. Lisez son admirable rhétorique, une grande leçon de droit.

---

(1) Après avoir refusé de venir soutenir Jacques Vergès à un club de la presse lors du procès Barbie, Hallier rédigea et publia cette préface parce qu'il était indigné du « lâche comportement des éditeurs » à l'égard de l'avocat.

(2) Jacques Vergès (1925-2013) fut un avocat franco-algérien qui accéda à une grande notoriété pour ses convictions anticolonialistes et pour sa défense de nombreuses personnalités, dont le nazi Klaus Barbie, le terroriste international Carlos (Ilich Ramírez Sánchez, dit « Le Chacal ») ou, le chef d'État ivoirien Laurent Gbagbo et le capitaine Paul Barril dans l'affaire des écoutes de l'Élysée. Dans les dernières années de sa vie, il eut pour amie la marquise Marie-Christine de Solages. Il s'éteignit dans la chambre de l'Hôtel de Villette, à Paris, où mourut Voltaire.

(3) La phrase « Je ne suis pas d'accord avec ce que vous dites mais je me battrai jusqu'au bout pour que vous puissiez le dire » est très communément mais faussement attribuée à Voltaire. En réalité, c'est une biographe, Evelyn Beatrice Hall (1868-1956), qui, depuis la publication de son livre *The Friends of Voltaire* en 1906 sous le pseudonyme de Stephen G. Tallentyre, est, de son propre aveu, à l'origine de l'erreur d'attribution.

Secrets de fabrication

Dans un entretien publié par le magazine *Lire* en septembre 1986 et consacré à *L'Évangile du fou*, Hallier répondait ainsi à certains de ses détracteurs qui parlaient de « tricheries » au sujet de ses livres.

« ... il est bien connu que l'œuvre de Molière, qui reste un immense artiste, est un démarquage de Plaute. Ce n'est pas par hasard que Giraudoux a appelé la plus célèbre de ses pièces *Amphitryon 38*. La littérature, c'est la même toile de Pénélope que l'on refait indéfiniment de nuit en nuit, et que l'on défait et refait. L'imaginaire humain est extrêmement pauvre. Donc, le grand écrivain, c'est quelqu'un qui se donne des modèles absolument immenses qu'il essaie d'égaler ou de surmonter. J'ai quelques grands modèles : Rimbaud, Mallarmé. Et notoirement, dans mon livre, la scène de tentation par le diable du père de Foucauld n'est qu'une reprise de la scène de la tentation dans *Les frères Karamazov*, point culminant de l'œuvre de Dostoïevski. J'ai eu la vanité, la prétention, dans ces jeux olympiques où l'on ne lutte qu'avec des morts la plupart du temps, d'essayer de faire aussi beau que Dostoïevski, aussi profond. Il m'est arrivé très souvent de me servir, comme base de départ, de passages, de bouts de phrases d'un certain nombre d'écrivains... De Proust à Michaux, à Gracq, à Larbaud...

On dit que dans votre dernier roman, Fin de siècle, *il y aurait des emprunts, voire des plagiats...*

Oui, il y a quelques petites phrases de Gracq, un clin d'œil effectivement ! Comme il y a, dans celui-ci, des phrases clin d'œil de Cioran. On travaille sur une toile. Je donne un exemple : il m'est arrivé, dans *Fin de siècle*, de prendre des passages des *Élégies à*

Duino, de Rilke, et de les mettre pour colorer poétiquement des bouts de phrase. Quand j'arrive à la correction, je détruis, j'inverse, je transforme. Dans *L'Évangile du fou*, page 108, il y a un détournement de Rimbaud, du *Dormeur du val*. Donc, les détournements sont très fréquents. C'est ma technique ! Je ne suis pas le seul à l'utiliser. On la retrouve très souvent chez Proust, terriblement chez Claudel, chez Gide. On croit qu'on va partir six mois sur une île déserte et écrire un chef-d'œuvre : c'est complètement faux ! La littérature, c'est comme la musique. Ce sont des années de gammes. C'est une espèce de longue chaîne. C'est en cela, je crois, qu'il n'y a jamais de rupture de civilisation. »

Bibliographie

« Les livres ne peuvent être anéantis par le feu. Les hommes meurent, pas les livres. Aucun être, aucune force ne peut abolir la mémoire. »

Franklin Delano Roosevelt, dans un discours

« Aucun livre ne peut exister par lui-même ; il est toujours dans un rapport d'appui et de dépendance à l'égard des autres ; il est un point dans un réseau ; il comporte un système d'indications qui renvoient – explicitement ou non – à d'autres livres, ou à d'autres textes, ou à d'autres phrases. »

Michel Foucault, *Dits et écrits*, tome I

Œuvres de Jean-Edern Hallier

Les Aventures d'une jeune fille, Paris, Seuil, 1963

Le Grand écrivain, Paris, Seuil, 1963

Un rapt de l'imaginaire, contenu dans *Livres des pirates*, de Michel Robic, Paris, Union générale d'éditions, 1964

Que peut la littérature ? avec Simone de Beauvoir, Yves Berger, Jean-Pierre Faye et Jean Ricardou, présentation d'Yves Buin, Paris, Union générale d'éditions, 1965

Du rôle de l'intellectuel dans le mouvement révolutionnaire – selon Jean-Paul Sartre, Bernard Pinguaud et Dionys Mascolo, entretiens réalisés par Jean-Edern Hallier et Thomas Savignat, collection « Le Désordre », Paris, Éric Losfeld, 1971
Cet opuscule de 50 pages réunit trois textes extraits de *L'Idiot international* (septembre 1970) et de *La Quinzaine littéraire* (octobre et décembre 1970). Le premier est celui d'un entretien avec Jean-Paul Sartre par Jean-Edern Hallier et Thomas Savignat.

La Cause des peuples, Paris, Seuil, 1972

Chagrin d'amour, Paris, Éditions Libres-Hallier, 1974

Le Premier qui dort réveille l'autre, Paris, Éditions Le Sagittaire, 1977

Chaque matin qui se lève est une leçon de courage, Paris, Éditions Libres-Hallier, 1978

Lettre ouverte au colin froid, Paris, Albin Michel, 1979

Un barbare en Asie du Sud-Est, Paris, NéO – Nouvelles éditions Oswald, 1980

Fin de siècle, Paris, Albin Michel, 1980 (*Fin de siglo*, traduction de Francisco Perea, Mexico, Edivision, 1987)

Bréviaire pour une jeunesse déracinée, Paris, Albin Michel, 1982

Romans, Paris, Albin Michel, 1982 (réédition en un volume de *La Cause des peuples*, *Chagrin d'amour* et *Le Premier qui dort réveille l'autre*)

L'Enlèvement, Paris, Jean-Jacques Pauvert, 1983

Le Mauvais esprit, avec Jean Dutourd, Paris, Olivier Orban, 1985

L'Évangile du fou : Charles de Foucauld, le manuscrit de ma mère morte, Paris, Albin Michel, 1986 (*El Evangelio del loco*, traduction de Basilio Losada, Barcelone, Planeta, 1987)

Carnets impudiques : journal intime, 1986-1987, Paris, Michel Lafon, 1988

Conversation au clair de lune, Paris, Messidor, 1990 (*Fidel Castro Ruiz ile Küba Devriminin 32. yilinda 5 Temmuz 1990 ayişiğinda söyleşi*, Ankara, Dönem, 1991)

Le Dandy de grand chemin (entretiens), Paris, Michel Lafon, 1991

La Force d'âme, suivi de *L'Honneur perdu de François Mitterrand*, Paris, Les Belles Lettres, 1992

Je rends heureux, Paris, Albin Michel, 1992

Les Français – Dessins, collection « Visions », Paris, Ramsay, 1993

Le Refus ou la Leçon des ténèbres : 1992-1994, Paris, Hallier/Ramsay, 1994

Fulgurances, « Aphorismes », Paris, Michel Lafon, 1996

L'Honneur perdu de François Mitterrand, Monaco, Éditions du Rocher ; Paris, Les Belles Lettres, 1996

Les Puissances du mal, Monaco, Éditions du Rocher ; Paris, Les Belles Lettres, 1996

Parutions à titre posthume

Journal d'outre-tombe : journal intime, 1992-1997, Paris, Michalon, 1998

Fax d'outre-tombe : Voltaire tous les jours, 1992-1996, Paris, Michalon, 2007

Préfaces

Mille pattes sans tête, de François Coupry, Paris, Éditions Hallier, 1976

Je rêve petit-bourgeois, de Michel Cejtlin, Paris, Oswald, 1979

Le Droit de parler, de Louis Pauwels, Paris, Albin Michel, 1981

Les Icônes de l'instant, de Patrick Bachellerie, Grenoble, Centre de création littéraire de Grenoble, 1987

Je défends Barbie, de Jacques Vergès, Paris, Jean Picollec, 1988

Poèmes de sans avoir, de Jean-Claude Balland, Paris, Jean-Claude Balland, 1990 [1]

Petites blagues entre amis, de Paul Wermus, Paris, Éditions First, 1996

Préface (posthume)

Pour des États-Unis francophones! Entrons tous ensemble dans le Nouveau Monde, de Gabriel Enkiri, Lorient, Éditions du Phare-Ouest, 2013, préface intitulée « L'honneur de la gauche » et écrite en 1985

Postface (posthume)

Kidnapping entre l'Élysée et Saint-Caradec – « roman », de Gabriel Enkiri, Paris, Éditions du Phare-Ouest, 1999

Jean-Edern Hallier est également l'auteur d'une pièce de théâtre intitulée *Le Genre humain* qu'il a écrite en 1975. Cette pièce fut à l'affiche du théâtre Cardin en 1976. Mais elle ne fut pas présentée au public. Hallier prit en effet la décision de la retirer de l'affiche avant la première. *Le Genre humain* fut donc joué « derrière le rideau » et en catimini durant 28 « représentations » (mise en scène de Henri Ronse). Avec notamment Michel Vitold, José-Maria Flotats, Catherine Lachens, Marie-Ange Dutheil, Daniel Emilfork et Jean-Pierre Coffe dans la distribution.

L'écrivain a de surcroît laissé plus de 600 dessins, aquarelles ou gouaches : des croquis de voyages, des silhouettes et portraits de personnages, connus ou non, souvent tracés à l'encre de Chine, sous des titres parfois étonnants comme « Gobeuse de balivernes » ou « Arroseur d'idées reçues ». Une première exposition eut lieu du 9 septembre au 2 octobre 1993 à la galerie Gerald Piltzer, 78, avenue des Champs-Élysées, à Paris.

---

(1) Hallier est bel et bien l'auteur d'une « préface invisible » de *Poèmes de sans avoir,* de Jean-Claude Balland, paru chez Jean-Claude Balland, en 1990. Cette « préface invisible » est annoncée comme telle en couverture...

Ouvrages consacrés à Jean-Edern Hallier

François Bousquet, *Jean-Edern Hallier ou le Narcissique parfait*, Paris, Albin Michel, 2005
Petit ouvrage publié par une grande maison d'édition, au titre prometteur mais au contenu décevant.

Dominique Lacout, *Jean-Edern Hallier, le dernier des Mohicans*, Paris, Michel Lafon, 1997 ; avec Christian Lançon, *La Mise à mort de Jean-Edern Hallier*, Paris, Presses de la Renaissance, 2006
Pièces à l'appui, le second livre montre combien Hallier fut persécuté par F. Mitterrand et soulève plus d'une interrogation au sujet des circonstances de son décès, et surtout des heures et des jours qui ont suivi sa mort à Deauville, à 7 heures du matin le 27 janvier 1997, d'une chute de bicyclette sans témoin. Dans les minutes qui suivirent son décès, sa chambre d'hôtel aurait été fouillée et sa dépouille rapatriée à Paris par un ambulancier qui aurait mis sept heures pour effectuer 200 kilomètres. Entre-temps, son appartement parisien aurait également été pillé... Né en 1949, l'auteur est un ancien professeur de philosophie qui a publié plusieurs biographies. Il fut un ami de Léo Ferré (1916-1993).

Arnaud Le Guern, *Stèle pour Edern*, Paris, Jean Picollec, 2001
Premier ouvrage, au ton suggestif, d'un auteur breton, né en 1976, à l'époque où il se présentait comme « profondément bâtardé de langue française » et n'aimait « que le Beau, la Femme, l'outrance et l'écume brûlante. En un mot : l'art ».

Aristide Nerrière, *Chambre 215 : hommage à Jean-Edern Hallier en Corse*, collection « San Benedetto », Ajaccio, La Marge-édition, 2003
Poète, dramaturge, essayiste et romancier, l'auteur, né en 1951, a publié de nombreux autres ouvrages.

Anthony Palou, *Allô, c'est Jean-Edern... Hallier sur écoutes*, Neuilly-sur-Seine, Michel Lafon, 2007
Né en 1965 en Bretagne, l'auteur a été, dans les années 1990, un secrétaire particulier de Hallier.

Béatrice Szapiro, *La Fille naturelle*, Paris, Flammarion, 1997 ; *Les Morts debout dans le roc*, Paris, Arléa, 2007
Béatrice Szapiro est la fille de Jean-Edern Hallier et de Bernadette Szapiro (†), la petite-fille de Béatrix Beck, qui obtint le prix Goncourt en 1952, et l'arrière petite-fille du poète belge Christian Beck (1879-1916). Après sa lecture du

livre *La fille naturelle : pour Jean-Edern Hallier, mon père*, Sébastien Bataille a eu sur son blog, avec l'exemple édifiant d'une double page à l'appui, ce commentaire sans appel : « une daube sans nom, au "style" égocentrique, suffisant (voire débile), juste digne de la rubrique psy de n'importe quel titre de la presse féminine ».

Jean-Pierre Thiollet, *Carré d'art : Jules Barbey d'Aurevilly, lord Byron, Salvador Dalí, Jean-Edern Hallier*, avec des contributions de Anne-Élisabeth Blateau et de François Roboth, Paris, Anagramme éditions, 2008

B comme Byron ou Barbey d'Aurevilly, D comme Dalí, H comme Hallier… Quatre noms, trois nationalités ou plutôt territoires d'origine, deux siècles sinon trois, un projet commun ou une seule et même passion, à vocation internationale, par essence et par définition : l'Art. Quatre, trois, deux, un ! D'emblée, à ce petit jeu des chiffres et des lettres, cet ouvrage est lancé. Mais Barbey, Byron, Dalí et Hallier ne sont pas que des noms. Et encore moins des noms quelque peu communs. Non seulement ils ont été des êtres humains, avec leur personnalité si marquante qu'aujourd'hui encore, ils s'imposent tous comme des figures mémorables. Mais ils se rattachent également à une œuvre qui compte ou avec laquelle il faudra tôt ou tard, que cela plaise ou non, compter. Si Barbey, Byron, Dalí et Hallier constituent le Carré d'art de ce livre, ils ne le doivent donc pas au hasard, mais à la nécessité de mettre en lumière l'existence d'une fraternité occulte entre eux et d'étonnantes correspondances entre leurs origines, leurs parcours et leurs réalisations. C'est ainsi que, par-delà les notions d'époque et d'espace, ces messieurs ne font qu'un… deux, trois, quatre !

Sarah Vajda, *Jean-Edern Hallier : l'impossible biographie*, Paris, Flammarion, 2003

Intéressant ouvrage par l'auteure d'une thèse en trois volumes consacrée à Henry de Montherlant et soutenue à l'EHESS (École des hautes études en sciences sociales) et à l'université Sorbonne Nouvelle-Paris III, d'un essai sur Romain Gary paru en 2008 et du livre plutôt réussi, *Claire Chazal, derrière l'écran*, paru en 2006 aux Éditions Pharos-Jean-Marie Laffont au sujet de cette présentatrice de journaux télévisés et de « l'imposture TF1 », la chaîne française de télévision.

Thèses

Karim Djaït, « Littérature, contemporanéité et médias, étude d'un écrivain face à son siècle : Jean-Edern Hallier », thèse sous la direction d'Arlette Lafay, université Paris XII – Paris Val-de-Marne, 1994 (thèse non autorisée à la publication, qui a fait suite à un mémoire de DEA (diplôme d'études approfondies) sous le titre « Étude d'un écrivain face à son siècle », sous la direction de Robert Jouanny, 1988).

Articles

Dans la fort volumineuse revue de presse consacrée, de son vivant comme de manière posthume, à Hallier :

Bruno Daniel-Laurent, « Sur Jean-Edern Hallier », *La Revue Littéraire*, Paris, Éditions Léo Scheer, 19 octobre 2005

Margereta Melen, « Den upproriske idioten i Paris » (article en suédois), *Moderna tider*, n° 97, novembre 1998, p. 46-47

Autres ouvrages

« Tout écrivain est un lecteur. » Alain Mabanckou, dans l'émission « Bibliothèque Médicis », sur LCP (La Chaîne parlementaire), le 18 mars 2016 (reformulation de propos tenus aux 25 Heures du Livre du Mans le 4 octobre 2014 : « L'écrivain, c'est d'abord un lecteur. (…) Un écrivain qui ne lit pas, c'est une plante qui n'est jamais arrosée. »)

Azzedine Ahmed-Chaouch, *Le Testament du diable : les derniers secrets de Jean-Marie Le Pen*, Paris, Éditions du Moment, 2010

Jean-Jacques Antier, *Charles de Foucauld*, Paris, Perrin, 1997 (2005)
Par un auteur varois d'ouvrages d'histoire maritime né en 1928, une biographie de cet officier de l'armée française (1858-1916) qui devint explorateur puis religieux catholique et ermite, et a été béatifié par le pape Benoît XVI en 2005. Hallier s'inspira des aventures et du « profil » de ce personnage hors du commun pour écrire son *Évangile du fou*, paru en 1986.

Louis Aragon (1897-1982), *Traité du style*. Paris, Gallimard, 1928
Hallier se réfère volontiers à cet ouvrage dans *Chaque matin qui se lève est une leçon de courage*.

Jean-Paul Aron (1925-1989), *Les Modernes*, Paris, Gallimard, 1984 ; *Qu'est-ce que la culture française ?* essais de Gilles Anquetil, Jean Borie, Jean-Maire Caillé, Jean-Claude Chevalier recueillis par Jean-Paul Aron, collection « Collectif Médiations », Paris, Denoël-Gonthier, 1975

Jacques Attali, *C'était François Mitterrand*, Paris, Fayard, 2005
Dans cet ouvrage, l'ancien conseiller spécial de M. Mitterrand de 1981 à 1990 indique notamment que Barbey d'Aurevilly figurait, avec Chateaubriand et Lamartine, parmi les écrivains favoris de l'ancien président de la République.

Frédéric Badré (1965-2016), *L'Avenir de la littérature*, collection « L'Infini », Paris, Gallimard, 2003
Un essai qui évoque notamment l'aventure de *Tel Quel* et dont l'auteur fut directeur de la revue littéraire *Ligne de mire* avant de mourir des suites de la maladie de Charcot.

Philippe de Baleine, *C'est décidé ! Ne pleurons plus !* Paris, Éditions Edilivre, 2014
Dans ce petit livre de réflexions et de souvenirs, l'auteur, né en 1921, ancien rédacteur en chef à *Paris Match*, évoque Hallier, « après des années d'ostra-

cisme et de silence » et « avec une certaine émotion » : « C'était certes un exalté, écrit-il, un chimérique, un fou d'orgueil, un casseur d'assiettes, un menteur et un truqueur à l'occasion, mais ce sont justement toutes ces folies qui nous manquent et qui étaient, de plus enveloppées dans une littérature délirante, une espèce de condensé d'Alfred Jarry et de Lautréamont. »

Christophe Barbier, *Les Derniers jours de François Mitterrand,* Paris, Grasset, 2015

Par un journaliste en vue, un ouvrage de consommation rapide, médiatiquement très correct, qui a au moins le mérite de ne pas oublier d'avoir une pensée pour Hallier.

Paul Barril, *Guerres secrètes à l'Élysée : quatorze ans de coups tordus ; la « police politique » de Mitterrand ; le pseudo-journalisme d'investigation ; écoutes illégales et suicides en série ; trahisons et mensonges d'État ; éminences grises et cabinet noir*, Paris, Albin Michel, 1996

Officier de gendarmerie élevé au grade de capitaine, l'auteur a été impliqué notamment dans l'affaire des écoutes illégales de l'Élysée, qui s'est déroulée à l'instigation de M. Mitterrand, entre 1983 et 1986, et qui lui vaudra d'être condamné en 2005 par le tribunal correctionnel de Paris pour le recel de données secrètes à six mois de prison avec sursis et à 5 000 euros d'amende.

Marc Baudriller, *Une histoire trouble de la Ve République : le poison des affaires*, Paris, Tallandier, 2015

De la lecture de ce livre d'un journaliste, chargé de la rubrique médias du magazine *Challenges* et chroniqueur à Radio Classique, l'image des institutions et des sphères politiciennes françaises, souvent minées de l'intérieur et justifiant la plus grande défiance, ne sort guère grandie...

Nicolas Baverez, *La France qui tombe : un constat clinique du déclin français*, Paris, Perrin, 2003 ; *Danser sur un volcan : espoirs et risques du XXIe siècle*, Paris, Albin Michel, 2016

Normalien (Ulm) et énarque, l'auteur est éditorialiste au *Figaro* et au *Point*. Essai après essai, il alerte sur les blocages français. Vingt ans après la disparition de Hallier, la France, « seul grand pays développé à n'avoir pas fait évoluer son modèle économique et social », court le risque, selon lui, d'être reléguée à brève échéance – dès l'horizon 2030 – entre la 15e et la 20e place dans le classement des économies mondiales.

Georges-Marc Benamou, *Le Dernier Mitterrand*, Paris, Omnibus, 1997 ; *Jeune homme, vous ne savez pas de quoi vous parlez*, Paris, Plon, 2001 ; *« Dites-leur que je ne suis pas le diable. »*, Paris, Plon, 2016

Ces ouvrages sont les fruits de nombreuses rencontres et conversations avec M. Mitterrand. Le premier d'entre eux a été adapté au cinéma sous le titre *Le Promeneur du Champ-de-Mars*. Né en mars 1957, l'auteur fut notamment journaliste au *Quotidien de Paris*, fondateur du mensuel *Globe* puis de *Globe Hebdo*, directeur de la rédaction de *L'Événement du jeudi*, éditorialiste à *Nice-Matin*, à *La Provence* et à Europe 1. Après avoir été conseiller pour la culture et l'audiovisuel à l'Élysée durant les années Sarkozy, il est devenu producteur de cinéma. Le film *Après la bataille*, du réalisateur égyptien Yousry Nasrallah, dont il fut le coproducteur délégué, a fait partie de la compétition officielle du festival de Cannes 2012.

Pierre Bergé, *Inventaire Mitterrand*, Paris, Éditions Stock, 2001
L'auteur est président des Amis de l'Institut François-Mitterrand. Il est également à la tête de la Fondation Pierre Bergé – Yves Saint Laurent, du Comité Cocteau et de l'association Maison Zola-Musée Dreyfus.

Patrick Besson, *Avons-nous lu : précis incendiaire de littérature contemporaine*, Paris, Fayard, 2013
Recueil d'articles parus dans *Le Figaro littéraire, Marianne* et *Nice-Matin*. Hallier y est évoqué à plusieurs reprises.

Marcel Bixiaux et Catherine Jojolet, *À ma mère : 60 écrivains parlent de leur mère*, Paris, Pierre Horay, 1988
Jean-Edern Hallier fait partie de la sélection des auteurs.

André Blanchard (1951-2014), *Impression, siècle couchant*, Conflandey (Vesoul), Mae-Erti, 2001
Recueil de chroniques et d'aphorismes dressant le portrait d'écrivains contemporains (Jean-Edern Hallier, Michel Houellebecq...), livrant des observations sur la littérature d'aujourd'hui, le temps qui passe, le siècle qui s'en va...

Maurice Blanchot (1907-2003), *Le Livre à venir*, Paris, Gallimard, 1959

Pierre de Boisdeffre (1926-2002), *Métamorphose de la littérature*, 2 vol., collection « Marabout université », Verviers, Marabout, 1974 ; *Contre le vent majeur : mémoires 1368-1968*, Paris, Grasset, 1994
En deux tomes, un « maître-livre » de référence qui évoque notamment Malraux et Cocteau. Et des mémoires où Jean-Edern Hallier y est décrit en 1968 comme « provocant et superbe ».

Jacques Boissay, *De Gaulle en campagne*, textes de Jean-Louis Lemarchand, préface de Jean Mauriac, collection « Beaux livres », Paris, Le Cherche Midi éditeur, 2011

Souvent très évocatrice de la France de la jeunesse de Hallier, une sélection de clichés inédits, de janvier 1959 à février 1969, du général de Gaulle et des Français, par un ancien reporter photographe à *France-Soir* qui suivit au plus près le fondateur de la Ve République. Joyeux et fiers, les citoyens se pressaient par milliers pour saluer, toucher, embrasser le plus illustre d'entre eux. S'ils montrent combien était vibrante l'histoire d'amour entre le Général et les Français, les textes ont, entre autres mérites, celui de ne pas occulter qu'à la fin des années 1960, l'atmosphère avait changé et que l'accueil du public n'était plus aussi chaleureux que lors des premiers voyages présidentiels... À André Malraux, qui lui demandait « la France, c'est quoi pour vous ? » de Gaulle avait eu cette réponse définitive est instantanée : « C'est le peuple. »

Sylvain Bonmariage (Baron Sylvain Bon-Mariage de Cercy d'Erville dit, 1887-1966), *Willy, Colette et moi*, Paris, Éditions Charles Fremanger, 1954 (avec pour sous-titre *Colette à nu*, introduction de Jean-Pierre Thiollet, Paris, Anagramme éditions, 2004)

Ce livre met résolument la « Grande Colette » (1873-1954) aux antipodes des hagiographies, tout en redonnant au passage à Henry Gauthier-Villars, dit Willy, son époux de 1893 à 1906, toute son importance. C'est Colette avec son tempérament et ses passions, ses petitesses, ses limites et ses travers, racontée par un témoin journaliste et écrivain qui la connut intimement... Un document authentique et insolite que les adorateurs de l'auteure de *Chéri* tentèrent de faire passer complètement sous silence lors de sa parution et qui a conservé toute son irrévérence.

Le Book Paris Première : 1986-2011, Neuilly-sur-Seine, Paris Première, 2011

Un quart de siècle de la chaîne de télévision Paris Première en photos. Dans une double page portant la mention « Provoc », on y voit Hallier verser de l'eau de Vichy sur un ouvrage mitterrandien placé dans un aquarium vide lors d'une émission de son « Jean-Edern's Club ».

Jean Bothorel, *Le Bal des vautours*, Paris, Gérard de Villiers-Jean Picollec, 1996

Hallier est évoqué dans ce livre. Originaire de Bretagne, l'auteur fut membre du comité éditorial du *Figaro* et directeur de la *Revue des deux mondes*. Il a également publié, entre autres ouvrages, une biographie de Louise de Vilmorin et *Chers imposteurs*, chez Fayard en 2008.

Philippe Bouvard, *Portraits pour la galerie*, Paris, Albin Michel, 2009

Le chroniqueur « humoraliste » du *Figaro Magazine* fait (et refait parfois) le portrait des célébrités qu'il a croisées en soixante ans de journalisme. Jean-Edern Hallier ne manque pas de défiler dans son panthéon très personnel aux côtés notamment de Coco Chanel, Michel Audiard, Brigitte Bardot et Ornella Muti.

François Bott, *La Traversée des jours : souvenirs de la République des lettres (1958-2008)*, Paris, Le Cherche Midi éditeur, 2010 ; *Écrivains en robe de chambre*, collection « La petite Vermillon », Paris, Éditions de La Table Ronde, mars 2010

Cet auteur qui débuta comme journaliste à *France-Soir* a dirigé les pages littéraires de *L'Express* et longtemps dirigé *Le Monde des livres*. Ses descriptions de Jean-Edern Hallier sont sans appel : « trouble, douteux agitateur, grande gueule, énergumène des lettres, qui faisait la révolution à bord de sa Ferrari », « truqueur, boursoufflé et peureux »... « Ce dangereux histrion, ce spécialiste de l'emphase, de l'esbroufe, des coups tordus et des multiples revirements, a-t-il également écrit, aurait trahi même son ombre. Avec sa longue écharpe blanche, Hallier se prenait pour Chateaubriand, jusque dans la vanité. »

Fabienne Boulin Burgeat, *Le Dormeur du val*, Paris, Don Quichotte éditions, 2011

Par la fille de l'ancien ministre retrouvé mort dans un étang en octobre 1979, un livre sur « l'affaire Boulin », l'un des plus grands scandales de la Ve République, révélateur de la corruption des mœurs politiques françaises.

Pierre Bourdieu, *Sur la télévision*, suivi de *L'Emprise du journalisme*, Paris, Liber-Raisons d'agir, 1996

Paru quelques mois avant la mort de Jean-Edern Hallier, ce petit ouvrage du grand sociologue réunit en une centaine de pages des cours télévisés du Collège de France et un article. Il démontre comment la télévision, soumise à la loi de l'audimat, s'inscrit dans la logique du commercial et pratique l'uniformisation de l'information.

Martine Boyer-Weinmann, *La Relation biographique : enjeux contemporains*, Seyssel, Éditions Champ Vallon, 2005

Cet essai, qui est le texte remanié d'une thèse soutenue sous la direction de Jean-Pierre Martin à l'université Lumière-Lyon 2 en 2004, s'appuie sur trois études de cas singulières (Rimbaud, Colette, Malraux) et de leur imagerie d'auteurs.

Jacques Brenner (Jacques Meynard, dit, 1922-2001), *Journal*, tome II (*À Saint-Germain-des-Prés*), Paris, Pauvert, 2007

Long témoignage de la vie littéraire parisienne de la seconde partie du XXe siècle. Jean-Edern Hallier y fait une brève apparition dès 1954.

Jean-Jacques Brochier (1937-2004), *Pour l'amour des livres*, entretiens avec Nadine Sautel, Paris, Albin Michel, 2005

Au fil des pages de ce livre de souvenirs, le plus souvent très anecdotiques, l'auteur, un critique qui fut rédacteur en chef du *Magazine littéraire* durant plus de trois décennies, concède à Jean-Edern Hallier un grand « culot » et une « culture de bric et de broc »...

Raymond Castans, avec le concours de Jenny-Paule Casanova de Rabaudy, *Parlez-moi du Fouquet's : un siècle de vie parisienne sur les Champs-Élysées*, Paris, Éditions Jean-Claude Lattès, 1988

Rédigé par un ancien directeur de la rédaction de *Paris Match* et responsable des programmes de RTL, un livre sur un établissement inscrit à l'Inventaire supplémentaire des Monuments historiques qui a vu défiler, parmi sa clientèle, les stars du cinéma français et hollywoodien, les princes des nuits parisiennes, mais aussi de grands noms de la littérature. James Joyce, Marcel Pagnol, Georges Simenon furent des habitués. Samuel Beckett, Jean d'Ormesson et Jean-Edern Hallier l'ont également fréquenté.

Bruno de Cessole, *Le Défilé des réfractaires : portraits de quelques irréguliers de la littérature française*, Paris, L'Éditeur, 2011

L'auteur, journaliste au magazine *Valeurs actuelles*, se fait le héraut d'une « littérature à contre-courant », de Marcel Aymé à André Suarès, en passant notamment par Jules Barbey d'Aurevilly, Louis-Ferdinand Céline, Emil Cioran, Guy Debord, Michel Déon, Guy Dupré, Jean-Edern Hallier, Pierre Gripari, Joseph Joubert, Paul Léautaud, Jean Raspail et Maurice Sachs.

Jacques Chabannes (1900-1994), *Je les ai connus : de A à Z*, Paris, Presses de la Cité, 1984

Auteur dramatique, journaliste, cinéaste et animateur de télévision, l'auteur a connu ou croisé de nombreuses personnalités dont Colette et Jean Cocteau. Il a laissé cet ouvrage en forme de témoignage, pour que la parole, toujours éphémère, demeure dans les mémoires.

Gérard Chaliand, *Pourquoi perd-on la guerre ? Un nouvel art occidental*, Paris, Odile Jacob, 2016

Compte tenu de ses prises de position avant et pendant la guerre du Golfe (1990-1991), Hallier aurait sans doute apprécié les analyses de ce spécialiste reconnu des conflits et des stratégies militaires non occidentales.

Philippe Cohen-Grillet, *Usage de faux*, Paris, Écriture, 2014

Né à Paris en 1973, l'auteur, journaliste réputé pour sa plume acérée, a connu Hallier alors qu'il était étudiant en droit et en sciences politiques. Il a été un jeune chroniqueur de l'émission du « Jean-Edern's Club » diffusée sur la chaîne Paris Première. Son roman a pour personnage principal un faussaire, talentueux sinon génial, qui, pour se distraire et (bien) gagner sa vie, façonne des lettres et manuscrits plus vrais que nature. Naissent ainsi des documents autographes de Louis-Ferdinand Céline, Georges Perec, Romain Gary, Françoise Sagan... et Jean-Edern Hallier. Autant de « trésors de papier » écoulés aux enchères avec la complicité d'un expert...

Sophie Coignard et Jean-François Lacan, *La République bananière,* collection « Document », Paris, Pierre Belfond éditeur, 1989
Sur la jaquette de couverture de cet ouvrage qui fut un best-seller, figurait la mention : « De la démocratie en France »... Les auteurs sont deux journalistes spécialisés dans l'investigation et les secrets de la République française.

Jean-Marie Colombani et Hughes Portelli, *Le Double septennat de François Mitterrand : dernier inventaire*, Paris, Grasset, 1995

Robert Colonna d'Istria, *État, le grand naufrage : enquête sur les manifestations et sur les causes d'un drame de civilisation*, Monaco, Éditions du Rocher, 2010
Une enquête sur un État français vieillissant et malade, qui, comme on pouvait le prévoir et le craindre lors de la disparition de Hallier, n'en finit plus, dans une atmosphère délétère et par-delà les gaspillages et abus en tous genres, de souffrir de projets de réforme perpétuels et perpétuellement inaboutis.

Robert Colonna d'Istria et Yvan Stefanovitch, *Le Sénat : enquête sur les superprivilégiés de la République*, Monaco, Éditions du Rocher, 2008

Éric Conan et Henry Rousso, *Vichy, un passé qui ne passe pas*, collection « Pour une histoire du XXe siècle », Paris, Fayard, 1994 (collection « Folio Histoire », Paris, Gallimard, 1996)
Ouvrage de référence où sont notamment évoqués les liens étroits qu'entretinrent M. René Bousquet (1909-1993) et M. François Mitterrand (1916-1996).

François Cusset (sous la direction de), *Une histoire (critique) des années 1990 : de la fin de tout au début de quelque chose*, Paris, Éditions de La Découverte, 2014

Richard Davenport-Hines, *Proust au Majestic*, Paris, Grasset, 2008
Un ouvrage qui revisite le dîner du 18 mai 1922 entre Marcel Proust et James Joyce. L'auteur s'invite à table pour étudier de près l'auteur de *La Recherche du temps perdu.*

Pierre Debray-Ritzen (1922-1993), *Psychologie de la création : de l'art des parfums à l'art littéraire*, Paris, Albin Michel, 1979

Pierre Desproges (1939-1988), *Textes de scène* (Deuxième spectacle), Paris, Éditions du Seuil, 1988

François Dessy, *Roland Dumas, le virtuose diplomate : conversations entre confrères*, La Tour-d'Aigues, Éditions de l'Aube, 2014

Christine Deviers-Joncour, *La Putain de la République*, Calmann-Lévy, Paris, 1998 ; *Corruption : une affaire d'États*, Monaco, Éditions du Rocher, 2005 ; *Les Amants maudits de la République (journal intime)*, Paris, Pharos – Jacques-Marie Laffont, 2005 ; *Ces messieurs d'en haut : de l'usage des femmes par les hommes de pouvoir*, Paris, Jean-Claude Gawsewitch Éditeur, 2012

L'auteure fut la maîtresse de Roland Dumas, quand il était ami de M. Mitterrand et ministre des Affaires étrangères. Elle est l'une des femmes clés d'une époque qui comprend la fin des années 1980 et la première moitié des années 1990. Son témoignage est souvent très révélateur.

Christian Didier (1944-2015), *Fugaces traits de plume… ; en roue libre*, Saint-Dié-des-Vosges, Librairie Le Neuf, 2014

L'auteur est principalement connu pour avoir tué de cinq balles le 8 mars 1993 René Bousquet, homme d'affaires et d'influence, ancien chef de la police de Vichy, qui fut très lié à M. Mitterrand.

Jean-Paul Dollé (1940-2011), *L'Insoumis : vies et légendes de Pierre Goldman*, Paris, Grasset, 1998

L'auteur y décrit Jean-Edern Hallier comme un dandy qui avait épousé une héritière et se disait révolutionnaire.

Jean Dumont (sous la direction de), *Histoire de la littérature française du XXe siècle*, 4 vol., Genève, Éditions Famot, 1975-1977

Initiative éditoriale aujourd'hui oubliée mais intéressante, qui a bénéficié de précieuses collaborations, notamment de Jean-Marc Brissaud, Paul Chambrillon et Alfred Eibel.

Jérôme Dupuis et Jean-Marie Pontaut, *Les Oreilles du Président : suivi de la liste des 2 000 personnes « écoutées » par Français Mitterrand*, Paris, Fayard, 1996

« L'antidote au cauchemar, le moyen de rester éveillé,
la grande santé a pour nom littéraire. »
Frédéric Badré (1965-2016), *La Grande santé*

Jean-Paul Enthoven, *Saisons de papier*, Grasset, Paris, 2016

Volumineux recueil de chroniques parues au fil de plusieurs décennies dans diverses publications mais remaniées, où Hallier fait partie des nombreux écrivains évoqués. Amoureux reconnu des livres, l'auteur est un grand lecteur, érudit et curieux. Il a en outre le mérite d'être courtois et volontiers enthousiaste.

Charles Ficat, *Stations – Une éducation intellectuelle*, Paris, Bartillat, 2002

De Bob Dylan à Jean-Paul Bourre en passant par Jean-Edern Hallier, un jeune homme prétend évoquer les admirations qui ont joué un rôle dans sa vie, durant les années 1990. L'un de ses textes fait mine de chanter le génie hallieresque et ne justifie guère, hélas, l'attention.

André Fontaine (1921-2013) **et Pierre Li**, *Sortir de l'Hexagonie*, Paris, Stock, 1984

Ouvrage de deux journalistes qui avaient l'ambition d'attirer l'attention sur la voie à suivre pour que les Français cessent de se considérer comme le centre du monde et que la France échappe au déclin.

Philippe Forest, *Histoire de* Tel Quel, Paris, Seuil, 1995

La principale revue française de l'avant-garde littéraire et théorique fit l'objet d'une parution trimestrielle de 1960 à 1982. Parmi les membres de son comité de rédaction ont figuré Jean-Louis Baudry, Michel Deguy, Jean-Pierre Faye, Jean-Edern Hallier, Jean-René Huguenin, Julia Kristeva, Marcelin Pleynet, Jean Ricardou, Jacqueline Risset, Denis Roche, Philippe Sollers, Jean Thibaudeau. Au sujet de ce livre qu'il considérait comme une « hagiographie sollersienne », Jean-Edern Hallier avait eu ce commentaire : « Sur les 550 pages de l'ouvrage, le quart m'est quasiment consacré, mais je n'ai nulle tribune pour répondre, et personne n'interroge le principal témoin. Dois-je m'en plaindre ? » (*Journal d'outre-tombe*, 7 avril 1995).

Lorraine Fouchet, *J'ai rendez-vous avec toi – Mon père de l'intérieur*, Paris, Éditions Héloïse d'Ormesson, 2004

L'auteure, qui n'est autre que la fille de Christian Fouchet, ancien ministre sous la présidence du général de Gaulle, avait été invitée avec sa mère en novembre 1996 à la cérémonie de transfert des cendres d'André Malraux au Panthéon. « Jean-Edern Hallier, assis près de nous, écrit-elle, n'y voyait presque plus et peinait à descendre les marches de la tribune. »

Fouquet's : Légendes du siècle, préface d'Erik Orsenna, présentation de José Artur, Paris, Le Cherche Midi éditeur, 1999

Pour illustrer l'année 1980 au Fouquet's, ce haut lieu de la vie parisienne, une photo de Jean-Edern Hallier, conversant avec Jean d'Ormesson et son épouse, y figure en bonne place. Dans l'ouvrage est également reproduit un extrait d'une lettre que James Joyce écrivit le 1er juillet 1934 à ses enfants Giorgio et Helen et où il rend un bel hommage à l'établissement.

Daniel Gamba, *Interlocuteur privilégié : j'ai protégé Mitterrand*, Paris, Jean-Claude Lattès, 2003

Membre du GIGN (Groupement d'intervention de la Gendarmerie nationale) en 1982, l'auteur a intégré en 1983 le GSPR (Groupe de sécurité de la présidence de la République) dirigé par Christian Prouteau. À ce titre, il a veillé durant dix ans sur la sécurité rapprochée de M. Mitterrand. Dans ce livre, il raconte combien les pressions et odieuses opérations de déstabilisation ourdies de manière tout à fait illégale par le locataire de l'Élysée contre Jean-Edern Hallier furent incessantes. Il dévoile ainsi que le « délire de persécution prononcé » de l'écrivain avait « des origines bien réelles ».

Marie-France Garaud, *La Fête des fous : qui a tué la Ve République ?* Paris, Plon, 2006 ; *Impostures politiques*, collection « Tribune libre », Paris, Plon, 2010

La Ve République sous le regard pénétrant et implacable de l'une de ses « éminences grises » les plus notables.

Bernard Gensane, *George Orwell : vie et écriture*, préface de Richard Hoggart, Nancy, Presses universitaires de Nancy, 1994

François George, *Histoire personnelle de la France*, Paris, Balland, 1983

« La France vit, elle est esprit, peut-on notamment lire dans l'ouvrage le plus connu de cet auteur discret. Depuis les premiers rois, passant par Jeanne d'Arc et la Révolution, une tradition se poursuit qui est un trésor collectif, qui protège de la barbarie, qui fait de l'histoire autre chose qu'un chaos d'événements, qui s'adresse à l'âme. »

François Gibault, *Libera me*, Paris, Gallimard, 2014

L'auteur a édité une biographie et une partie de la correspondance de Louis-Ferdinand Céline dont il fut l'exécuteur testamentaire. Il est également connu pour avoir été l'avocat et l'un des proches de Françoise Sagan. Dans ce livre, il rapporte qu'il lui arrivait d'avoir un appel téléphonique de Jean-Edern Hallier le matin vers 6 ou 7 heures...

Michel Giraud (1929-2011), *Raconte-moi Marianne*, Paris, Jean-Claude Lattès, 1984

Ancien professeur de lettres, l'auteur fut ministre, député du Val-de-Marne, président du conseil régional d'Île-de-France, président de l'Association des maires de France. En 2005, il fut condamné à quatre ans de prison avec sursis pour complicité de corruption.

Denis Grando et Joseph Valynseele, *À la découverte de leurs racines*, préface de Jean Guitton, en deux volumes, Paris, L'Intermédiaire des chercheurs et curieux, 1988

Les auteurs, spécialisés dans les études généalogiques, s'efforcent de retracer l'ascendance et l'entourage familial de quelque 165 personnalités. Jean-Edern Hallier s'insère dans le tome 1.

Gérard Guégan, *Ascendant Sagittaire. Une histoire subjective des années soixante-dix*, Marseille, Parenthèses, 2001

Par un éditeur de deux livres de Jean-Edern Hallier et fier de l'avoir été...

Kléber Haedens (1913-1976), *Une histoire de la littérature française*, Paris, Julliard, 1943 (Paris, Gallimard, 1954)

Sans doute un chef-d'œuvre du genre, par un auteur volontiers méconnu et sottement dénigré.

Serge Halimi, *Les Nouveaux chiens de garde*, Paris, Liber-Raisons d'agir, 1997

Intéressant petit ouvrage d'un journaliste et universitaire, qui fut rédacteur du *Monde diplomatique*. Paru l'année de la mort de Jean-Edern Hallier, il dresse un constat dérangeant mais implacable et juste sur les médias français où journalisme de révérence et réseaux de connivence vont de pair avec intervenants permanents, notoriétés indues, affrontements factices et services réciproques. Cette initiative éditoriale n'aurait sans doute pas manqué de réjouir et d'être saluée à sa juste valeur par l'auteur du *Bréviaire pour une jeunesse déracinée*.

André Hallier (1892-1988), *Corneilles de Cornouaille ou les souvenirs de Joseph Garnilis (1901-1978), augmentés d'une suite par Adrienne Garnilis, future arrière-petite fille du précédent (mai 2081)*, préface de Laurent et Jean-Edern Hallier, collection « Témoins pour Demain », Paris, Nouvelles éditions Baudinière, 1978

Récit de contes celtiques et de souvenirs par le père de Jean-Edern Hallier. Dans les archives de l'Institut national de l'audiovisuel est conservée une émission de télévision animée par Bernard Pivot où, semble-t-il, André Hallier fut invité à la condition expresse posée par le présentateur que Jean-Edern acceptât de venir. Outre des études sur Vauban et Turenne, ce général, qui eut diverses affectations en Europe centrale et fut gouverneur de Tunisie en 1940, a également écrit ses *Mémoires* (en plusieurs milliers de pages qu'il n'a autorisé à faire paraître qu'après 2037).

Jacques Henric, *Politique*, collection « Fiction & Cie », Paris, Éditions du Seuil, 2007

Dans cet ouvrage, l'auteur, qui adhéra très tôt au Parti communiste et fait partie depuis le début des années 1970 du comité de direction de la revue *Art Press*, évoque ses rencontres avec de nombreuses figures littéraires dont Louis Aragon, Arthur Adamov, Eugène Ionesco, Jean Genet, Marguerite Duras et Jean-Edern Hallier. Dans un entretien postérieur à la parution, il a confié qu'il classait ce dernier comme un « littérateur dandy de droite » et qu'il le considérait comme « un vrai givré, un rien voyou, doué, mais qui a laissé le clown en lui prendre le pas sur l'écrivain ». Jacques Henric est également connu pour être l'époux de la critique d'art Catherine Millet, auteure de *La vie sexuelle de Catherine M.*

Jérôme Hesse, *À mes consœurs et confrères de l'Ancien Régime*, Paris, Éditions Le Manuscrit, 2004

Recueil d'entretiens avec des personnalités – dont Jean-Edern Hallier – diffusés entre 1981 et 1984 à l'antenne de Radio-Paris, radio associative s'inscrivant dans le mouvement des radios libres de 1981.

Histoire familiale des hommes politiques français, ouvrage collectif, préface de Marcel Jullian, Paris, Archives et Culture, 1997

Geneviève Hofman, *40 écrivains en Bretagne*, photos, Rennes, Institut culturel de Bretagne, 1989

Ouvrage composé des photographies d'écrivains. Jean-Edern Hallier fait partie de la sélection de l'auteure.

Hôtel Fouquet's Barrière : un rêve français, préface de Dominique Desseigne, textes de Thérèse Rocher, photographies de Véronique Mati, Éditions Flammarion, Paris, 2007

Sophie Huet, *Tout ce que vous direz pourra être retenu contre vous... ou les petites phrases du septennat*, Paris, Éditions Jean Picollec, 1981

Avec en couverture un dessin original de Jacques Faizant, ce petit livre rassemble des propos tenus par les hommes politiques durant la présidence giscardienne. Un florilège bien agencé et souvent très évocateur, qui donne le ton de l'époque du « colin froid » et du fameux pamphlet de Hallier... Journaliste politique chevronnée (*L'Aurore*, *Le Figaro*...) et reconnue, l'auteure préside depuis 2006 l'Association des journalistes parlementaires. Elle est la veuve de Lucien Neuwirth (1924-2013), qui fut questeur du Sénat français et à l'origine de plusieurs lois, sur la légalisation de la contraception orale, la douleur et les soins palliatifs.

L'Idiot international – Une anthologie, par Denis Gombert et Frédéric Hallier, préface de Frédéric Hallier, Paris, Albin Michel, 2005

Le co-initiateur et préfacier de cette anthologie n'est autre que le fils de Jean-Edern, né en 1981.

Pierre Jourde, *C'est la culture qu'on assassine*, préface de Jérôme Garcin, Balland, Paris, 2011 ; *La Culture bouge encore : c'est la culture qu'on assassine*, tome 2, collection « Hugo + Doc », Paris, Éditions Hugo et Compagnie, 2016

Recueils de chroniques.

Claire Julliard, *Les Scandales littéraires*, Paris, Librio, 2009

Hallier figure naturellement en bonne place dans le petit ouvrage de cette journaliste littéraire.

Yann Kerninon, *Moyens d'accès au monde : manuel de survie pour les temps désertiques*, Lormont, Éditions Le Bord de l'Eau, 2005

> « Les livres sont des herbiers de paroles. Si tu y puises ta force vive, ils te diront peut-être qui tu es. »
> Michel Monnereau, dans la revue *Poésie 84*, n° 3

Jean Lacouture (1921-2015), *André Malraux : une vie dans le siècle*, Éditions du Seuil, Paris, 1973 ; *Malraux, itinéraires d'un destin flamboyant*, entretiens avec Karin Müller, collection « Deux ou trois choses que je sais de… », Bruxelles, André Versaille éditeur, 2008

Deux ouvrages où l'auteur, qui fut journaliste à *Combat*, correspondant de *France-Soir* et grand reporter au *Monde*, s'efforce de cerner les multiples facettes du rebelle humaniste, de l'écrivain engagé, du ministre et « ami génial » du général de Gaulle.

Michel Larivière, *Homosexuels et bisexuels célèbres : le dictionnaire*, préface de Pierre Bergé, dessins de Jean Cocteau, Paris, Delétraz, 1997

Parmi les centaines de noms d'homosexuels et bisexuels célèbres avoués ou non avoués, affichés ou non affichés, qu'évoque ce livre, figure celui de Jean-Edern Hallier.

David Le Bailly, *La Captive de Mitterrand*, Paris, Stock, 2014

Ouvrage consacré à Mme Anne Pingeot, l'une des maîtresses de M. Mitterrand, ancien président de la République française.

Vincent Le Coq et Anne-Sophie Poiroux, *Les Notaires sous l'Occupation : acteurs de la spoliation des juifs*, Paris, Éditions du Nouveau monde, 2015

Premier du genre sur le sujet, cet ouvrage d'un maître de conférences en droit et d'une avocate diplômée notaire est très éclairant sur la lourde responsabilité du Conseil supérieur du notariat français (évoqué dans le premier chapitre de cet ouvrage) dont les dirigeants dans la première moitié des années 2010 étaient, pour la plupart, les descendants ou héritiers des profiteurs des spoliations de juifs à grande échelle commises sous l'Occupation, en particulier à Paris et à Bordeaux.

Patrice Lestrohan (1953-2015), *L'Observatoire : l'affaire qui faillit emporter Mitterrand*, Paris, Éditions Nicolas Eybalin, 2012

L'auteur est un journaliste qui collabora notamment au *Nouvel Observateur*, au *Quotidien de Paris*, à *L'Événement du jeudi* et au *Canard Enchaîné*.

Thierry Ligier, *Mission Le Pen*, avec la collaboration de Raphaël Stainville, Paris, Le Toucan, 2012

Frédéric Lordon, *La Crise de trop : reconstruction d'un monde failli*, Paris, Fayard, 2009 ; *La Société des affects : pour un structuralisme des passions*, collection « L'ordre philosophique », Paris, Éditions du Seuil, 2013 ; *Imperium : structures et affects des corps politiques*, Paris, Éditions de La Fabrique, 2015

L'auteur est un brillant économiste et sociologue, directeur de recherche au Centre national de la recherche scientifique et membre du collectif Les économistes atterrés.

Sabri Louatah, *Les Sauvages*, Paris, Éditions Flammarion et Versilio, 4 vol., 2012, 2013 et 2016

La saga en quatre tomes d'une famille qui vit dans le maelström des temps troublés d'aujourd'hui et sur un territoire français en profonde crise d'identité. Né en 1983, à Saint-Étienne de parents kabyles, l'auteur ne séjourne plus en France que pour assurer la promotion de ses ouvrages. Il est désormais installé avec sa compagne aux États-Unis, à Chicago.

François Malye et Benjamin Stora, *François Mitterrand et la guerre d'Algérie*, Paris, Calmann-Lévy, 2010 (2012)

Un ouvrage de référence qui met en lumière le rôle particulièrement sordide joué par M. Mitterrand sous la IVe République.

Jean-Marc Mandosio, *L'Effondrement de la très grande Bibliothèque nationale de France : ses causes, ses conséquences*, Paris, Éditions de l'Encyclopédie des nuisances, 1999

Essayiste et polémiste, l'auteur est maître de conférences à l'École pratique des hautes études.

Jean-Claude Martinez, *Demain 2021* (entretiens), Paris, Éditions Godefroy de Bouillon, 2004 ; *Mohammed VI, le Roi stabilisateur*, Paris, Éditions Jean-Cyrille Godefroy, 2015 ; *Ma république des maires : en finir avec l'élection présidentielle*, Paris, Éditions Jean-Cyrille Godefroy, 2016

Des ouvrages de « décryptage » des défis cruciaux à relever, alors que presque tous les pôles de stabilité de la Méditerranée ont été anéantis ou ébranlés, avec des conséquences dramatiques de plus en plus flagrantes… En 1990, Jean-Edern Hallier avait dénoncé la « guerre imbécile et déshonorante » en Irak et rappelé combien « les Arabes savent mieux que personne changer leurs défaites militaires en triomphes idéologiques », « Les petits David du tiers-monde sont déjà presque en mesure, prévenait-il, d'affronter ceux qui ne me paraissent plus n'être que des Goliath aux pieds d'argile. (…) La guerre du Sud contre le Nord est commencée. La vitalité est du côté des Arabes. On ne peut rien contre un peuple qui prie – et ne cesse de se référer à sa propre histoire, et à sa mémoire. » Avec Norma Caballero, Jean-Claude Martinez a également publié un fort intéressant – à l'humour souvent décapant – *Album secret du Parlement européen* (Éditions La Maison de la Vie, 2009).

William Marx, *Vie du lettré*, collection « Paradoxe », Paris, Éditions de Minuit, 2009

Truffé de références érudites, ce livre rend un bel – et utile – hommage au « lettré », ce « passeur d'un monde », transmetteur de connaissances transgénérationnel, et montre bien que « la mort n'est pas l'ultime chapitre d'une vie de lettré », dès lors que demain ou après-demain, d'autres lecteurs viendront…

Alice Massat, *Le Code civil*, Paris, Denoël, 2003

Un roman où la frontière entre le faux et le vrai est floue… Une certaine Sylvie y suit un écrivain, un certain Jean-Adam Rollier, dans les palaces marocains, les fêtes parisiennes… Elle découvre sa cour des miracles, le journal qu'il dirige, ses amis, ses maîtresses, ses mécènes. Elle se prête à ces jeux mondains et sexuels. Habile en peinture, elle devient faussaire. Elle copie un artiste célèbre et trouve le moyen d'écouler les toiles. C'est alors que Jean-Adam Rollier perd la vue et met en scène son dernier trompe-l'œil : devenir un peintre aveugle. Sylvie va l'aider en dessinant pour lui des œuvres qu'il signera, approchant au plus près sa mythomanie médiatique…

Bruno Masure, *Journalistes à la niche? de Pompidou à Sarkozy*, (Chronique des liaisons dangereuses entre médias et politiques), Paris, Éditions Hugo et Compagnie, 2009

Journaliste politique, « accrédité » auprès de M. Mitterrand de 1977 à 1984, puis présentateur de journaux télévisés, l'auteur raconte qu'au cours d'un déjeuner en tête-à-tête le 4 juin 1984, un homme de main, de coulisse et de réseau, en poste à l'Élysée, « chargé de par ses fonctions, de gérer, entre autres, ces problèmes de basse police », lui confirme, « sans en dire plus », que « l'affaire Jean-Edern Hallier » (les menaces de parution d'un pamphlet révélant l'existence de la petite Mazarine), « empêche de se concentrer le chef de l'État... »

Gabriel Matzneff, *Le Dîner des mousquetaires*, collection Vermillon, Paris, Éditions de La Table ronde, 1995

Recueil de chroniques où l'auteur rend un hommage appuyé à « Jean-Edern et L'Idiot » qui, « seuls dans ce désert, sauvèrent l'honneur de la presse française à quatre pattes devant l'ignoble Bush et ce gros porc général de Schwartzkopf ! ».

Monique Maza et Alexandra Saemmer (sous la direction de), *E-formes, écritures visuelles sur support numérique*, Saint-Étienne, Presses Universitaires de Saint-Étienne, 2008

Stéphanie Michineau, *L'Autofiction dans l'œuvre de Colette*, Paris, Publibook, 2008 ; *Construction de l'image maternelle de Colette de 1922 à 1936*, collection « Universitaire », Paris, Éditions Edilivre – APARIS, 2009 ; *Colette, par-delà le bien et le mal*, Paris, Mon Petit Éditeur, 2011

Le premier ouvrage de cette spécialiste de littérature française est le texte d'une thèse de doctorat soutenue à l'Université du Mans sous la direction de Michèle Raclot.

Philippe de Miomandre, *Moi, Jean Cocteau*, Paris, Éditions Jean-Cyrille Godefroy, 1985

Publiée par un jeune éditeur, aujourd'hui renommé, une biographie originale, sous la forme d'un dialogue entre Jean Cocteau et le jeune Angelo, double du poète... Dans cet ouvrage dont l'auteur est lui-même poète, le portrait de Colette par Cocteau fait l'objet d'une reproduction pleine page.

Catherine Millot, *La Vocation de l'écrivain*, collection « L'Infini », Paris, Gallimard, 1991

Jean Montaldo, *Lettre ouverte d'un « chien » à François Mitterrand au nom de la liberté d'aboyer*, collection « Lettre ouverte », Paris, Albin

Michel, 1993 ; *Mitterrand et les quarante voleurs*, Paris, Le Grand Livre du mois, 1994 ; *Rendez l'argent !* Paris, Le Grand livre du mois, 1995 ; *Les Voyous de la République*, Paris, Albin Michel, 2001

Les turpitudes d'une forme de gangstérisme politique français durant les « années Hallier », dévoilées dans des ouvrages à grande diffusion par un journaliste d'investigation bien connu.

Lova Moor, *Ma vie mise à nu*, préface d'Alain Delon, Paris, Éditions Michel Lafon, 1988 ; *Crazy Life : à l'amour, à la haine*, Paris, Flammarion, 2003

Souvenirs de l'ex-danseuse vedette du Crazy Horse, le célèbre cabaret parisien créé par son mari Alain Bernardin (1916-1994). « Lova Moor est un félin expressif, a écrit Alain Delon, et, comme celui de Brigitte Bardot, son nom évoquera toujours dans l'imaginaire collectif la splendeur féminine à l'état pur. » « Le Crazy Horse, a souligné de son côté Jacques Laurent (1919-2000), est un temple où de vivants piliers nous permettent de regarder. Mais Lova Moor sait nous prendre par la main et nous conduire avec réalisme à travers l'architecture de ce rêve. »

Jean-Luc Moreau (sous la direction de), *Dominique de Roux, Lettres à Jean-Edern Hallier 1960-1966*, collection « Dossier H. », Lausanne, L'Âge d'Homme, 1997

L'ouvrage contient notamment de nombreuses lettres à Jean-Edern Hallier, écrites dans les 1960-1966.

Edgar Morin, *Mon Paris, ma mémoire*, Paris, Fayard, 2013

Dans cet ouvrage de souvenirs, l'auteur raconte avoir été invité à dîner par Jean-Edern Hallier au Balzar et a ce commentaire : « Jean-Edern était cinglé, sans scrupule, bluffeur, il pouvait être d'une méchanceté immonde, mais c'était un écrivain. »

Donald Morrison, *Que reste-t-il de la culture française ?*, traduction de Michel Bessières, suivi de *Le Souci de la grandeur*, par Antoine Compagnon, Paris, Denoël, 2008

L'auteur est un éditorialiste du magazine *Time*, qui a collaboré à d'autres grands titres de la presse américaine, *New York Times* et *Financial Times*.

Bernard Morrot (1936-2007), *France, ta presse fout le camp*, Paris, Éditions de l'Archipel, 2000 ; *Presse, la grande imposture*, Paris, Flammarion, 2001

Parus peu après la mort de Hallier, ces deux livres recoupent, à coups de traits de plume acérée et avec un humour parfois féroce, certaines des observations de l'auteur de *Fin de siècle* au sujet des responsabilités des patrons de presse et des journalistes dans la lente agonie des journaux. Peu connu du public, l'auteur fut durant une vingtaine d'années l'un des plus grands professionnels de la presse française, à la fois redouté et respecté des « gens de métier ». Il dirigea notamment la rédaction du *Quotidien de Paris*, de *France-Soir* et de l'hebdomadaire *Marianne*. Il était l'un des amis de Pierre Desproges (1939-1988) dont il préfaça l'édition posthume des *Réquisitoires du Tribunal des flagrants délires*.

Chantal Mouffe, *L'Illusion du consensus*, traduction de Pauline Colonna d'Istria, Paris, Albin Michel, 2016

Pour cette auteure, philosophe politique réputée, qui apparaît comme l'une des inspiratrices du mouvement politique espagnol Podemos, le conflit est constitutif de la politique. À ses yeux, quand les luttes politiques perdent de leur signification, ce n'est pas la paix sociale qui s'impose, mais des antagonismes violents, irréductibles, de nature à remettre en cause les fondements mêmes des sociétés dites « démocratiques ».

Philippe Muray (1945-2006), *Exorcismes spirituels IV : moderne contre moderne*, Paris, Les Belles Lettres, 2005

L'auteur y rend notamment hommage à *L'Idiot international,* auquel il collabora.

Marc-Édouard Nabe, *Journal intime*, vol. 1 : *Nabe's Dream*, vol. 2 : *Tohu Bohu* ; vol. 3 : *Inch Allah* ; vol. 4 : *Kamikaze*, Monaco, Paris, Éditions du Rocher, 1992, 1993, 1996, 2000 ; *Alain Zannini* (roman), Monaco, Paris, Éditions du Rocher, 2002

Jean-Edern Hallier y est évoqué dans de nombreuses pages, essentiellement dans le volume intitulé *Kamikaze*. L'auteur collabora à *L'Idiot international* à la fin des années 1980. Sa première exposition officielle de peinture eut lieu en 1992 dans une galerie de la rue Keller, à Paris, sur le thème des « Turqueries », peu avant celle de Hallier organisée par la galerie Gerald Piltzer, avenue des Champs-Élysées.

Colette Nouvel-Rousselot, *La Vingt-sixième maladie de la France : combat contre l'assistance chronique*, Paris, Albin Michel, 1985

Une pertinente dénonciation de l'absurdité des réglementations qui est l'un des grands « ressorts » de la tragédie nationale. L'auteure est aujourd'hui maire de Touques, en Normandie.

Laurent Obertone, *La France Big Brother*, préface de Xavier Raufer, collection « Document », Paris, Éditions Ring, 2014

En dépit de quelques erreurs factuelles, de partis pris discutables et d'une tendance à la logorrhée qui affaiblit le propos tout en alourdissant le volume, cet ouvrage d'un journaliste né en 1984 s'appuie sur une série d'observations implacables et d'informations irréfutables qui témoignent, vingt ans après la disparition de Jean-Edern Hallier, de l'état de décomposition très avancé du « système » français. Il invite à une déchéance sans appel d'une classe politique française dont le discrédit foncier apparaît plus que justifié.

Jean Orizet, *Mémoires d'entretemps : œuvre en prose 2*, Paris, Le Cherche Midi éditeur, Paris, 2012

Cédric Passard, *L'Âge d'or du pamphlet (1868-1898)*, Paris, Presses du CNRS, 2015

Texte remanié de la thèse « Les pamphlétaires et la politique : contribution à une étude socio-historique des processus de politisation (1868-1898) », soutenue à l'université de Lille 2 sous la direction de Michel Hastings.

Alain Paucard, *Paris est un roman : anecdotes 1942-2000*, Lausanne, L'Âge d'homme, 2005

Sous le titre « Avenue de la Grande Armée 1993 », un chapitre est consacré au mouvement d'indignation que suscita l'un des jugements condamnant Hallier à de lourdes sanctions financières, tout à fait disproportionnées avec les fautes commises. Les académiciens Michel Déon, Michel Droit et Jean Dutourd se mobilisèrent ainsi aux côtés du chanteur Hughes Aufray, des Jeunesses communistes, du groupe Jalons et du Club des Ronchons dont l'auteur de l'ouvrage est le fondateur et président à vie.

Pierre Péan, *Une jeunesse française – François Mitterrand, 1934-1947*, Paris, Fayard, 1994 ; *La République des mallettes : enquête sur la principauté française de non-droit*, Paris, Fayard, 2011

Le premier livre est un best-seller qui a eu le mérite de laisser entrevoir à un large public ce que fut le parcours de Mitterrand avant, pendant et après la Seconde guerre mondiale.

La Pensée unique : le vrai procès, Paris, Economica – Jean-Marc Chardon et Denis Lensel éditeurs, 1998

Un ouvrage collectif avec la participation notamment de Jean Foyer, Serge Guérin, Claude Imbert, Jacques Julliard, Jean-François Kahn, Pierre-Patrick Kaltenbach, Philippe Saint-Marc, Philippe Tesson, Jean-Pierre Thiollet, Françoise Thom et Thierry Wolton.

Philippe Perrin, *Nice is nice : en hommage à Elvis Presley, Jean-Edern Hallier, Robert Malaval, Jeffrey Lee Pierce, Blondie, et feue ma mère...*, collection « L'art en écrit », Paris, Jannink, 2001

Ouvrage de 45 pages accompagné d'une œuvre composée d'un collage et d'une sérigraphie signée et rehaussée par l'auteur. Livre d'artiste.

Le Petit livre rouge du général, pensées choisies (et parfois commentées) par Robert Rocca, Paris, Éditions de la Pensée Moderne, 1968

Jean Peyrelevade, avec Pierre-Antoine Delhommais, *France, état critique*, collection « Tribune libre », Paris, Plon, 2011

Gaëtan Picon (1915-1976), *Malraux par lui-même*, images et textes présentés par Gaëtan Picon, avec des annotations d'André Malraux, collections « Microcosme – Écrivains de toujours », Paris, Éditions du Seuil, 1953 (mises à jour en 1976 et 1996)
Ouvrage de référence par un grand essayiste que Jean Lacouture (1921-2015) considérait comme un « explorateur intrépide de la beauté du monde ».

Grégoire Pinson et Alain Prissette, *Connivences au service de l'État*, Paris, Éditions du Moment, 2015
Le combat mené contre Jean-Edern Hallier par le régime mitterrandien pour cacher l'existence de Mazarine est évoqué dans ce livre d'un journaliste, rédacteur en chef adjoint de *Challenges*, et d'un ancien directeur de la section presse des Renseignements généraux.

Jean-Robert Pitte, *Gastronomie française : histoire et géographie d'une passion*, Paris, Fayard, 1991

Michaël Prazan, *L'Écriture génocidaire : l'antisémitisme en style et en discours*, Paris, Calmann-Lévy, 2005

Christian Prouteau, *La Petite demoiselle et autres affaires d'État*, Paris, Michel Lafon, 2010
Créateur du GIGN en 1974, l'auteur a réorganisé en 1982 la sécurité du président de la République française à sa demande. Il fait partie des huit « supergendarmes » qui, pendant près de treize ans, ont protégé jour et nuit Mazarine Pingeot, la fille cachée de M. Mitterrand. « À côté de la lutte contre le terrorisme, la protection de la fille du Président constituait, pour nous, un coin de ciel bleu, a-t-il raconté. Mazarine n'était pas connue, c'était un travail facile. Adolescente, elle nous a parfois faussé compagnie mais jamais longtemps. Nous redoutions surtout un coup d'éclat de Jean-Edern Hallier car il n'était pas à une provocation près. » (*Sud-Ouest*, 30 mai 2010). Nommé préfet hors cadre en 1985, il a été condamné à huit mois d'emprisonnement avec sursis dans l'affaire des écoutes de l'Élysée.

Que faire de l'extrême droite? Ouvrage collectif. Entretiens avec Georges-Marc Benamou, André Bercoff, Hervé de Charette, Jean-Marie Domenach, Jean-Claude Gaudin, Jean-Edern Hallier, Marek Halter, Jean-

François Kahn, Serge Klarsfeld, Jean Lecanuet, Claude Malhuret, Pierre Méhaignerie, Michel Noir, Philippe Sollers, Guy Sorman, Bernard Stasi. Propos recueillis par Daniel Seguin, avec la collaboration de Sabine Renault-Sablonière, préface de Hugues Dewavrin, Paris, Éditions Républicaines, 1988

« Le but atteint, il faut espérer que ce sera fini
de toute espèce d'écrit ;
– or, s'il n'y a plus d'écrits, il n'y aura plus de lecture,
– et s'il n'y a plus de lecture, aussi sûrement que *la guerre
engendre la misère et que la misère ramène la paix,*
– il n'y aura plus à la longue la moindre trace de connaissance,
– et, du coup,
– nous n'aurons plus qu'à tout reprendre de zéro,
ce qui, en d'autres termes, nous ramènera très
exactement à l'état d'où nous sommes partis. »

(« When that happens, it is to be hoped,
it will put an end to all kind of writings whatsoever ;
– the want of all kind of writing will put an end
to all kind of reading ;
– and that in time,
As war begets poverty, poverty peace,
– must, in course, put an end to all kind of knowledge,
– and then,
whe shall have all to begin over again ;
or, in other words, be exactly where we started. »)

Laurence Sterne (1713-1768),
Livre premier de *Tristram Shandy*
(traduction de Guy Jouvet)

Bernard Ramanantsoa, *Apprendre et oser : au XXIe siècle, le business fait l'histoire*, collection « Documents », Albin Michel, Paris, 2015

Un livre destiné à provoquer de salutaires prises de conscience chez de nombreux dirigeants et habitants d'un territoire français s'autoproclamant centre du monde et si « vieux, vieux, vieux », comme l'écrivait Hallier. Neveu d'un ancien président de la République malgache, multidiplômé de l'université, ancien major de promotion de Supaero (Institut supérieur de l'aéronautique et de l'espace) et d'un MBA (diplôme international d'études supérieures en gestion) à l'école des Hautes études commerciales (HEC Paris), l'auteur a été professeur de stratégie à HEC Paris et directeur général du Groupe HEC.

Éric Raynaud, *Suicide d'État à l'Élysée : la mort incroyable de François de Grossouvre*, Paris, Alphée/Jean-Pierre Bertrand, 2009

Rémy Rieffel, *La Tribu des clercs : les intellectuels sous la Ve République, 1958-1990*, Paris, Calmann-Lévy – CNRS Éditions, 1993

Patrick Roegiers, *La Nuit du monde*, Paris, Éditions du Seuil, 2010
Revisitant le dîner du 18 mai 1922 entre Marcel Proust et James Joyce, l'auteur imagine que les deux écrivains ont fini la soirée comme larrons en verve et en foire : « Proust voyait tout en verre, Joyce voyait tout en eau. L'un godillait sur la barque de l'Histoire, l'autre voguait dans le Temps. L'œuvre de Joyce venait de paraître, celle de Proust était terminée. Chez l'un, tout se cristallisait, chez l'autre tout se liquéfiait. (...) En se regardant dans le blanc des yeux, ils s'étaient complimentés : "Tu es un volcan, Jimmy. Et toi un océan, Marcel." »

Henry Rousso, *Le Syndrome de Vichy : 1944-198...*, collection « XXe siècle », Paris, Éditions du Seuil, 1987 (2e éd. revue et mise à jour, sous le titre *Le Syndrome de Vichy : de 1944 à nos jours*, collection « Points / Histoire », Paris, Seuil, 1990 ; *The Vichy Syndrome: History and Memory in France since 1944*, traduction d'Arthur Goldhammer, préface de Stanley Hoffmann, Cambridge, Harvard University Press, 1991) ; *La Hantise du passé,* entretien avec Philippe Petit, collection « Conversations pour demain », Paris, Textuel, 1998

Claude Roy (1915-1997), *Défense de la littérature*, collection « Idées », Paris, Gallimard, 1968
Ouvrage de référence.

Jacques Robert (1921-1997), *Les Stars de mes nuits*, Monaco, Paris, Éditions du Rocher, 1991
Petit livre de souvenirs, en particulier de Jean Cocteau. L'auteur fut un scénariste dialoguiste prolifique et un auteur de romans souvent portés à l'écran.

François Roboth, *Le Père Claude : album photo de Claude Perraudin*, préfaces de Pierre Troisgros et de Jean-Loup Dabadie, Paris, Riveneuve éditions, 2015
Un très bel ouvrage consacré à la « Cantine parisienne de la République » qui régale les grands noms de la politique, de tous bords, des artistes ou des sportifs talentueux.
Jean-Edern Hallier n'a pas eu le temps de figurer parmi les convives du chef Claude Perraudin, ancien membre de la prestigieuse brigade des frères Troisgros et disciple de Paul Bocuse, mais il aurait sans doute beaucoup apprécié l'excellence de cet établissement bien connu pour être le restaurant préféré de Jacques Chirac, amateur inconditionnel de la tête de veau à la sauce gribiche qui y est servie...

Geoffroy Roux de Bézieux, *Pour sortir de la crise, le capitalisme*, Paris, Éditions du Moment, 2011

Un plaidoyer en faveur d'une société entreprenante, par le vice-président du Medef (Mouvement des entreprises de France) et descendant, comme Nathalie Kosciusko-Morizet dont il est un proche cousin, d'Adrien Treuille (1842-1917), comte romain à titre héréditaire par bref papal et entrepreneur de la Manufacture d'armes de Châtellerault entre 1888 et 1895.

François Ruffin, *Les Petits Soldats du journalisme*, illustrations par Loïc Faujour, Paris, Éditions Les Arènes, 2003

Une critique en règle de la formation des journalistes français en général et du CFJ (Centre de formation des journalistes) en particulier, que n'aurait à coup sûr pas reniée Hallier. Diplômé du CFJ, l'auteur, né en 1975, est le fondateur du journal *Fakir*, reporter à plusieurs reprises de « Là-bas si j'y suis », l'émission de Daniel Mermet sur France Inter. Mais il est davantage connu comme réalisateur depuis l'authentique succès, salué à la une de l'édition internationale du *New York Times*, de *Merci, Patron !* son premier long-métrage. Élaborée grâce à une campagne de financement participatif et à une grande économie de moyens, cette « comédie documentaire », à la fois épique et populaire, diffusée depuis fin février 2016, dénonce avec un humour ravageur certaines impostures de LVMH (Louis Vuitton – Moët-Hennessy), le groupe dit « de luxe » et ses pathétiques « pantins », dont son secrétaire général, apparatchik à la mords-moi-le-noeud du Parti socialiste français… Que cela plaise ou non, elle peut être considérée comme un petit chef-d'œuvre du genre.

Philippe de Saint Robert, *Juin 40 ou les Paradoxes de l'honneur*, Paris, CNRS Éditions, 2010

Schlomo Sand, *La Fin de l'intellectuel français ? – De Zola à Houellebecq*, Paris, Éditions de La Découverte, 2016

Une histoire de l'intellectuel français perçue comme une longue déchéance par un auteur, sidéré de voir ce que l'intellectuel parisien est devenu quand il s'incarne sous les traits de M. Houellebecq, E. Zemmour ou A. Finkielkraut. La singulière centralité de Paris où des écrivains – dont Hallier fait bien sûr partie – se sont acharnés à publier, témoigner et rayonner n'en est pas moins relevée avec force. Internationalement réputé, Schlomo Sand est un historien israélien, professeur à l'université de Tel Aviv, né en 1946 en Autriche. En 1982, il a rédigé et soutenu en français, sous la direction de Madeleine Rébérioux (1920-2005), une thèse sur Georges Sorel et le marxisme, après un mémoire consacré à Jean Jaurès.

André Santini, *Ces imbéciles qui nous gouvernent : manuel lucide et autocritique à l'usage des hommes politiques*, Paris, Éditions n° 1, 1998

Ne serait-ce que par son sous-titre, un ouvrage en forme de vade-mecum pour tout homme politique français... Maire d'Issy-les-Moulineaux, député des Hauts-de-Seine et ancien ministre, l'auteur est à juste titre réputé pour sa verve, son sens de l'humour et de l'autodérision.

Mark Seal, *Madoff, l'homme qui valait cinquante milliards*, traduction de Hélène Frappat, Paris, Éditions Allia, 2010

Regroupement de trois remarquables articles publiés initialement dans le magazine *Vanity Fair* au sujet de la plus grande escroquerie réalisée par un seul homme. Arrêté peu après la chute des marchés financiers fin 2008, Bernard Madoff a été condamné en 2009 à 150 ans de prison. L'affaire qui porte son nom et le suicide pour l'honneur du financier français Thierry Magon de La Villehuchet, moins de deux semaines après l'éclatement du scandale, marquent le début de la « société de défiance » au niveau planétaire.

Hugues Serraf, *(Petites) exceptions françaises : 25 bonnes raisons pour que le monde ne nous envie pas*, Paris, Albin Michel, 2008

À l'initiative d'un journaliste blogueur, un miniflorilège de « petites exceptions françaises » qui témoignent de l'archaïsme pérenne des mœurs sur ce territoire français, si « vieux, vieux, vieux » comme Jean-Edern Hallier se plaisait à le dire.

Socrate et la rose : les intellectuels et le pouvoir socialiste, Neuilly-sur-Seine, Éditions du Quotidien, 1983

En janvier 1982, *Le Quotidien de Paris* ouvrit ses colonnes à une quinzaine d'intellectuels, de Félix Guattari à André Glucksmann en passant notamment par Pierre Chaunu, Jean-Pierre Faye, Alain Finkielkraut et Jean-Edern Hallier. Ces entretiens avec le journaliste Émile Malet furent d'abord publiés dans le journal, puis rassemblés en un volume par la société d'édition du *Quotidien de Paris*.

Alain Soral, *Misères du désir*, Paris, Éditions Blanche, 2004

Dans ce livre, l'auteur rapporte notamment ce souvenir : « C'était, je crois, le charme d'un Jean-Edern Hallier de n'être pas parvenu totalement à céder à cette tentation du vendu ; d'où cette agitation, ce délire, comme si une partie de lui se révoltait contre l'autre.

Je me souviens de cette soirée où, très tard, très bourré, dans sa grande cuisine de la place des Vosges, il m'avait saisi le bras en me fixant d'une voix tremblante :

– Tu sais, Alain, au fond je suis un mec bien.

Qu'un type riche et célèbre ait eu besoin, même saoul, de trouver un peu de respect dans le regard d'un inconnu de vingt-huit ans me troubla si profon-

dément que depuis lors, malgré ses frasques, ses approximations et ses renie-
ments, je n'ai plus pu le considérer autrement que comme un être humain. »

Robert Soulé, *Lazareff et ses hommes*, Paris, Grasset, 1992

Bernard Spitz, *Le Papy-krach*, Grasset, Paris, 2006 ; *On achève bien les jeunes*, Paris, Grasset, 2015
Deux essais au contenu très pertinent, qui à juste titre mettent en cause les tenants du bétonnage du statu quo qui sévissent sur le territoire français.

Jean Starobinski, *Portrait de l'artiste en saltimbanque*, collection « Les Sentiers de la création », Genève, A. Skira, 1970
Un ouvrage très apprécié de Hallier, qui faisait volontiers référence à cet « admirable essai ».

Yvan Stefanovitch, *Aux frais de la princesse : enquête sur les privilégiés de la République*, Paris, Jean-Claude Lattès, 2007

> « Bibliophile au chômage échangerait magnifique exemplaire de
> *La Chartreuse de Parme* contre une bouteille de chartreuse et
> un jambon de Parme. »
> Pierre Dac (André Isaac, dit, 1893-1975), *L'Os à moelle*

Michel Taubman, *Le Roman vrai de Dominique Strauss-Kahn*, Paris, Éditions du Moment, 2011 ; *Le Fils perdu de la République*, Paris, Éditions du Moment, 2015
Souvent présenté comme « apologue de Dominique Strauss-Kahn », l'auteur est en fait l'un des rares journalistes à s'être penché sur les manœuvres de déstabilisation dont fut victime DSK et à avoir publié ses réflexions quelque peu « dissonantes ». Le second ouvrage est une remarquable biographie de Philippe Seguin (1943-2010).

Claude Thébault, *Châtellerault, 75-77, 2 ans de spectacle politique : essai sur le business du mensonge public*, Châtellerault, Marsay études, 1977

Frédéric-Gaël Theuriau et Daniel Leuwers, *La Provocation en littérature*, Paris, Éditions Le Manuscrit – www.manuscrit.com, 2009
L'auteur est chercheur à l'université François-Rabelais de Tours et membre du Canada Mediterranean Centre à l'université York de Toronto.

Jean-Pierre Thiollet, *Beau linge et argent sale : fraude fiscale internationale et blanchiment des capitaux*, Paris, Anagramme éditions, 2002 ; *Je m'appelle Byblos*, préface de Guy Gay-Para, illustration de Marcel C. Desban, Milon-la-Chapelle, H & D Éditions, 2005 ; *Jules Barbey d'Aurevilly ou le Triomphe de l'écriture : pour une nouvelle lecture de « Un prêtre marié »*, avec des commentaires de Bruno Bontempelli, Jean-Louis Christ, Eugen Drewermann et Denis Lensel, Paris, H & D Éditions, 2006

Léon Thoorens (1921-1975), *La Vie légendaire d'Alexandre Dumas*, collection « Marabout », Verviers, Éditions Gérard, 1954 ; *Panorama des littératures*, 8 vol., collection « Marabout Université », Verviers, Éditions Marabout, 1966-1970
Ouvrages de référence par un remarquable littérateur.

Patrick Tudoret, *L'Écrivain sacrifié : vie et mort de l'émission littéraire*, collection « Penser les médias », Lormont, Éditions Le Bord de l'eau, 2008
Prix de l'essai Charles Oulmont de la Fondation de France en 2009, l'ouvrage reproduit le texte d'une thèse lauréate en 2007 des prix de la recherche de l'INA (Institut national de l'audiovisuel). Son auteur est chercheur en sociologie des médias et en sciences de l'information et de la communication.

Jacques Vergès (1925-2013), *J'ai plus de souvenirs que si j'avais mille ans*, Paris, La Table Ronde, 1998

André Vonner, *Tout doit disparaître ou le Réveil des indépendants*, entretiens avec Jean-Pierre Thiollet, dessins de Mose, Paris, Éditions Jean-Cyrille Godefroy, 1986
Au milieu des années 1980, alors que le scénario du crime français prenait forme, que les difficultés économiques et sociales se multipliaient et que de nombreux travailleurs indépendants étaient de plus en plus en situation de survie, assommés par l'Urssaf et harcelés par des escadrilles d'impôts et charges de toute nature, ce livre mettait l'accent sur la nécessité de réformes structurelles et proposait des solutions concrètes. Lancé à l'époque en vain, cet « appel au secours » rend, trente ans plus tard, accablante la responsabilité de la classe politique française qui a accaparé le pouvoir. Successeur de Gérard Nicoud à la tête du Cidunati lors de la parution du livre, André Vonner est depuis 1991, secrétaire général de la CEDI (Confédération européenne des indépendants).

David Walker, *The New Oxford Companion to Literature in French*, Oxford, Oxford University Press, 1995

Paul Webster (1937-2004), *L'Affaire Pétain*, Paris, Éditions du Félin, 1993 (puis sous le titre *Le Crime de Pétain*, traduction de Claude Esmein, Paris, Éditions du Félin, 2001) ; *Mitterrand : l'autre histoire, 1945-1995*, Paris, Éditions du Félin, 1995

L'auteur était un journaliste anglais, correspondant en France durant de nombreuses années du quotidien *The Guardian* et de l'hebdomadaire *The Observer*. Il a également laissé un ouvrage consacré à Antoine de Saint-Exupéry.

Waldimir Weidlé (1895-1979), *Les Abeilles d'Aristée : essai sur le destin actuel des lettres et des arts*, Paris, Desclée de Brouwer, 1936 (Gallimard, 1954, 2ᵉ ed. ; avec une préface de Bernard Marchadier, Genève, Ad Solem, 2004)

Une remarquable série d'études sur l'art occidental qui constitue l'œuvre principale de cet auteur d'origine russe. Hallier la considérait comme « le chef-d'œuvre de la prose critique ».

Carole Weisweiller, *Je l'appelais monsieur Cocteau ou la Petite Fille aux deux mains gauches*, collection « Parler vrai », Monaco, Éditions du Rocher, 1996 (*Je l'appelais monsieur Cocteau ou la Grande Fille aux deux mains gauches*, préface de Jean Marais, Monaco, Éditions du Rocher, 2003) ; *Les Murs de Jean Cocteau*, commentaire de Jean Cocteau, photographies de Suzanne Held, Paris, Hermé, 1998 ; *Jean Cocteau, les Années Francine*, Seuil, Paris, 2003 ; *Villa Santo Sospir, Jean Cocteau*, collection « Le Studiolo », Paris, Éditions Michel de Maule, 2011

Biographe de Jean Cocteau, l'auteure est la fille d'Alec et Francine Weisweiller, riches et célèbres mécènes. Le jeune Jean-Edern Hallier a fait partie des invités que Francine Weisweiller (1916-2003), muse et longtemps amie de Cocteau, recevait en son hôtel particulier, 4, place des États-Unis, à Paris, où elle tenait un salon littéraire et mondain fort en vogue.

Paul Wermus, *On m'a dit de ne pas le dire*, Paris, Éditions de l'Archipel, 2003

Figure bien connue des téléspectateurs, l'auteur est également un échotier réputé qui a souvent croisé ou contacté Jean-Edern Hallier. Dans ce recueil de souvenirs où l'écrivain figure en bonne place, certains de ses propos y sont rapportés.

Laurent Wetzel, *Ils ont tué l'histoire-géo*, Paris, François Bourin éditeur, 2012

Un réquisitoire où l'auteur – qui a été inspecteur d'académie – dénonce avec force, références à l'appui, les aberrations contenues dans les textes ministériels et l'incompétence de certains hauts responsables de l'Éducation nationale. Avec, à la clé, une situation culturelle et sociale dont Hallier a volontiers pressenti et signalé à sa manière les dangers.

Sylvie Yvert, *Ceci n'est pas de la littérature : les forcenés de la critique passent à l'acte*, Monaco, Paris, Éditions du Rocher, Paris, 2008

L'auteure ne manque pas de mentionner Jean-Edern Hallier dans son ouvrage où figurent notamment Jules Barbey d'Aurevilly, Jules Renard, André Suarès, Paul Léautaud et Jean Cocteau.

Autres thèses et mémoires

Youlia Maritchik, « Les formes hybrides de l'écriture dans le roman contemporain : le verbal et le visuel dans les œuvres de M. Duras », thèse de doctorat Langues et littératures françaises – Littérature et civilisation françaises, dirigée par Gérard Dessons et Katia Dmitrieva, et soutenue le 18 octobre 2007, université Paris VIII – Vincennes Saint-Denis, université d'État de Russie de sciences humaines, École doctorale « Pratiques et théories du sens », 2007.

Erwan Larher, « Notes sur le déclin de la culture humaniste, à travers l'exemple du livre », mémoire, Institut d'études politiques, Université d'Aix-Marseille 3, 1991.

Autres articles

Michel Beaujour (1933-2012), *L'Année littéraire 63-64*, vol. 38, 1er janvier 1968, p. 303-314

Agrégé de l'université, Michel Beaujour fut professeur de littérature française à Yale University et à New York University, où il co-fonda l'Institut d'études françaises avec Tom Bishop.

François Hourmant, « *Tel Quel* et ses volte-face politiques (1968-1978) », *Vingtième siècle*, Revue d'histoire, n° 51, 1996, p. 112-128

Vanessa Lattès et Pascal Lardellière, « Les émissions littéraires à la télévision : ambiguïtés du "médiatexte" », *Communication et langage*, n° 119, 1999, p. 24-37

Louis Pinto, « *Tel Quel* : au sujet des intellectuels de parodie », *Actes de la recherche en sciences sociales*, n° 89, 1991, p. 66-77

« La bibliothèque du Parlement européen à Bruxelles, c'est la bibliothèque d'Alexandrie après le passage des cavaliers arabes. Les 700 000 livres avaient brûlé. Au moins à Bruxelles, la bibliothèque ne brûlera pas puisqu'il n'y a rien. Ou presque. »
Jean-Claude Martinez et Norma Caballero,
L'Album secret du Parlement européen

« Je suis victime de cette passion dévorante pour les livres. J'en ai 300 000. En ce moment, je suis en train de réfléchir au projet d'une bibliothèque souterraine pour en abriter le plus possible. »
Karl Lagerfeld, dans *Point de vue*, 21-27 octobre 2015

Jean-Pierre Thiollet

« Que ce soit en matière de politique, de braquet ou de slip,
je suis pour le changement. »
Alain Sourigues, *Bréviaire*

Auteur et coauteur de nombreux ouvrages, parus chez divers éditeurs
(Vuibert, Nathan, Europa-America, Jean-Cyrille Godefroy, Economica,
Dunod, Neva Éditions, Anagramme éditions, H & D, Frédéric Birr...) et
dans différents domaines, Jean-Pierre Thiollet est originaire du Haut-
Poitou(Aquitaine, zone F, Euroland). Né en 1956, il a reçu sa formation au
sein des lycées René-Descartes et Marcelin-Berthelot de Châtellerault,
des classes préparatoires aux grandes écoles du lycée Camille-Guérin à
Poitiers, puis des universités de Paris I – Panthéon-Sorbonne, Paris III
– Sorbonne Nouvelle et Paris IV – Sorbonne.

Diplômé en lettres, arts et droit (DES – Diplôme d'études supérieures,
maîtrise, licence...), il est l'un des responsables nationaux de la Cedi
(Confédération européenne des indépendants). Il a exercé des fonctions de rédaction en chef et de délégation du personnel à *France-Soir*,
de 2009 à 2012. Il a également été conseiller en communication auprès
de personnalités ou d'entreprises, journaliste puis rédacteur en chef
au *Quotidien de Paris,* au sein du groupe de presse Quotidien présidé
par Philippe Tesson, et collaborateur de publications comme *L'Amateur
d'Art, Paris Match, Vogue Hommes, Théâtre Magazine, La Vie Française,
Vivendi Magazine*... Entre 1982 et 1986, ses communications télépho-
niques avec Jean-Edern Hallier ont fait l'objet de nombreuses écoutes
illégales.

Signataire de l'introduction de *Willy, Colette et moi*, de Sylvain
Bonmariage, réédité en 2004, il fut, avec Frédéric Beigbeder, Alain
Decaux, Mohamed Kacimi et Richard Millet, l'un des invités en 2005 du
Salon du livre de Beyrouth, à l'occasion de la parution de *Je m'appelle
Byblos*. Depuis 2007, il est membre de la Grande famille mondiale du
Liban (RJ Liban).

Parmi ses ouvrages récents figurent *Sax, Mule & Co : Marcel Mule ou l'Éloquence du son, Barbey d'Aurevilly ou le Triomphe de l'écriture*, avec des contributions de Bruno Bontempelli, Jean-Louis Christ, Eugen Drewermann et Denis Lensel, *Carré d'art : Jules Barbey d'Aurevilly, lord Byron, Salvador Dalí, Jean-Edern Hallier*, avec des contributions d'Anne-Élisabeth Blateau et de François Roboth, *Bodream ou Rêve de Bodrum*, avec des contributions de Francis Fehr et de François Roboth, *Piano ma non solo*, avec les témoignages de Jean-Marie Adrien, Adam Barro (alias Mourad Amirkhanian), Florence Delaage, Caroline Dumas, de l'Opéra de Paris, Virginie Garandeau, Jean-Luc Kandyoti, Frédérique Lagarde et Genc Tukiçi, et avec des contributions de Daniel Chocron, Jean-Louis Lemarchand et François Roboth, et *88 notes pour piano solo*, avec des contributions de Anne-Élisabeth Blateau, Jean-Louis Lemarchand et François Roboth.

« Je veux être indépendant comme je l'ai été toute ma vie et pouvoir quand je veux et pour écrire ce qu'il me plaît, me mettre à mon piano. » Et il montrait sa table surchargée de livres et de papiers.

(Jules Barbey d'Aurevilly, propos recueillis par Arthur Meyer, *Jules Barbey d'Aurevilly : impressions et souvenirs*, Charles Buet, éditions Albert Savine, Paris, 1891)

Remerciements

« Je n'aurai jamais d'aventures.
Qu'il est petit, dans la nature,
Le chemin d'fer Paris-Ceinture ! »

Jules Laforgue (1860-1887),
« Complainte sur certains temps déplacés »

Nos chaleureux remerciements vont à toutes les personnes qui ont contribué, à leur manière, de près ou de loin, consciemment ou non, à la poursuite de ce projet éditorial et, en particulier, à Annie Auger, Abdelhadi Bakri, Sébastien Bataille, Philippe et Michèle Bazin, Lella du Boucher, Roland et Claude Bourg, Yasmine Briki, Hélène Bruneau-Ostapowiez, Jean-Pierre Brunois, Laurence Buge, Jean-François (†) et Danielle Cabrerisso, Jean de Calbiac, Florence Canet, Pierre Cardin, Patrice Carquin, Gérard Carreyrou, Jacqueline Cartier, Jean-Claude Cathalan, Hamid Chabat, Paul (†) et Rachel Chambrillon, Jean-Marc Chardon, Laurence Charlot, Olivia Charlot-Guilbert, Pierre et Huguette Cheremetiev, Bénédicte Chesnelong, Daniel Chocron, Philippe Cohen-Grillet, Michèle Dautriat-Marre, Blandine Dumas, Bernard Dupret, Jean (†) et Camille (†) Dutourd, Régis et Eveline Duvaud, Gabriel Enkiri, Suzy Evelyne, Jean Fabris (†), Nassera Fadli, Jean-Pierre Faye, Joaquin et Christiane Ferrer, François Gabillas, Didier Gaillard, Marie-Lise Gall, Roland Gallais, Brigitte Garbagni, Claude et Claudine Garih, Guy (†) et Marie-Josée Gay-Para, Patrice Gelobter, Kenza El Ghali, Robert Giordana, Jean-François Giorgetti, Pierre Gouirand, Paula Gouveia-Pinheiro, Béatrix Grégoire, Anne Guillot, Patrice et Marie-Hélène Guilloux, Dominique Joly, Jean-Pierre Jumez, Jean-Luc Kandyoti, Chabou et Hopy Kibarian, Reine Kibarian, Sandra Knecht, Ingrid Kukulenz, Christian Lachaud, Marie-France Larrouy, Bernard Legrand, Jean-Louis Lemarchand, Denis Lensel, Albert Robert de Léon, Ghislaine Letessier, Didier et Pascale Lorgeoux, Christophe-Emmanuel Lucy, Patrick et Sophie Lussault, Fernand Lystig, Monique Marmatcheva, Odile Martin,

Jean-Claude Martinez, François Mattéi, Brigitte Menini (La Cavetière), Laurent du Mesnil, Stéphanie Michineau, Bernard Morrot (†), Fabrice Moysan, Gérard Mulliez, Abdallah Naaman, Jean-Loup Nitot, François Opter (†), Jean-François et Corinne Pastout, Marie-Josée Pelletant, France Poumirau (†), Martine Pujalte, Richard et Gabrielle Rau, Maurice Renoma, Ariel Ricaud, Christian Rossi, Franck Sallet, Elisabeth Schneider, Patrick Scicard, Philippe Semblat, Sylvie Sierra-Markiewicz, Jacques Sinard, Véronique Soufflet, Francis Tailfer, Francis Terquem, Philippe Tesson, Alain Thelliez, Cécile, Elisabeth, Francine, Hélène, Monique, Augustin, Jean et Pierre Thiollet, Joël Thomas, Richard et Joumana Timery, David et Genc Tukiçi, Franck Vedrenne, Evelyne Versepuy, Caroline Verret, Alain Vincenot, André Vonner, Christiane Vulvert, Franz et Judith Weber.

« Je vous écris de cette chambre où j'ai de loin pensé à vous…
Où sans vous voir sans vous entendre je me croyais tout près
de vous… Longtemps même sans vous attendre,
là, je me souviendrai de vous. »
Christine Fontane, parolière, sous le pseudonyme de
Hubert de Playbacque, de la chanson *Je vous écris*, interprétée
par Jean-Claude Pascal (1927-1992), avec l'accompagnement
du pianiste Léo Chauliac (1913-1977) et de son orchestre.

« Quiconque porte dans le cœur une cathédrale
à bâtir est déjà vainqueur. »
Antoine de Saint-Exupéry, *Terre des hommes*

© 2016 NEVA Éditions
ISBN 978-2-35055-217-0

Imprimé en France